新编洛龙史话

洛龙区档案史志局 编

中州古籍出版社

图书在版编目（CIP）数据

新编洛龙史话 / 洛阳市洛龙区档案史志局编. —— 郑州：中州古籍出版社，2015.9
ISBN 978-7-5348-5376-0

Ⅰ. ①新… Ⅱ. ①洛… Ⅲ. ①区（城市）－地方史－洛阳市 Ⅳ. ① K296.13

中国版本图书馆 CIP 数据核字（2015）第 148973 号

责任编辑：王小方
出 版 社：中州古籍出版社
　　　　　（地址：郑州市经五路 66 号　邮政编码：450002）
发行单位：新华书店
承印单位：洛阳创彩印刷有限公司
开　　本：787mm×1092mm　　1/16
印　　张：17.25
字　　数：250 千字
版　　次：2015 年 9 月第 1 版
印　　次：2015 年 9 月第 1 次印刷

定价：86.00 元
本书如有印装质量问题，由承印厂负责调换。

《新编洛龙史话》编纂委员会

名誉主任：李钢锤
主　　任：孙延文
副 主 任：孙建钦　李永强
委　　员：卢德宽　汪成海
　　　　　马正标　杨　平　陆德明
　　　　　周红卫　李清江　李遂占

《新编洛龙史话》编辑部

名誉主编：李永强
主　　编：马正标
副 主 编：王治涛　周敬轩　郑学通
编　　辑：贾　森　康中约　安治平　晁会元　杨运江
　　　　　杜　夏　刘　霞　秦献乐　张相钦　申兴武
编　　务：史雅娜　吕文辉　尹国奇　孙明玉　米　乐
　　　　　黄　娜　郭向阁　牛从文　崔文荣　刘元桂

序一

程有为

洛阳市是国务院首批公布的历史文化名城,也是中国八大古都之一。洛阳是中国古代建都朝代最多、时间最长的城市,历来有"九朝古都"的盛誉。此处的"九"并非一个具体的数字,而是言其多。在洛阳工作的学界同仁经过认真研究,以为洛阳先后有夏、商、西周、东周、东汉、曹魏、西晋、北魏、隋、唐、后梁、后唐、后晋等13个朝代建都,于是洛阳又有"十三朝古都"之称。在南宋以前的数千年中,古都洛阳对中国历史文化的发展产生过重大影响。

文献记载的洛阳建城史始于西周初,周公在郏山洛水之间、伊洛二水交汇处营建洛邑,称"成周",后来又在洛水与涧水交汇处建王城。及至战国,成周改称洛阳,王城所在地称河南。自秦朝实行郡县制,设置洛阳县与河南县(后来曾称"宜迁县"和"合宫县")。东汉以迄宋金诸代,于洛阳所建都城都在洛阳县或者河南县境内。金朝将河南县并入洛阳县。此后洛阳县的建置一直延续到近代的中华民国时期。洛阳的古都史在先秦时期主要是成周和王城的历史,在秦汉以降则主要是洛阳县与河南县的历史。

洛龙区是洛阳市的一个区,正式成立于2000年,在洛阳市几个区中成立时间最晚。如今的洛龙区管辖5个镇、5个街道。就洛阳市所辖各区县而言，洛龙区的面积不算很大，人口也不算很多，却有着特别重要的地位。洛龙区伴随着洛阳市洛南新区的建设而设立，是新世纪以来洛阳市党政机关所在地，高等院校的聚集区，又有经济开发区和科技园区，在某种意义上可以称作洛阳市政治、文化的中心和经济发展的龙头。

　　追溯洛龙区的由来，与洛阳市有着"一而二、二而一"和"斩不断、理还乱"的关系。中华民国时期洛阳的行政设置是洛阳县。新中国成立前夕的1948年洛阳获得解放，将洛阳县的城区析出设置洛阳市，而洛阳县郊区的乡村仍然属于洛阳县。从1948年到1955年的七八年间，县级的洛阳市与洛阳县并存。1955年洛阳市升格为省辖市，方将洛阳县撤销，其地并入洛阳市，成为洛阳市的郊区。2000年6月，洛阳市郊区更名为洛龙区。所以，洛龙区的前身是洛阳市郊区和新中国成立初期的洛阳县。

　　洛龙区位于北宋以前的洛阳、河南二县范围内，金代以后的洛阳县地域范围内。作为都城的洛阳城，除了周代的成周外，在隋朝以前是位于今洛阳市白马寺以东的汉魏故城，隋大业年间以后是隋唐故城。隋唐故城地跨洛河南北，中心区在今洛阳市西工区。洛阳成周城、汉魏故城和隋唐故城是东周、东汉、曹魏、西晋、北魏、武周、后唐王朝的首都，西周、隋、唐王朝的两京之一，后梁、后晋、后汉、后周、北宋、金诸代的陪都，长期是中国北方乃至全国的政治、经济、军事、文化的中心。洛阳汉魏故城和隋唐故城又曾长期是郡、尹、府（相当于地区级）的治所，也曾长期是州、道、路（相当于省级）的治所。此地在中国古代历史上大事迭出，贤才汇聚，而就学术、宗教和文化制度而言，这里是周公制礼作乐之地，道家学说的起源地，佛教学说的首传地，魏晋玄学的首倡地，宋明理学的奠基地。众多的遗址遗迹和琳琅满目的出土文物见证了昔日的辉煌。而长期作为都城的洛阳汉魏故城和隋唐故城，都有一部分在原洛阳市郊区、今洛龙区地域内。由此可见洛龙区地位之重要、历史之悠久、文化之灿烂。

近期河南省和洛阳市正在努力建设华夏历史文明传承创新区。洛阳市洛龙区从事史志档案工作的领导和专家学者为盘点和挖掘本区的历史文化资源，以服务于当地的经济文化建设，编写了《新编洛龙史话》书稿，将由中州古籍出版社付梓。该书共分为九章，洋洋洒洒20余万言。它首先廓清洛龙区在历史上的行政建置沿革，然后分别阐述有史以来这一地区的思想学术、重大事件、遗址遗迹、文物精品、非物质文化遗产、成语典故、历史名人等，最后介绍新世纪以来洛龙区建设的辉煌成就。

此前已有多种关于洛阳的历史著作面世，例如《洛阳通史》《洛阳十三朝》等。《新编洛龙史话》与上述著作有所不同：其一，《洛阳通史》和《洛阳十三朝》记述的地域范围涵盖今天洛阳市所辖的全部区县，内容较为广泛，《新编洛龙史话》记述的地域范围仅限于今天的洛阳市城区、昔日的洛阳县和河南县的历史，内容更为集中；其二，《洛阳通史》和《洛阳十三朝》属于学术著作，采用正规的通史体例，以历史时期设置章节，并力求上下贯通，《新编洛龙史话》则属于历史普及读物，采用史志结合的体例，分门别类设章，文字更为通俗易懂。

俗话说"开卷有益"。《新编洛龙史话》是一部关于洛阳历史的新作,其内容丰富,资料翔实,深入浅出,言简意赅,值得广大干部、文化工作者和青年学生一读。

2015年6月3日于河南省社会科学院

程有为　河南省社会科学院历史研究所所长、研究员。

序二

李钢锤

2000年，洛阳市郊区更名为洛龙区。15年来，全区上下共同努力，经过持续不断的开发建设，洛龙区实现了华丽转身，由原来的城市郊区成了洛阳市的政治、经济、文化、科技和体育中心。

建设新城不是简单粗放的造城。2013年12月12日召开的中央城镇化工作会议指出：城市建设"要体现尊重自然、顺应自然、天人合一的理念，依托现有山水脉络等独特风光，让城市融入大自然，让居民望得见山、看得见水、记得住乡愁；要融入现代元素，更要保护和弘扬传统优秀文化，延续城市历史文脉"。按照洛阳市委的总体布局，结合洛龙区的实际，我们确定了"13233"发展战略。其中的"2"，指的是加快建设两条生态带，即南面的龙门生态带和东面的伊河、洛河生态带，不断提升洛龙区的生态环境，助力中原经济区最佳宜居地建设；其中的一个"3"，指的是加快实施以白马寺佛教文化产业园、关圣文化产业园、隋唐洛阳城里坊区文化产业园、河洛古城为主要内容的"三园一城"文化旅游项目建设，结合辖区内其他文物古迹的展示，努力将洛龙区打造成河洛文化精品展示区，为中原经济区文化示范区建设添彩。总体来说，洛龙区的发展战略是符合中央、省、市要求，也是符合洛龙实际的。

作为收集、整理、编纂地方志资料的职能部门，洛龙区档案史志局在洛龙区的建设过程中，利用影像、照片和文字等形式留下了新区建设的记忆。在此基础上，用心搜集，及时整理，编纂了这部25万字的《新编洛龙史话》，介绍了洛龙区的历史沿革、文化遗产和建设成就等内容，是一部简明的洛龙史。该书从史志的角度，不仅让我们看到了洛龙区今天的建设成就，同时，也让我们了解了洛龙这片热土曾经的辉煌，极易引发洛龙人对故乡的热恋和自豪，从而转化成浓浓的乡情，达到让大家知家乡、爱家乡的目的。这是从另一个角度让大家"记得住乡愁""延续城市历史文脉"——虽然书中有些说法还值得商榷。

党和政府的每一个部门都很重要，客观的讲，有相当一部分部门的工作是不会列入区委、区政府中心工作的，但是，各个部门都可以围绕中心工作并结合各自实际来开展工作，从而做到围绕中心，服务大局。《新编洛龙史话》的编纂就是一个很好的例子。在这个世界上，只有闲人，没有闲"衙门"，只要有心、用心，踏踏实实，在任何一个部门都有干不完的工作，在任何一个岗位都能做出成绩。

是为序。

2015年8月

李钢锤　中共洛龙区委书记、洛阳经济技术开发区工委第一书记。

前 言

  历史是位睿智、深邃的老者，在他面前我们只有低下头，怀着无限崇敬的心情，聆听他讲述过去的故事。

  人类结束四肢爬行、钻木取火燃起新世纪的炊烟，刀耕火种敲开文明的大门。打开华夏五千年文明画卷，洛阳就像一颗璀璨的明珠，时时闪烁着耀眼的光芒。从夏代开始，夏、商、西周都洛，周公营建洛邑，在走马灯似的朝代更迭中，洛阳的历史脉络逐渐清晰，历史地位不断攀升，在隋唐时期达到顶峰。以河洛文化为代表的华夏文明在这里发祥孕育，13个朝代在这里建都，100多位皇帝在这里登基立业。洛阳书写了中华民族繁衍生息的不朽篇章，演绎出生死场中无尽的喜怒哀乐。可以说，洛阳见证了人类社会发展史上的风风雨雨、成败兴衰。北宋历史学家司马光由此而心生无限感慨：若问古今兴废事，请君只看洛阳城！

  巅峰之后便是持续不断的衰竭，这仿佛也是历史的规律。宋、元、明、清及民国时期，千载帝都历经沧桑，屡遭天灾人祸摧残。到中华人民共和国成立前夕，洛阳沦落为仅有4.5平方公里、人口不足10万的小城镇，留给人们的是无尽的唏嘘、叹息。

  1948年3月，洛阳解放。1949年1月16日，在庆祝新年的鞭炮声里，洛阳县人民民主政府成立，从此揭开了历史新的一页。新政权带领洛阳人民开展了剿匪反霸、土地改革、抗美援朝、合作化等彰显时代特色的革命和生产运动。1956年1月，在洛阳县被撤销的基础上建立了洛阳市郊区。之后的40多年，在黄河以南的这块伊洛河冲积平原上开始了"城郊型经济"的发展与探索。2001年9月，中共洛阳市委、洛阳市人民政府作出了"开发洛南，再造一个新洛阳，全面走在中原崛起前列"的重大决策，洛龙区也开始了新的征程。而今15年过去了，一座现代化的新城区拔地而起，一座座高楼鳞次栉比，一条条宽阔道路纵横延伸，水系环绕，绿地相间，把这里装扮成人类宜居的靓丽城区。洛龙区30多万人民以巨大的热情，续写了洛阳新的辉煌，谱写出了跨越式发展的新乐章。

雄关漫道真如铁，而今迈步从头越。今天我们站在承前启后的时间节点上，再次盘点洛龙区的历史，倍感亲切和自豪。洛龙区的前身是洛阳市郊区，郊区的前身是洛阳县，而洛阳县和其涵盖的河南县则是自周公营洛、制礼作乐以来，3000年间人类文明发展史的重要承载者。如今，我们正在推进以创建文化示范区为主要内容的"首善之区"建设，了解和认知洛龙区悠久的历史和灿烂的文明就显得十分重要和十分必要。为此，我们编写了这部反映全区历史发展概貌的《新编洛龙史话》，试图勾勒出洛龙区的前世今生，为洛龙区干部职工和广大群众提供一部了解区情的"简明读本"。由于时间仓促，水平有限，纰漏和错误之处在所难免，希望大家在阅读的同时，给予批评指正。

编者
2015年5月

目 录

序一 .... 程有为 1

序二 .... 李钢锤 5

前言 1

第一章　多彩建制　灿烂历史

一、从首都到行都 2

（一）夏商王畿 2

（二）周代首都 3

1. 西周东都 3

2. 东周首都 4

（三）汉魏首都 4

1. 西汉首都 4

2. 新朝东都 5

3. 更始首都 5

4. 东汉首都 5

5. 曹魏首都 6

6. 西晋首都 6

7. 北魏首都 6

(四)隋唐首都 7

1. 隋朝首都 7

2. 唐朝首都 7

3. 武周首都 8

(五)五代首都和陪都 9

(六)宋金陪都 9

1. 北宋西京 9

2. 大金中京 10

(七)民国行都 11

二、从司隶校尉部到河南省会 12

(一)汉魏司隶校尉部、司州 12

(二)东魏北齐洛州 13

(三)唐朝河南道、都畿道 14

(四)民国河南省会 14

三、从三川郡、河南府到洛阳市 16

（一）秦三川郡 ... 16

（二）西汉河南郡 ... 16

（三）汉魏河南尹、河南郡 ... 17

（四）东魏北齐河南郡、洛阳郡 ... 18

（五）隋朝河南郡 ... 19

（六）唐朝洛州、河南府 ... 19

（七）宋金元明清河南府 ... 20

（八）民国河洛道、豫西行政区、河南省第十督察区 ... 22

（九）中华人民共和国洛阳专区、洛阳地区、洛阳市 ... 23

四、从河南县、洛阳县到洛阳市郊区、洛龙区 ... 24

第二章　厚重国学　源远流长

一、儒学渊源于此 ... 30

二、道学起源于此 ... 33

三、佛学首传于此 ... 37

四、玄学形成于此 ... 39

五、理学肇造于此 ... 40

第三章　重大事件　影响深远

一、甘之战 44

二、周公营建洛邑 45

三、周公制礼作乐 46

四、平王东迁 47

五、孔子入周问礼 48

六、光武中兴 49

七、东汉建太学 50

八、倭国来朝 51

九、永平求法 52

十、班超出使西域 52

十一、白虎观会议 52

十二、班固修《汉书》 54

十三、许慎作《说文解字》 55

十四、蔡伦改进造纸术 55

十五、张衡发明地动仪 56

十六、大秦遣使入洛 57

十七、党锢之祸 57

十八、熹平石经 59

十九、董卓之乱 59

二十、曹魏建都洛阳 60

二十一、马钧制龙骨水车 60

二十二、西晋建都洛阳 61

二十三、陈寿撰《三国志》 61

二十四、左思作《三都赋》 62

二十五、刘徽注《九章算术》 62

二十六、裴秀创"制图六体" 63

二十七、八王之乱 64

二十八、永嘉之乱 65

二十九、北魏孝文帝汉化改革 66

三十、河阴之变 66

三十一、隋炀帝营建洛阳 66

三十二、大运河开凿 67

三十三、武则天洛阳建国 68

三十四、后梁迁都洛阳 69

三十五、后唐迁都洛阳 69

三十六、司马光修《资治通鉴》 70

三十七、金中京保卫战 70

三十八、李自成克洛阳 71

三十九、汴洛、洛潼铁路修建 72

四十、吴佩孚驻兵洛阳……………………72

四十一、陇海铁路工人大罢工……………74

四十二、国民政府迁都洛阳………………74

四十三、洛阳抗日保卫战…………………76

四十四、洛阳解放…………………………77

四十五、洛阳市成立………………………78

四十六、洛阳专署成立……………………78

四十七、洛阳县建制撤销和洛阳市郊区成立
………………………………………………79

四十八、承办全国城郊经济经验研讨会
………………………………………………79

四十九、洛龙区成立………………………80

五十、龙门石窟被列为世界文化遗产……80

五十一、洛阳市委、市政府搬迁至洛龙区
………………………………………………81

五十二、洛阳世界邮展……………………81

第四章　琳琅遗迹　承载深厚

一、锉李遗址………………………………84

二、皂角树遗址……………………………86

三、科技园聚落遗址 87

四、汉魏洛阳故城遗址 88

五、白马寺 89

六、关林庙 91

七、龙门石窟 93

八、香山寺 95

九、夜叉磨隋唐水利设施遗址 96

十、定鼎门遗址 97

十一、天津桥遗址 99

十二、狄仁杰墓 100

十三、唐睿宗夫人壁画墓 102

十四、白居易故居遗址 103

十五、白园 105

十六、邵雍故居 106

十七、老吴桥 107

第五章 精品文物 风流千古

一、青铜器 110

（一）长柄焚香铜炉 110

（二）塔顶铜盒 111

（三）铜净瓶 111

（四）葵花口铜碗 111

（五）银壳铜镜 111

（六）金银平脱花鸟铜镜 111

二、陶器 112

（一）云雷纹陶尊 112

（二）陶风车与米碓 112

（三）浮雕神兽纹灰陶井栏 112

（四）漆衣黑陶钵 113

三、唐三彩 113

（一）红釉螺髻女侍俑 113

（二）绿釉男侍俑 113

（三）黄釉伶俑 113

（四）三彩男伶俑 113

（五）三彩幞帽男牵马俑 114

（六）三彩束发男胡人牵马俑 114

（七）三彩高胡帽男牵马俑 114

（八）三彩胡人牵马俑 114

（九）三彩牵马胡人俑 115

（十）三彩骑马男胡俑 115

（十一）三彩风帽骑马女俑……………………115

（十二）三彩文官俑……………………116

（十三）三彩鸟冠文官俑……………………116

（十四）红釉白斑光背马……………………116

（十五）三彩白釉马……………………116

（十六）三彩贴杏叶饰白釉马……………………117

（十七）三彩绿障泥红釉马……………………117

（十八）三彩黑釉马……………………117

（十九）三彩嘶鸣骆驼……………………118

（二十）三彩载人骆驼……………………118

（二十一）三彩载丝绢骆驼……………………118

（二十二）黄釉牛……………………119

（二十三）三彩鸡……………………119

（二十四）三彩天王俑……………………119

（二十五）三彩人面镇墓兽……………………119

（二十六）三彩兽面镇墓兽……………………120

（二十七）蓝釉罐……………………120

（二十八）三彩菱形纹罐……………………120

四、瓷器……………………120

（一）白瓷净瓶……………………120

（二）白釉盘口瓷盂 121

五、金银器 121

（一）罗马金币 121

（二）鎏金三足银盒 121

（三）鎏金蚌形银盒 122

第六章　文化遗产　精粹纷呈

一、关公信俗 124

二、关林朝圣大典 125

三、洛阳海神乐 126

四、大里王狮舞 128

五、曹屯排鼓 129

六、陈家制鼓技艺 130

七、孙氏十六挂转秋制作技艺 132

八、通背武狮 133

九、三官庙挠阁 135

十、四面八方通背拳 137

十一、武皇十万宫廷乐 138

十二、邵雍的传说 140

十三、陈屯社火 141

十四、二鬼摔跤 142

十五、凉洛寨泥娃娃 143

十六、李楼李八先生妇科 145

十七、皂角树抬阁 146

十八、任氏痔瘘疗法 147

十九、老龙门农家李氏芝麻焦干饼 149

二十、白马寺金银器制作技艺 150

第七章　浩瀚成语　洋洋大观

一、周公吐哺 154

二、问鼎中原 155

三、数典忘祖 156

四、前倨后恭 156

五、鸡口牛后 157

六、运筹帷幄 158

七、多多益善 158

八、草菅人命 159

九、不拘小节 159

十、披荆斩棘 160

十一、妄自尊大 161

十二、马革裹尸 161

十三、置之度外 162

十四、敝帚千金 162

十五、枹鼓不鸣 163

十六、挑肥拣瘦 164

十七、车水马龙 165

十八、投笔从戎 166

十九、不入虎穴，不得虎子 167

二十、防微杜渐 167

二十一、好逸恶劳 168

二十二、黑白混淆 169

二十三、饮鸩止渴 169

二十四、专横跋扈 170

二十五、小时了了 170

二十六、煮豆燃萁 171

二十七、车载斗量 172

二十八、画饼充饥 172

二十九、乐不思蜀 173

三十、司马昭之心，路人皆知 174

三十一、鹤立鸡群 174

三十二、造门题凤 175

三十三、洛阳纸贵 175

三十四、拨云见日 177

三十五、冰清玉润 178

三十六、铜驼荆棘 178

三十七、狗尾续貂 179

三十八、沧海横流 179

三十九、分道扬镳 180

四十、罄竹难书 181

四十一、桃李满天下 181

四十二、一片冰心 182

四十三、司空见惯 182

四十四、程门立雪 182

四十五、脚踏实地 183

第八章　千古名人　群星闪烁

一、周公 186

二、老子 188

三、苏秦 190

四、白圭 192

五、贾谊 194

六、摄摩腾、竺法兰 195

七、董宣 197

八、班固 198

九、班超 200

十、王涣 201

十一、蔡伦 202

十二、张衡 203

十三、许慎 204

十四、曹植 205

十五、左思 206

十六、杨机 207

十七、宇文恺 208

十八、武则天 210

十九、吴道子 211

二十、李隆基 212

二十一、李白 213

二十二、杜甫 214

二十三、白居易 215

二十四、何泽 216

二十五、邵雍 216

二十六、司马光 218

二十七、刘健 220

二十八、朱常洵 220

二十九、吕维祺 221

三十、武攀龙 221

三十一、龚松林 222

第九章　建设新区　再造辉煌

一、洛阳新区规划 224

二、基层建置调整 226

三、村庄城市化 229

四、新区开发 231

五、失地农民安置 231

六、新区交通设施建设 233

　（一）龙门大道 233

　（二）王城大道 234

　（三）关林大道 234

　（四）开元大道 236

　（五）牡丹大道 236

（六）宜人路 236

　　（七）高铁龙门站 236

七、新区景观水系建设 237

八、新区园林建设 237

九、文化体育设施建设 237

十、新区教育设施建设 238

十一、新区医疗设施建设 240

十二、商贸产业集群建设 240

十三、饮食服务业开发 241

十四、新区最佳人居环境建设 241

十五、新区行政中心建设 241

十六、洛阳经济技术开发区 243

十七、洛龙高新产业集聚区 244

十八、辉煌成就 245

第一章 多彩建制 灿烂历史

第一章
多彩建制　灿烂历史

　　2000年成立的洛阳市洛龙区由洛阳市郊区更名而来，洛阳市郊区由洛阳县而来，而洛阳县由建立于秦朝时期的河南县、洛阳县合并而来。河南县、洛阳县的治所，一直都在今天的洛阳市市区。洛阳市成立于1948年，最早和洛阳县是同级，管辖的地域仅仅是洛阳县的城区部分，远远小于洛阳县管辖的地域。后来随着历史的发展，洛阳市的管辖地域不断扩大，洛阳市郊区、洛龙区也划归其管辖。从历史上看，洛龙区和洛阳市密不可分。历史上，洛龙区管辖的地域，有着多重的行政建制，既有诸多王朝的首都和陪都的荣耀，也有中华民国行都的历史；既是省级的司隶校尉部驻地，也是河南省的省会；既是三川郡、河南府的驻地，也是河洛道、洛阳市的驻地；既是河南县、洛阳县的驻地，也是洛阳市郊区的驻地。

一、从首都到行都

　　三代之夏商时期，洛龙区所辖之地属于王畿之地。从西周开始，这块神奇土地就开始成为国都。此后2000年间，一直是我国的政治、经济、文化中心。宋代以后，洛阳的政治地位逐渐下降，到明清时期沦落为一般的府县。中华民国时期，政治地位再次上升，曾一度成为中华民国的行都。

（一）夏商王畿

　　三代之夏商时期，洛龙区属于王畿之地。公元前2070年，夏朝部落首领禹在洛阳盆地南侧之阳城（今河南登封告成）建立中国历上第一个奴隶制国家夏朝。禹之后，其子启废除禅让制，自己登上王位，并在甘（在今洛龙区丰李镇甘河流域，或说在陕西户县和河南原阳）打败有扈氏，巩固了"家天下"制度。启子太康在位时，将首都从阳城（今河南登封告成）迁到了斟鄩（今河南偃师翟镇）。到夏桀时，夏朝仍然定都斟鄩（今河南偃师翟镇）。公元前1600年，商汤灭亡夏朝后，定都西亳（今河南偃师城关）。夏商时期，王畿是奴隶制国家中央政府的直辖区域，距离夏商首都不过20公里的洛龙区，都属于王畿之地。洛龙区成为王畿之地，揭开了洛龙区日后上升为中国首都的序幕。

（二）周代首都

1.西周东都

从三代之西周开始，洛龙区就开始上升为首都。公元前1046年，周武王灭亡商朝后，为了加强对东方的控制，决定在"有夏之居"建立新的都城。但没有来得及实施，周武王就病死了。周成王元年（前1042），周成王继承周武王遗志，派遣周公在洛阳营建新的国

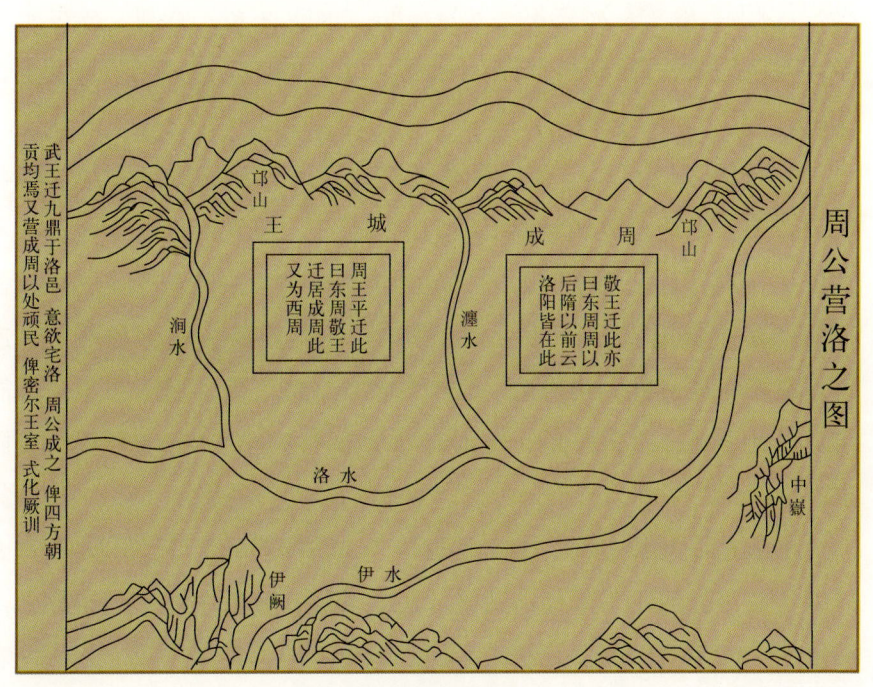

周公营洛图

都。周公在洛河北岸修建了王城和成周城，作为新的首都，并将象征国家权力的九鼎迁到这里。史称成王"初迁宅于成周"，"定鼎于郏鄏"。王城在今西工区王城公园一带，成周城（也称"下都"）在今白马寺一带。当时洛阳称洛邑、新邑、大邑、成周、天室、中国等。西周实行一国二都制，洛阳和西安（当时称镐京）共为首都。这是洛龙区所辖之地上升为中国首都的开始，上升为国家政治中心的开始。

2. 东周首都

三代之东周时期，洛阳成为周朝的唯一首都。周平王元年（前770），面对戎人劫掠后残破不堪的镐京，也为了摆脱戎人的威胁，周平王东迁洛邑，是为东周。东周时期，洛邑仍然是一都二城，由王城和成周城组成。自此，东周的25个国王都居洛阳，前后历经510余年之久。

（三）汉魏首都

1. 西汉首都

西汉高祖五年（前202）二月，取得楚汉战争的决定性胜利后，刘邦于定陶附近的汜水之阳即皇帝位，定国号为汉，定都洛阳，史称西汉。汉朝尚火，认为"洛"字为水部，水能克火，不利，故去水就佳，改洛为雒。西汉时，洛阳作雒阳。著名的"人杰谈话"就发生在这里。

刘邦称帝后不久，曾经在洛阳南宫设酒席宴请群臣，请众臣畅所欲言为什么能打败西楚霸王项羽而得天下。发现高起、王陵说得不到位后，刘邦自己总结说："夫运筹策帷帐中，决胜于千里之外，吾不如子房。镇国家，抚百姓，给馈饷，不绝粮道，吾不如萧何。连百万之军，战必胜，攻必取，吾不如韩信。此三者，皆人杰也，吾能用之，此吾所以取天下也。项羽有一范增而不能用，此其所以为我擒也。"

娄敬劝说刘邦定都关中。娄敬认为，洛阳虽处天下之中，然"大战七十，小战四十"，经济残破，民怨沸腾，定都于此，利小弊大；而关中一带地腴民富，且被山带河，地势险要，易守难攻。刘邦左右的大臣都是关东地区的人，多数劝刘邦定都洛阳，他们说周朝定都洛阳，拥有天下数百年；秦朝定都关中，到秦二世就灭亡了。洛阳位居"天下之中"，便于四面八方的物资供给，而且四周群山环绕，背靠邙山，东有成皋，西有崤函，背对黄河，面向伊水和洛水，土地肥沃，地势险要，形势完固，足以设险守国。但是娄敬定都关中的话得到了刘邦最信任的谋士张良的肯定。于是刘邦于当年五月起驾往西，定都关中，并拜娄敬为郎中，赐刘姓。洛阳作为西汉首都，时间3个月。

2. 新朝东都

新朝时期，王莽定都长安（今陕西西安），但随着函谷关以东经济的发展，王莽决定迁都洛阳，并改雒阳为宜阳。始建国四年（12），王莽下诏以洛阳为东都、长安（今陕西西安）为西都。始建国五年（13），王莽改变东西二都计划，决定以洛阳为惟一的首都，并决定始建国八年（16）正式迁都洛阳。但由于内外矛盾激化，农民起义发展迅猛，直至地皇四年（23）王莽被杀、新朝灭亡，新朝也没有机会将首都迁到洛阳。

3. 更始首都

绿林军起义后，建立了以刘玄为首的更始政权。更始元年（23）八月，更始政权攻占洛阳。刘玄派遣司隶校尉刘秀监修洛阳宫，并将更始政权的首都从南阳迁到洛阳。在洛阳，更始帝刘玄派人安抚四方，暂定函谷关以东形势。当年十二月，刘玄又从洛阳迁都长安（今陕西西安）。洛阳作为更始政权首都，时间5个月。

4. 东汉首都

东汉光武帝建武元年（25）六月，已经是"跨州据土，带甲百万"的刘秀在众将拥戴下，在黄河之北鄗城（今河北邢台柏乡固城店镇）的千秋亭即皇帝位，为表重兴汉室之意，刘秀建国仍然使用"汉"的国号，史称后汉、东汉，刘秀就是汉世祖光武皇帝。十月，刘秀定都洛阳，复改"洛"为"雒"。

自光武帝刘秀建武元年（25）至汉献帝初平元年（190）董卓胁迫汉献帝迁都长安（今陕西西安），洛阳历经东汉12帝，为大一统的东汉首都166年。

建安元年（196），时任兖州刺史的曹操迎接汉献帝刘协再次入住洛阳，开始了"奉天子以令不臣"的时代。但随后曹操又胁迫汉献帝迁都到许都（今河南许昌）。

5.曹魏首都

汉献帝延康元年（220）十月，曹操之子曹丕废汉献帝为山阳公，国号魏（史称曹魏），年号黄初，定都洛阳，并恢复洛阳之名，曹丕就是魏文帝。

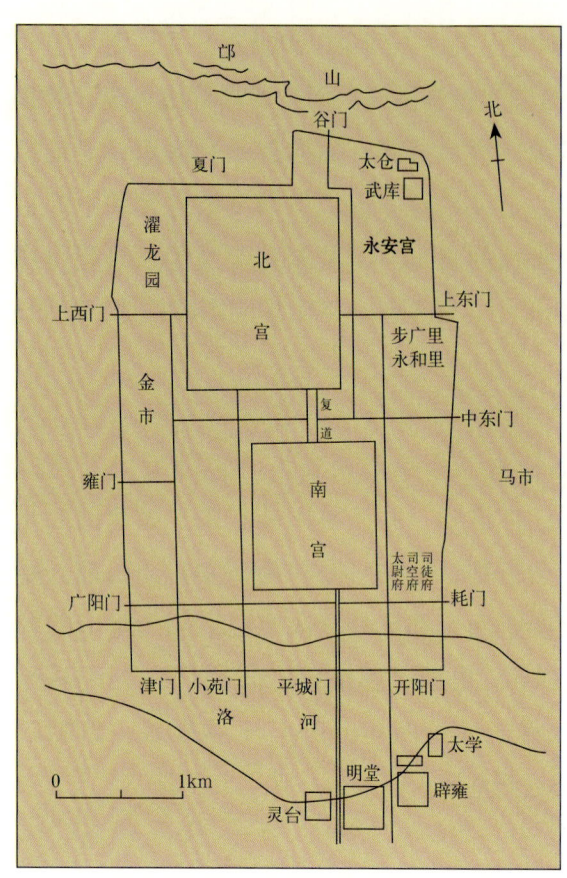

东汉雒阳城轮廓图

自魏文帝曹丕黄初元年（220）至魏元帝曹奂咸熙二年（265）司马炎代魏，洛阳历经曹魏5位皇帝，为曹魏首都46年。

6.西晋首都

曹魏咸熙二年（265）十二月，司马懿之孙、司马昭之子司马炎废魏元帝曹奂为陈留王，自立为帝，国号晋（史称西晋），年号泰始，定都洛阳，司马炎就是晋武帝。太康元年（280），西晋灭东吴，完成统一，结束了自董卓之乱以来的长期分裂局面。

自晋武帝司马炎咸熙二年（265）至晋怀帝司马炽永嘉五年（311）匈奴军攻破洛阳，洛阳历经西晋3位皇帝，为西晋首都46年。

7.北魏首都

西晋永嘉五年（311），匈奴军攻破洛阳以后，俘获晋怀帝，纵兵烧掠，杀王公士民3万余人，洛阳化为灰烬，洛阳人口大量南迁。此后，北方少数民族"你方唱罢我登场"，洛阳也是"城头变幻大王旗"，备受战争摧残。直到北魏太武帝太延五年（439）拓跋焘统一北方，洛阳才逐渐恢复生机。

为了全面推进汉化政策、推进南北统一、方便物资运输，北魏孝文帝拓跋宏于太和十八年（494）毅然冲破种种阻力，将首都从平城（今山西大同）迁到洛阳。

从孝文帝迁都洛阳至东魏孝静帝天平元年（534）迁都邺城（今河北临漳），洛阳历经北魏8位皇帝，为北魏首都41年，是北方的政治、经济、文化中心。

（四）隋唐首都

北魏分裂为东魏、西魏以后，东魏、西魏又分别被北齐、北周取代。北齐定都邺城（今河北临漳），北周定都长安（今陕西西安）。北周静帝于大象元年（579）灭亡北齐后，以洛阳为东京，为洛阳向隋唐首都的过渡奠定了基础。

1. 隋朝首都

隋朝初期，隋文帝杨坚厉行节俭，与民休息。开皇元年（581），隋文帝罢洛阳东京之制。仁寿四年（604），隋文帝巡视洛阳，恢复洛阳为东京。大业元年（605），隋炀帝改洛阳为东都，并令宇文恺营建东都洛阳，每月役使工匠200万人。大业二年（606），东都洛阳建成，隋朝迁都于此。到大业十四年（618）宇文化及在扬州杀死隋炀帝、隋朝灭亡，洛阳为中国南北统一的隋朝首都13年。

2. 唐朝首都

隋末，李密领导的瓦岗农民起义军在攻克洛口仓后，于大业十三年（617）二月在巩县（今河南巩义）城南建立魏国，改年号永平，次年移都洛阳金墉城（在今白马寺一带）。唐武德元年（618），李密在洛阳被王世充打败后，向西投奔李渊。

隋炀帝死后，隋越王杨侗在洛阳称帝，继承隋朝的衣钵，改元皇泰。皇泰二年（619）二月，王世充废杨侗，自立为帝，国号郑，年号

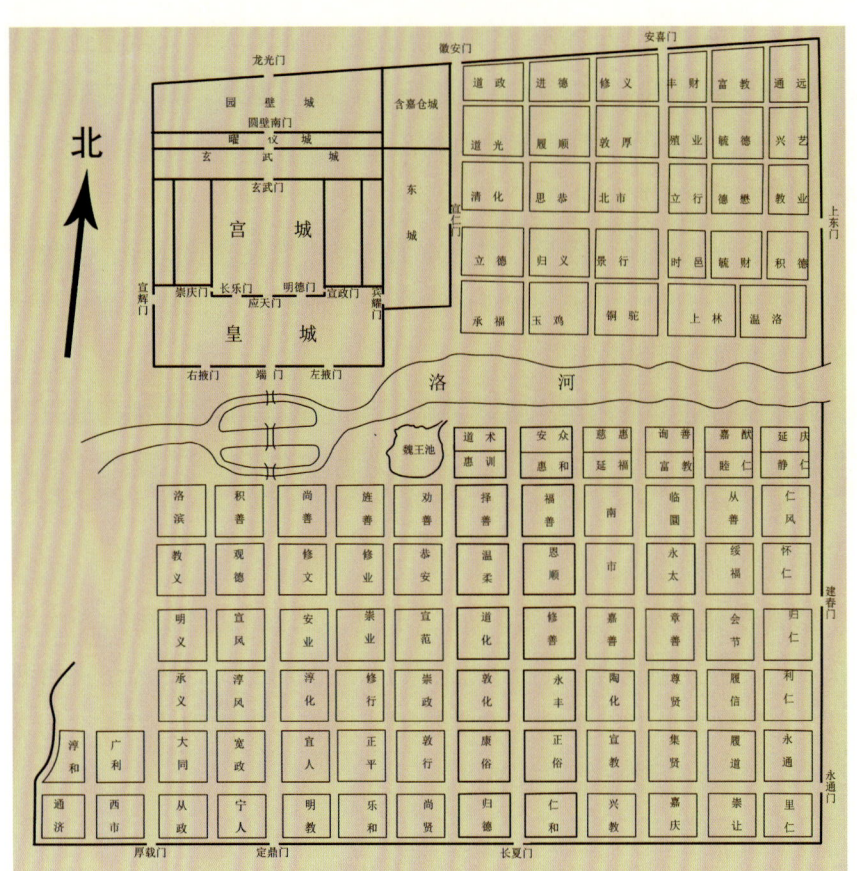

隋唐东都城复原图

开明，定都洛阳。开明三年（唐武德四年，621）五月，王世充被李世民打败，王世充降唐，郑亡。洛阳为王世充郑国的首都2年多。

唐高祖李渊之孙、唐太宗李世民之子唐高宗李治在位时，洛阳的政治地位显著上升。唐高宗显庆二年（657），升洛阳为东都，地位与长安（今陕西西安）相同，成为唐朝的首都。唐玄宗天宝元年（742），改东都为东京。唐肃宗上元二年（761），因安史叛军攻陷洛阳并在洛阳建立大燕政权，唐肃宗曾经暂时罢去东京洛阳，但当年收复洛阳后，仍然定洛阳为东都。

安史之乱中（775～763），安禄山、安庆绪父子，史思明、史朝义父子曾经在洛阳建立大燕政权，定都洛阳时间长达三年零六个月。

3．武周首都

唐载初元年（690）九月九日，唐高宗李治的皇后、长期执政的武则天废掉自己的儿子唐睿宗李旦，自己称帝，国号周，年号天授，定都神都（洛阳），史称武周。

武则天是中国历史上唯一的女皇帝，前后掌权40多年。武周时期，上承贞观之治，下启开元盛世，中国封建社会进入全盛时期。

长安四年（705）正月，病重之中的武则天被迫退位，唐中宗李显（又名李哲）复位，恢复国号唐，恢复神都（洛阳）为东都。

从天授元年（690）至长安四年（705），神都（洛阳）为大一统的武周政权首都15年。

（五）五代首都和陪都

五代指唐朝灭亡后依次更替的、位于中原地区的五个正统王朝，即后梁、后唐、后晋、后汉、后周。后梁、后唐、后晋曾经定都洛阳，以洛阳为首都，后汉、后周则定都开封，以洛阳为陪都。

后梁的创立者朱温早年曾经参加黄巢农民起义军，后降唐，被赐名"全忠"，任诸道兵马副元帅，加封为梁王。天祐四年（907），朱温废唐哀帝，自立为帝，国号梁（史称后梁），年号开平，更名为朱晃，建都开封。开平三年（909），后梁迁都洛阳。乾化三年（913），梁末帝朱瑱又从洛阳迁都开封。

后梁末帝龙德三年（923），李存勖消灭开封的后梁政权，自立为帝，国号唐（史称后唐），年号同光，都开封，同年迁都洛阳。后唐明宗时，从洛阳迁都开封。后唐末帝时，再次迁都洛阳。

后唐末帝清泰三年（936）闰十一月，后唐大将石敬瑭勾结契丹攻入洛阳，后唐末帝自焚，后唐灭亡。石敬瑭在洛阳建立晋（史称后晋），年号天福，都洛阳。天福二年（937）四月，后晋高祖石敬瑭迁都开封。

（六）宋金陪都

1. 北宋西京

赵匡胤建立北宋以后，定都东京开封，以洛阳为西京。宋朝初期，在确定开封、洛阳哪一个为首都的问题上，朝廷内部曾经发生过激烈争论，开国皇帝、宋太祖赵匡胤和晋王赵光义（后来的宋太宗）

都参加进来，并且成为意见相左的双方的代表。

宋太祖开宝九年（976）三月，赵匡胤回到了少时生活的洛阳，并公开提出把首都迁到洛阳，于是大宋君臣中爆发了迁都洛阳之争。在赵匡胤看来，开封除了一条黄河，无险可守，而洛阳山河四塞，形势险要，可以"据山河之险而去冗兵，循周、汉故事，以安天下"。但是赵匡胤的这一想法，却遭到了其弟弟、晋王赵光义等大臣的反对。这些大臣的理由除了郊庙未修、百官不备、军食不充、畿内民困等外，也与赵光义"在德不在险"之说有关系。令人意想不到的是，赵匡胤听了这句话以后，默然无语。等到晋王赵光义出殿后，赵匡胤意味深长地说："晋王之言固善，然不出百年，天下民力殚矣！"由于赵光义等人的反对，赵匡胤迁都洛阳的计划没有实施，宋初赵匡胤亲自参与的迁都之争就此结束。

后来的宋仁宗赵祯也想把首都从开封迁到洛阳，虽然得到了时任吏部员外郎、开封府尹范仲淹等人的支持，但是宰相吕夷简却表示反对。迁都洛阳之事再次无果而终。

洛阳虽然没有能够成为北宋的首都，但其地位仅次于开封。有宋一代，洛阳为陪都168年。

2. 大金中京

女真族原为辽朝藩属。天庆四年（1114），金太祖完颜旻起兵反抗辽朝，并统一女真诸部。翌年，在会宁府（今黑龙江阿城）建都立国，国号大金，年号收国。贞元元年（1153），海陵王完颜亮迁都中都（今北京）。金世宗与金章宗时期，金朝政治文化达到最高峰，但于金章宗中后期逐渐衰弱。金宣宗时期，金朝外受大蒙古国南侵，内部昏庸内斗、民变不断，被迫迁都汴京（今河南开封）。

金朝迁都开封后，河北各地已陷于蒙古，金王朝只有固守黄河、淮河之间的中原地带。兴定元年（1217）八月，金宣宗升洛阳为中京，改河南府（今河南洛阳）为金昌府。

从兴定元年（1217）八月至金哀宗天兴二年（1233）六月蒙古军攻占洛阳，洛阳为大金陪都16年。

洛阳被蒙古军攻占后半年，大金也在南宋和蒙古的南北夹击下灭亡。

（七）民国行都

1932年"一·二八事变"爆发的当夜，国民党中央在南京召开紧急会议，决定立即迁都洛阳。1月29日，国民政府宣布迁都洛阳。当日，增发南京至洛阳的特快列车，中央各部、委向洛阳火速搬迁。国民政府主席林森、行政院院长汪精卫等首脑人物由南京出发，经开封驶往洛阳。除何应钦留守南京维持治安、罗文干主持外交外，其余1000多名国民党军政要员一同前往，并于次日抵达洛阳。

国民政府迁都洛阳后，国民政府驻原河南府衙署（今老城青年宫广场一带），国民政府主席林森驻西工公馆街原吴佩孚"天"字一号院（今西工区行署路市政府家属院内），中央党部驻西工兵营司令部旧址，中央军事委员会及蒋介石驻省立第四师范（今洛阳市一中院内），汪精卫和行政院驻河洛图书馆（在东北隅老北营旧址）和洛阳农校（今洛阳农校街小学），考试院驻周公庙，监察院驻南关贴廓巷庄家大院，司法院驻地方法院（旧军阀张敬尧公馆）。

3月5日，国民党中央四届二中全会在洛阳召开。会议通过了成立中央军事委员会的决议；定洛阳为战时首都——行都，以西安为陪都。3月18日，蒋介石在洛阳就任国民党中央军事委员会委员长兼总参谋长，从而形成"汪主政、蒋主军"的格局。"蒋委员长"之称自此始。

5月5日，淞沪停战协定签订后，国民政府准备返迁南京。11月20日，国民党中央正式决定：中央党部、国民政府及各院部委，于12月1日返回南京。至12月1日，国民政府举行了回京典礼，当即撤离洛阳。

洛阳在作为中华民国行都的10个月里，实际上起到了首都的作用。国民政府迁都洛阳，定洛阳为行都，在一定程度上彰显了国民政府抗战的决心，对洛阳的建设和发展也产生了积极影响。

二、从司隶校尉部到河南省会

(一) 汉魏司隶校尉部、司州

司隶校尉部设置于西汉时期,但只是监察机关,并不是一级地方政府。到东汉时期,司隶校尉部才成为后世的省级地方政府,洛龙区所辖之地才开始成为省级政府驻地。

西汉武帝征和四年(前89),西汉政府设置司隶校尉部,作为司隶校尉的管辖之地。司隶校尉部的长官司隶校尉相当于一州的刺史。不过因为司隶校尉所监察的是近畿各郡,所以在名义上、权力上都异于其他各州的刺史。司隶校尉与州刺史一样,不是行政官吏,而是负责监察责任的人员,因此司隶校尉部不能算是地方政府的一级。

西汉时期,司隶校尉部监管的区域很大,下辖河东郡(治所在今山西闻喜)、平阳郡(治所在今山西临汾)、河内郡(治所在今河南武陟)、弘农郡(治所在今河南灵宝)、河南尹(治所在今河南洛阳)等5个郡(尹)。

到东汉时,司隶校尉部成为正式行政区,治所在首都洛阳,这是洛阳第一次成为省级政府驻地。东汉时期,司隶校尉部管辖的范围更大。据东汉顺帝永和五年(140)设置,司隶校尉部下辖河南尹(治所在今河南洛阳)、弘农郡(治所在今河南灵宝)、河内郡(治所在今河南武陟)、河东郡(治所在今山西闻喜)、京兆尹(治所在今陕西西安)、冯翊郡(治所在今陕西西安)、扶风郡(治所在今陕西兴平)等7个郡(尹),相当于今河南西部、河北南部、山西南部和陕西渭河平原。东汉时期,司隶校尉部与十三州并列,故也称司州。

曹魏时期,改司隶校尉部为司州,治所仍然设在洛阳,管辖地域小于东汉时期。据魏元帝景元三年(262)情况,司州下辖河南尹(治所在今河南洛阳)、弘农郡(治所在今年河南灵宝)、河内郡(治所在今河南武陟)、河东郡(治所在今山西闻喜)、平阳郡(治所在今山西临汾)等5个郡(尹)。

西晋时期,仍然设立司州,治所也在洛阳。据晋武帝太康三年

（282）政区设置，司州下辖河南郡（治所在今河南洛阳）、荥阳郡（治所在今河南荥阳）、弘农郡（治所在今河南灵宝）、汲郡（治所在今河南卫辉）、河内郡（治所在今河南武陟）、顿丘郡（治所在今河南清丰）、阳平郡（治所在今山东莘县）、上洛郡（治所在今陕西商洛）、平阳郡（治所在今山西临汾）、河东郡（治所在今山西闻喜）、广平郡（治所在今河北鸡泽）、魏郡（治所在今河北临漳）等12个郡，相当于今河南西部和北部、河北南部、山西南部、陕西东南部。

北方少数民族占据中原后，晋室南迁，司州设置基本被废。

北魏孝文帝迁都洛阳后，在洛阳推行汉化政策，仿照汉晋制度，在首都洛阳设置司州。据孝文帝太和二十一年（497）政区设置，北魏司州下辖河南尹（治所在今河南洛阳）、恒农郡（治所在今河南灵宝）、渑池郡（治所在今河南渑池）、荥阳郡（治所在今河南荥阳）、颍川郡（治所在今河南长葛）、襄城郡（治所在今河南襄城）、河内郡（治所在今河南武陟）、汲郡（治所在今河南卫辉）、东郡（治所在今河南滑县）等9个郡（尹），相当于今河南西部、北部和中部。

（二）东魏北齐洛州

北魏时期，南北对峙。北魏分裂以后，东魏的地盘更小。东魏把首都从洛阳迁到邺城（今河北临漳），又降司州为洛州。据东魏孝静帝武定四年（546）的政区设置，洛州下辖洛阳郡（治所在今河南洛阳）、河南郡（治所在今河南洛阳）、河阴郡（治所在今河南孟津）、新安郡（治所在今河南新安）、中川郡（治所在今河南登封）等。

北齐取代东魏以后，沿袭东魏之制，仍然在洛阳设置洛州，管辖地域不变。

显然，东魏、北齐时期，洛州的管辖之地仅仅限于今天的洛阳市区及其附近地区，远远小于北魏时期的司州，可以说是历史上作为省级区划管辖地域最小的时期。

(三) 唐朝河南道、都畿道

隋朝建立后,和秦朝一样,实行州(郡)、县两级行政区建制,不设省级行政区。

唐朝时期,国土面积广大,为了加强对州、县的控制,设置了监察机构——道。道虽然是监察机构,但后来事实上却成为省一级行政机构。

唐高祖李渊在位几年间,唐朝中央政府先后在洛阳设置军事兼行政机构洛州总管府、陕南东道大行台、洛州都督府。唐太宗贞观十年(636),废洛州都督府,在洛阳设置监察机构河南道。河南道管辖30个州(府),地域广大,西起今天的河南、陕西交界地方,东至大海,北界黄河,南达淮河流域,辖境相当于今河南省、山东省全境,江苏省北部和安徽省北部。

唐玄宗开元二十一年(733),将河南道治所迁到开封,在洛阳设置都畿道,辖河南府(治所在今河南洛阳)、汝州(治所在今河南汝州)、郑州(治所在今河南郑州)、怀州(治所在今河南焦作)、陕州(治所在今河南三门峡),相当于今河南省的中西部。都畿道地位与京畿道(治所在今陕西西安)相同,负责东都地区的政务。

(四) 民国河南省会

宋朝实行州、县两级行政体制。虽然设置有京西路(治所在今河南洛阳)等"路"级机构,但"路"只是直辖于中央的一级监察机构,并非一级行政机构。

金朝创行省制。"省"最初指王朝官禁之地,魏、晋以后开始成为中央政府机关的通称,如隋、唐时的三省制(中书、门下、尚书三省为中央政府最高机关)。金朝由于军事政治的需要,在一定地域设置行尚书省。行尚书省作为中央派出机关,代行尚书省的职权,简称"行省"。金朝行省事毕即撤,不是常设机构,也非地方行政区划。

元朝时期,于朝廷设中书省总揽全国政务,并统摄都城附近诸地,谓之"腹里",也称为"中书省",另设河南、陕西、江西、甘肃、江浙、湖广、四川、云南等11个行中书省,简称行省,行省从此成为常设的地方政区。所谓"省"即指中央行政机构,"行省"则是其派出单位。从元朝以后,"省"成为中国的最高一级行政区划。

元朝时期,洛阳的最高行政建制是河南府路,隶属河南江北行省(治所在今河南开封)。明朝时期和清朝时期,洛阳的最高行政建制都是河南府,隶属河南省(治所在今河南开封)。

中华民国时期,洛阳曾经两次成为河南省的省会,历时近7年。

洛阳第一次成为河南省的省会是在吴佩孚驻扎洛阳时期。1920年7月,直系军阀联合奉系军阀张作霖打败皖系军阀段祺瑞后,控制了北洋政府。1920年9月,吴佩孚以第三师师长兼直鲁豫巡阅副使身份挥师进驻洛阳。为了牢牢控制中原,以武力统一全国,吴佩孚把河南省政府从开封迁到了洛阳。1924年第二次直奉战争爆发,吴佩孚惨遭失败。年底,河南省政府迁回开封。这是洛阳在民国时期第一次成为河南省的省会,也是洛阳在历史上第一次成为河南省的省会,历时4年多。

洛阳第二次成为河南省的省会是在抗日战争时期。抗日战争开始以后,由于国民党推行片面抗战路线,采取防御战略方针,使得战争局势一开始就对中国不利,华北重镇北平(今北京)、天津、太原等城市相继失守,大片祖国山河沦落日本侵略者之手。1938年5月,徐州沦陷,中原地区陷入危机。6月6日,河南省省会开封被日军占领。为了阻止日军西进,蒋介石下令扒开花园口黄河大堤。6月9日,汹涌的黄河水流向东南,暂时阻挡了日军西进的步伐,洛阳也暂时获得稳定。在开封被日军占领之前,河南省政府已经南迁到了镇平县。1939年10月,卫立煌担任第一战区司令长官兼河南省主席以后,将河南省政府从镇平县北迁到了洛阳。1942年3月,因黄河北岸中条山失守,日军战机轰炸洛阳,河南省政府由洛阳迁往鲁山县,后再由鲁山迁至内乡县丹水镇(现属河南西峡)。抗日战争时期,洛阳为河南省省会历时2年又6个月。

三、从三川郡、河南府到洛阳市

（一）秦三川郡

秦朝统一六国后，在政区划分上，实行郡县两级制度，代替世袭的等级分封制。秦朝时期，洛阳的最高行政区划是三川郡。

三川郡堪称秦国诸郡之首。这不但因为周代数百年的国都在这里，由此上溯，夏、商数百年的国都也都在这里，还因为秦代相国吕不韦的封地同样在这里。

三川郡最早是战国时期韩宣王置，因境内有黄河、洛河、伊河三条河流而得名。秦庄襄王元年（前249）消灭诸侯国东周、彻底灭亡周朝后，秦朝重新设置三川郡，治所洛阳（今河南洛阳）。三川郡下辖13个县：偃师（治所在今河南偃师城关）、缑氏（治所在今河南偃师缑氏）、新安（治所在今河南渑池）、宜阳（治所在今河南宜阳韩城）、平阴（治所在今河南孟津白鹤）、陕县（治所在今河南三门峡）、渑池（治所在今渑池）、巩县（治所在今河南巩义）、梁县（治所在今河南汝州）、荥阳（治所在今河南荥阳）、京县（治所在今河南荥阳）、卷县（治所在今河南原阳）、阳武（治所在今河南原阳）。秦王政十一年（前236），剥夺文信侯、前相国吕不韦的封地，设立河南县（治所在今河南洛阳）、洛阳县（治所在今河南洛阳），并入三川郡，三川郡下辖15个县。

（二）西汉河南郡

汉高祖元年（前206），秦朝灭亡以后，西楚霸王项羽分封了18个诸侯王，其中申阳被封为河南王，建都洛阳。河南国的辖地比秦朝的三川郡（治所在今河南洛阳）扩大不少。

汉高祖二年（前205），刘邦灭河南国，在洛阳置河南郡。这是历史上第一次设置河南郡。据汉平帝元始二年（2）政区设置，河南郡地域广大，下辖22个县：河南（治所在今河南洛阳）、雒阳（新莽时称宜阳，治所在今河南洛阳）、谷成（治所在今河南洛阳）、偃师（新莽时称师成，治所在今河南偃师城关）、缑氏（新莽时称中亭，治所在今河南偃师缑氏）、平阴（治所在今河南孟津白鹤）、新城（治所在今河南伊川城关）、平县（新莽时称治平，治所在今河南巩义）、巩县（治所在今河南巩义）、荥阳（治所在今河南荥阳）、京县（治所在今河南荥阳）、成皋（治所在今河南荥阳）、故市（治所在今河南荥阳）、阳武（新莽时称阳桓，治所在今河南原阳）、卷县（治所在今河南原阳）、原武（新莽时称原桓，治所在今河南原阳）、密县（治所在今河南新密）、梁县（治所在今河南汝州）、苑陵（新莽时称左亭，治所在今河南新郑）、新郑（治所在今河南新郑）、中牟（治所在今河南中牟）、开封（治所在今河南开封）。

（三）汉魏河南尹、河南郡

东汉、曹魏、西晋、北魏时期，定都洛阳。汉魏时期，在洛阳，除了设置省级行政机构司隶校尉部（司州）外，还设置了二级行政机构河南尹（郡）。

光武帝建武十五年（39），按西汉首都长安（今陕西西安）属京兆尹之例，改河南郡为河南尹，隶属司隶校尉部。直到东汉灭亡前7年，也即汉献帝建安十八年（213），河南尹才改属冀州刺史部（治所在邺城，也即河北临漳）。河南尹管辖地域，和河南郡完全相同。只是在建武二十一年（45），废故市。汉顺帝永和五年（140），河南尹下辖21个县：河南（治所在今河南洛阳）、雒阳（治所在今河南洛阳）、谷成（治所在今河南洛阳）、偃师（治所在今河南偃师城关）、缑氏（治所在今河南偃师缑氏）、平阴（治所在今河南孟津白鹤）、新城（治所在今河南伊川城关）、平县（治所在今河南巩义）、巩县（治所在今河南巩义）、荥阳（治所在今河南荥阳）、京县（治所在今河南荥阳）、成皋（治所在今河南荥阳）、阳武（治所在今河南原阳）、卷县（治所在今河南原阳）、原武（治所在今河南原阳）、密县（治所在今河南新密）、梁县（治所在今河南汝州）、苑陵（治所在今河南新郑）、新郑（治所在今河南新郑）、中牟（治所在今河南中牟）、开封（治所在今河南开封）。

曹魏时，河南尹下辖23个县：河南（治所在今河南洛阳）、洛阳（治所在今河南洛阳）、谷城（治所在今河南洛阳）、偃师（治所在今河南偃师城关)、缑氏(治所在今河南偃师缑氏)、河阴(治所在今河南孟津白鹤)、新城(治所在今河南伊川城关)、陆浑(治所在今河南嵩县田湖)、巩县(治所在今河南巩义)、阳城(治所在今河南登封)、阳翟(治所在今河南禹州)、荥阳(治所在今河南荥阳)、京县(治所在今河南荥阳)、成皋(治所在今河南荥阳)、阳武(治所在今河南原阳)、卷县(治所在今河南原阳)、原武(治所在今河南原阳)、密县(治所在今河南新密)、梁县(治所在今河南汝州)、苑陵(治所在今河南新郑)、新郑(治所在今河南新郑)、中牟(治所在今河南中牟)、开封(治所在今河南开封)。与东汉相比,废除了平县,增加了陆浑、阳城、阳翟等3个县。

曹魏齐王曹芳正始三年(242),曾经从河南尹中划分出部分地域,设置荥阳郡(治所在今河南荥阳)。荥阳郡下辖荥阳、京县、密县、卷县、阳武、苑陵、中牟、开封等8个县。魏末时废荥阳郡,再次划归河南尹。

西晋时期,改河南尹为河南郡,治所在洛阳。这是继西汉之后,历史上第二次设置河南郡。晋武帝司马炎泰始元年(265),河南尹下辖22个县。与曹魏时期的河南尹相比,没有了原武县。泰始二年(266),和曹魏时期一样,分荥阳(治所在今河南荥阳)、开封(治所在今河南开封)等8个县置荥阳郡(治所在今河南荥阳),河南郡辖县缩减为14个县。

北魏时期,在洛阳设河南尹,下辖仅有7个县:河南(治所在今河南洛阳)、洛阳(治所在今河南洛阳)、宜阳(治所在今河南宜阳韩城)、新城(治所在今河南伊川城关)、陆浑(治所在今河南嵩县田湖)、东亭(治所在今河南嵩县田湖)、堙阳(治所在今河南登封)。北魏时期河南尹的管辖地域,在历代河南尹、河南郡、河南府中,是比较小的。

(四)东魏北齐河南郡、洛阳郡

东魏、北齐时期,除在洛阳设置省级行政区划洛州外,还在洛阳设置有河南郡和洛阳郡,作为洛州的下一级区划,也是历史上唯一的河南郡、洛阳郡并存的时期。

洛阳郡，治洛阳（今河南洛阳），下辖洛阳（治所在今河南洛阳）、缑氏（治所在今河南偃师缑氏）等2个县。河南郡也设于此时，治河南（治所在今河南洛阳），下辖河南（治所在今河南洛阳）等县。

显然，东魏、北齐时期，随着洛州的管辖地域大缩小，河南郡、洛阳郡的管辖地域更是大大缩小，可以说是历史上河南郡管辖地域最小的时期。

（五）隋朝河南郡

隋文帝开皇初年，在洛阳设洛州。隋炀帝大业元年（605），改洛州为豫州。大业三年（607），又改豫州为河南郡。虽然同是洛州，但是和西魏、北齐时期的省级区划洛州相比，隋朝的洛州低了一级。隋朝时的豫州，实际上和西汉时期的州一样，并非一级行政区划，而是监察区。

隋朝河南郡下辖18个县：河南（治所在今河南洛阳）、洛阳（治所在今河南洛阳）、偃师（治所在今河南偃师城关）、缑氏（治所在今河南偃师缑氏）、新安（治所在今河南新安城关）、宜阳（治所在今河南宜阳城关）、寿安（治所在今河南宜阳城关）、兴泰（治所在今河南宜阳赵堡）、熊耳（治所在今河南洛宁杨坡）、伊阙（治所在今河南伊川城关）、陆浑（治所在今河南嵩县田湖）、巩县（治所在今河南巩义）、嵩阳（治所在今河南登封）、阳城（治所在今河南登封）、阌乡（治所在今河南灵宝）、桃林（治所在今河南三门峡）、陕县（治所在今河南陕县）、渑池（治所在今河南渑池）。

（六）唐朝洛州、河南府

唐朝时期，设在洛阳的二级行政机构是先是洛州，后是河南府。

唐高祖武德四年（621）消灭王世充在洛阳所建立的郑国后，唐朝在洛阳设置洛州。洛州下辖9个县：河南（治所在今河南洛阳）、洛阳（治所在今河南洛阳）、偃师（治所在今河南偃师城关）、缑氏（治所在今河南偃师缑氏）、伊阙（治所在今河南伊川城关）、陆浑（治所在今河南嵩县田湖)、巩县(治所在今河南巩义)、嵩阳(治所在今河南登封)、阳城(治所在今河南登封)。

唐玄宗开元元年(713),改洛州为河南府。这是历史上第一次出现河南府。河南府之名出现以后,河南郡、洛阳郡、洛州之名逐渐消失。河南府一直延续到民国二年(1913)才被取消。

开元二十八年(740),河南府下辖20个县:河南(治所在今河南洛阳)、洛阳(治所在今河南洛阳)、偃师(治所在今河南偃师城关)、缑氏(治所在今河南偃师缑氏)、新安(治所在今河南新安城关)、福昌(治所在今河南宜阳韩城)、寿安(治所在今河南宜阳城关)、永宁(治所在今河南洛宁城关)、长水(治所在今河南洛宁长水)、伊阙(治所在今河南伊川城关)、陆浑(治所在今河南嵩县田湖)、伊阳(治所在今河南嵩县旧县)、巩县(治所在今河南巩义)、登封(治所在今河南登封)、阳城(治所在今河南登封)、颖阳(治所在今河南登封)、河清(治所在今河南济源)、王屋(治所在今河南济源)、密县(治所在今河南新密)、渑池(治所在今河南渑池)。其中,河南县、洛阳县为赤县,其余为畿县。

(七) 宋金元明清河南府

唐代以后,除金朝曾经短时间改河南府为金昌府外,设置在洛阳的河南府一直沿袭不变。

北宋时期,河南府下辖16个县:河南(治所在今河南洛阳)、洛阳(治所在今河南洛阳)、偃师(治所在今河南偃师城关)、河清(治所在今河南孟津白鹤)、新安(治所在今河南新安城关)、福昌(治所在今河南宜阳韩城)、寿安(治所在今河南宜阳城关)、永宁(治所在今河南洛宁城关)、长水(治所在今河南洛宁长水)、伊阳(治所在今河南嵩县旧县)、巩县(治所在今河南巩义)、永安(治所在今河南巩义)、登封(治所在今河南登封)、颖阳(治所在今河南登封)、密县(治所在今河南新密)、渑池(治所在今河南渑池)。

金朝时期,金宣宗完颜珣兴定元年(1217),因为升洛阳为中京，所以改河南府为金昌府。金昌府下辖9个县4个镇。9个县是：洛阳（治所在今河南洛阳）、偃师（治所在今河南偃师城关）、孟津（治所在今河南孟津城关）、新安（治所在今河南新安城关）、宜阳（治所在今河南宜阳城关）、巩县（治所在今河南巩义）、芝田（治所在今河南巩义）、登封（治所在今河南登封）、渑池（治所在今河南渑池）。4个镇是：龙门镇（治所在今河南洛龙龙门）、缑氏镇（治所在今河南偃师缑氏）、河清镇（治所在今河南孟津白鹤）、洛口镇（治所在今河南巩义）。金哀宗完颜守绪天兴二年（1233），蒙古军占领洛阳，次年金朝灭亡，金昌府仅仅存在16年。

元朝时期，在洛阳设置河南府路，隶属河南江北行省直辖，下辖1个州12个县。1个州是：陕州（治所在今河南三门峡）。12个县是：洛阳（治所在今河南洛阳）、偃师（治所在今河南偃师城关）、孟津（治所在今河南孟津城关）、新安（治所在今河南新安城关）、宜阳（治所在今河南宜阳城关）、永宁（治所在今河南洛宁城关）、巩县（治所在今河南巩义）、登封（治所在今河南登封）、渑池（治所在今河南渑池）、灵宝（治所在今河南灵宝）、阌乡（治所在今河南灵宝）、陕县（治所在今河南三门峡）。其中，渑池、灵宝、阌乡、陕县等4个县归陕州节制。元朝时期，河南府路辖境相当今河南省黄河以南，登封市以西，潼关以东，伊川县、卢氏县以北等地区。

明朝时期，河南府路重新改为河南府，下辖1个州13个县。1个州仍然是陕州，13个县是在元朝的基础上增加了嵩县（治所在今嵩县城关），渑池、灵宝、阌乡、陕县等4个县仍然归陕州节制。明朝时期，河南府的管辖范围向南扩展，管辖范围比元朝时期的河南府路要广。

清朝初期，河南府下管辖地域和明朝一样，仍然是1个州13个县。至清世宗雍正二年（1724），陕州升格为河南省直隶州，灵宝、阌乡、陕县划归陕州，河南府下辖县缩减为10个：洛阳（治所在今河南洛阳）、偃师（治所在今河南偃师城关）、孟津（治所在今河南孟津城关）、新安（治所在今河南新安城关）、宜阳（治所在今河南宜阳城关）、永宁（治所在今河南洛宁城关）、巩县（治所在今河南巩义)、登封(治所在今河南登封)、渑池(治所在今河南渑池)。

(八)民国河洛道、豫西行政区、河南省第十督察区

民国二年(1913),北洋政府改河南府为豫西道,次年又改为河洛道,治所由陕州(今河南三门峡)迁到洛阳,隶属河南省。河南府作为一级行政区划之名,开始于唐玄宗开元元年(713),至此消亡,在历史上延续了1200多年。

河洛道下辖19个县:洛阳(治所在今河南洛阳)、偃师(治所在今河南偃师城关)、孟津(治所在今河南孟津城关)、新安(治所在今河南新安城关)、宜阳(治所在今河南宜阳城关)、洛宁(永宁县易名,治所在今河南洛宁城关)、嵩县(治所在今河南嵩县城关)、伊阳(治所在今河南汝阳城关)、巩县(治所在今河南巩义)、登封(治所在今河南登封)、渑池(治所在今河南渑池)、灵宝(治所在今河南灵宝)、阌乡(治所在今河南灵宝)、陕县(治所在今河南三门峡)、卢氏(治所在今河南卢氏)、临汝(治所在今河南汝州)、郏县(治所在今河南郏县)、鲁山(治所在今河南鲁山)、宝丰(治所在今河南宝丰)。河洛道的管辖地域,比历史上各个时期的河南府的管辖地域都要广,相当于现在的整个豫西地区和豫中的部分地区。

民国十六年(1927),冯玉祥治豫时期,改河洛道为豫西行政区,治所仍然在洛阳。为了纪念孙中山,追求"自由、平等、博爱",冯玉祥还析洛阳、登封等县各一部分,设置了自由县(治所在今河南伊川白沙)、平等县(治所在今河南伊川平等),划归豫西行政区。民国二十一年(1932)国民政府迁都洛阳时,合并自由县、平等县为伊川县(治所在今河南伊川城关)。

国民政府迁都洛阳时,把豫西行政区一分为二,改为河南省第十行政督察区和第十一行政督察区,前者治所在洛阳,后者治所在陕州(今河南三门峡)。督察区行政机关为督察专员公署,长官称督察专员。河南省第十行政督察区负责督察9个县:洛阳(治所在今河南洛

阳）、偃师（治所在今河南偃师城关）、孟津（治所在今河南孟津城关）、伊川（治所在今河南伊川城关）、宜阳（治所在今河南宜阳城关）、嵩县（治所在今河南嵩县城关）、伊阳（治所在今河南汝阳城关）、巩县（治所在今河南巩义）、登封（治所在今河南登封）。

（九）中华人民共和国洛阳专区、洛阳地区、洛阳市

洛阳于1948年4月解放。从洛阳解放到1952年，行政区划的划分受战争影响很重，比较散乱。1952年3月，陕州专区并入洛阳专区以后，行政区划才规范、明晰起来。合并后的洛阳专区，治所在洛阳，下辖1个市15个县。1个市是：洛阳市。15个县是：洛阳县（今洛龙区）、偃师县（今河南偃师市）、孟津县、新安县、宜阳县、伊川县、嵩县、伊阳县（今河南汝阳县）、洛宁县、栾川县、卢氏县、渑池县、陕县、灵宝县（今河南灵宝市）、阌乡县（今河南灵宝市）。1954年，阌乡县并入灵宝县，临汝县（今河南汝州市）从许昌专区划归洛阳专区。

1968年，洛阳专区改为洛阳地区，治所仍然在洛阳。至1986年1月，洛阳地区撤销。洛阳地区撤销时，下辖2个市11个县。2个市是：三门峡市、义马市。11个县是：灵宝县（今河南灵宝市）、陕县、卢氏县、渑池县、栾川县、嵩县、伊川县、宜阳县、洛宁县、临汝县（今河南汝州市）、汝阳县（1959年伊阳县易名）。

洛阳市成立于1948年3月。初为县级市，隶属于洛阳专区。1954年4月，为了便于工业建设，洛阳市升格为河南省省辖市，与洛阳专区同级。1958年12月，为了加强管理，增强洛阳专区的实力，洛阳市被委托给洛阳专区代管。1969年，洛阳市再度成为省辖市，与洛阳地区并列。洛阳市再度成为省辖市后，管辖地域逐渐扩大。1971年，孟津县从洛阳地区划归洛阳市领导（1976年，孟津县重归洛阳地区）。1983年9月，经国务院批准，洛阳地区所辖的偃师县（今河南偃师市）、孟津县、新安县等3个县划归洛阳市领导。

洛阳市升格为省辖市后，随着管辖范围的不断扩大和经济、社会发展的需要，不断设立新的县级行政区划。"一五"期间，全国156个

重点项目，其中有6项建在涧西，为了更好地服务于大厂企业和科研院所，1955年，国务院批准成立洛阳市涧西区。1956年，成立洛阳市老城区、西工区和郊区，1957年11月，洛阳市瀍河回族自治区成立。1982年，成立洛阳市吉利区。

1986年1月，在进一步发挥城市的辐射带动作用、全国普遍开始实行市管县体制的情形下，洛阳地区被撤销，原洛阳地区所管辖的伊川县、宜阳县、洛宁县、汝阳县、嵩县、栾川县等6个县划归洛阳市管辖。至此，洛阳市下辖9个县6个区。9个县是：偃师（1993年升格为县级市，依然归洛阳市管辖）、孟津、新安、伊川、宜阳、洛宁、汝阳、嵩县、栾川。6个区是：老城区、西工区、涧西区、瀍河回族自治区、吉利区、郊区（2000年易名洛龙区）。这一格局，延续至今日。

四、从河南县、洛阳县到洛阳市郊区、洛龙区

洛龙区于2000年由洛阳市郊区易名而来，洛阳市郊区由洛阳县而来，洛阳县由河南县、洛阳县合并而来。

河南县、洛阳县都是中国历史上著名的古县。设立于秦朝统一六国之前。秦王嬴政十一年（前236），秦国剥夺前相国文信侯、吕不韦的封地，设置河南县、洛阳县，隶属三川郡（治所在今河南洛阳）管辖。其时，河南县的治所在今西工区王城公园一带，洛阳县治所在今洛龙区白马寺一带。这是河南县、洛阳县作为县级行政区划的开始。

西汉时期，河南县、洛阳县隶属河南郡(治所在今河南洛阳)管辖。

新莽时期，改洛阳县为宜阳县，隶属保忠信乡(治所在今河南洛阳)。

东汉时期，恢复洛阳县之名，河南县、洛阳县隶属河南尹（治所在今河南洛阳）管辖。

曹魏时期，和东汉时期一样，河南县、洛阳县隶属河南尹（治所在今河南洛阳）管辖。

西晋时期，河南县、洛阳县隶属河南郡（治所在今河南洛阳）管辖。

北魏时期，河南县、洛阳县隶属河南尹（治所在今河南洛阳）管辖。

东魏时期，因东魏将首都从洛阳（今河南洛阳）迁到邺城（今河

北临漳），所以改河南县为宜迁县，隶属河南郡（治所在今河南洛阳）管辖。而洛阳县则隶属洛阳郡（治所在今河南洛阳）管辖。北齐因之。

北周宣帝大成元年（579），复改宜迁县为河南县。北周静帝大象元年（579），北周灭亡北齐后，撤销洛阳县，并入河南县，隶属洛州总管府（治所在今河南洛阳）管辖。

隋朝时期，重设洛阳县，河南县、洛阳县先后隶属洛州（治所在今河南洛阳）和河南郡（治所在今河南洛阳）管辖。隋炀帝营建新的都城洛阳以后，河南县驻地移至洛河南岸西南隅的宽政坊，洛阳县驻地移至新都内的毓材坊。

唐朝初期，河南县、洛阳县隶属洛州（治所在今河南洛阳）管辖。唐玄宗开元元年（713）改洛州为河南府（治所在今河南洛阳）后，河南县、洛阳县隶属河南府管辖。

武则天执政和称帝时期，曾经于垂拱四年（688）析出河南县、洛阳县一部分，设置永昌县（治所在今河南洛阳）。永昌元年（689），改河南县为合宫县。长安二年（702），撤销永昌县。神龙元年（705），合宫县恢复为河南县。唐中宗复位后，于神龙二年（706），再次改河南县为合宫县。唐隆元年（710），再次恢复为河南县。天授三年（692），曾经析出洛阳县、永昌县的一部分，设置来庭县（治所在今河南洛阳），长安二年（702）又撤销。神龙二年（706），改洛阳县为永昌县，至唐隆元年（710）又恢复为洛阳县。

北宋时期，河南县、洛阳县隶属河南府（治所在今河南洛阳）管辖。宋神宗熙宁五年（1072），撤销洛阳县，其地并入河南县。宋哲宗元祐二年（1087），恢复洛阳县建制，仍然隶属河南府管辖。

金朝入主中原之初，撤销河南府，在洛阳设置军事机构德昌军，并以军监县，同时撤销河南县，其地并入洛阳县。至此，始建于秦王嬴政十一年（前236）的河南县消亡，此后再也没有建立。金宣宗兴定元年（1217），在洛阳设置金昌府，洛阳县属之。

元朝时期，洛阳县隶属河南府路（治所在今河南洛阳）管辖。

明朝时期，洛阳县隶属河南府（治所在今河南洛阳）管辖。

清朝时期，洛阳县仍然隶属河南府（治所在今河南洛阳）管辖。

民国时期，洛阳县先后隶属河洛道（治所在今河南洛阳）、豫西行政区（治所在今河南洛阳）、河南省第十督察区（治所在今河南洛阳）管辖。

洛阳解放以后，1949年1月16日，洛阳县和洛阳市合署，县领导市。11月1日，县、市正式分署，洛阳市管理原洛阳县城区部分，洛阳县管理原洛阳县农村部分。洛阳市政府驻地民主街，洛阳县政府驻地营林街。洛阳县下设9个区：一区驻地麻屯，二区驻地海资，三区驻地平乐，四区驻地谷水，五区驻地军屯，六区驻地佃庄，七区驻地丰李，八区驻地李村，九区驻地寇店。1952年，又增加了3个区：十区驻地龙门，十一区驻地凤凰台，十二区驻地辛店。洛阳县隶属洛阳专员公署（治所在今河南洛阳）管辖。

1955年12月13日，河南省人民委员会下文，通知国务院关于撤销洛阳县建制的通知，将北部的麻屯、海资、平乐等3个区的51个乡划归孟津县领导，将东部和东南部的佃庄、寇店、李村等3个区的51个乡镇划归偃师县（今河南偃师市）领导，将西南部的丰李区的12个乡划归宜阳县领导，将军屯、龙门、辛店等3个区的55个乡镇划归洛阳市领导。此前，在1954年2月，谷水区已经划归洛阳市领导。至此，始建于秦王嬴政十一年（前236）的洛阳县消亡，此后再也没有建立。

1956年1月，根据洛阳市人民委员会的指示，在原洛阳市郊区办事处的基础上，组建中共洛阳市郊区委员会、郊区人民委员会。同时将郊区所辖的65个乡镇，合并为龙门、关林、白马寺、安乐、古城、军屯、石人、焦寨、冢头、王湾、延秋、辛店、孙旗屯等20个乡镇。洛阳市郊区驻地凯旋东路。洛阳县之名虽然消失了，但洛阳县事实上却成功蝶化，华丽转身，演变为洛阳市郊区。虽然在"大跃进"时期，在1958年11月和1961年1月，洛阳市郊区两度被撤销，但是最终还是在1962年6月再度恢复。

2000年5月20日，经国务院批准，洛阳市郊区更名为洛龙区，驻地也由西工区凯旋东路改为关林镇。同时，对洛龙区的行政区域进行调整：将原郊区的工农乡、孙旗屯乡划归涧西区管辖；将原郊区的红山乡和洛北乡的东下池村、西下池村、瞿家屯村、东涧沟村、五女冢村、金谷园村、西小屯村、西工村划归西工区管辖；将原郊区的邙山镇和洛北乡的新生村、工农村、烧沟村、岳村划归老城区管辖；将原郊区的瀍河回族乡划归瀍河回族区管辖；将西工区的安乐街道划归洛龙区管辖。调整后，洛龙区下辖李楼乡、古城乡、石人乡、辛店镇、安乐镇、龙门镇、关林镇、白马寺镇和安乐街道。2005年，撤销石人乡，其行政区域划归李楼乡管辖，李楼乡政府驻地不变（河南省民政厅虽曾批准过洛龙区设立石人乡，但实际上石人乡并未正式成立）。

2006年2月，宜阳县丰李镇的西霍屯、邢屯、梁屯、小营、侯城、油房头、王屯、小李屯、溢坡、毕沟等10个行政村划归洛龙区古城乡管辖，洛龙区辛店镇整建制委托给洛阳高新技术开发区管理。

2007年6月，洛阳市人民政府将古城乡的夜叉磨、古城、杨庄、孙庄4等个村和关林镇的曹屯、王圪垱等2个村从所在乡镇划出，组建开元路街道，成立定鼎门、龙泰、龙瑞、天元等4个社区。

2008年5月，经省人民政府批准，伊川县城关镇的郭寨村，彭婆镇的东草店村、西草店村划归洛龙区龙门镇管辖。2008年6月经洛阳市政府同意成立龙门石窟街道，管辖范围为：龙门村、寺沟村、郜庄村、张沟村、魏湾村、郭寨村、东草店村、西草店村和河东社区、镇南社区。辖区总面积31.7平方公里。

2010年7月，宜阳县丰李镇的16个行政村及镇直机关划归洛龙区管辖；白马寺镇的马沟、拦沟、吕庙、十里铺等4个行政村委托给瀍河回族自治区杨文街道管理。

2011年5月9日，河南省民政厅关于偃师市庞村镇整建制划归洛阳市洛龙区管辖的批复（豫民行批〔2011〕35号），经河南省人民政府批准，同意将偃师市庞村镇整建制划归洛阳市洛龙区管辖。洛阳市人民政府决定将洛龙区庞村镇整建制委托给伊滨区管理。2011年，洛龙区实施"村改居"工作，有27个村民委员会改为社区居民委员会。分别是：龙门镇徐屯村、南刘村、李屯村，关林镇关林村、练庄村、辛庄村，开元街道曹屯村、王圪垱村、夜叉磨村、古城村、杨庄村、孙庄村、古城乡范滩村、陈李寨村、小寨村、西杨屯村、焦寨村、东杨屯村、八里凹村、魏东村、魏西村、青阳屯村、马圪垱村、矬李村、邢屯村、庞屯村、黄村。

2012年10月19日，洛阳市人民政府发布《关于撤销部分乡镇设立街道办事处的通知》（洛政〔2012〕117号），通告经省人民政府批准：撤销洛龙区关林镇、古城乡、龙门镇。关林镇撤销后，分设关林、太康东路等2个街道，实行城市管理体制。关林街道辖镇北路、洛钢路、红旗、险峰、石油、明花、龙康等7个社区和刘富、车圪垱、八里堂、槐树湾、皂角树等5个村。太康东路街道办事处辖通达、顺安等2个社区和二郎庙、豆腐店、潘村、铁匠、大西、大东、南王等7个村。古城乡撤销后，分设古城、科技园等2个街道，实行城市管理体制。古城街道辖英才、龙兴、龙富、大学城、龙和、龙祥、龙祥东等7个社区。科技园街道辖龙腾、龙丰等2个社区和东霍屯、西霍屯、梁屯、王屯、毕沟、小李屯、溢坡、小营等8个村。龙门镇撤销后，分设龙门和龙门石窟等2个街道，实行城市管理体制。龙门石窟街道辖镇南、河东、龙门、郜庄、张沟、寺沟、魏湾、郭寨、西草店、东草店等10个社区。龙门街道办事处辖石化、煤田二队、龙安、龙盛等4个社区和裴村、花园、杜村、商屯、田山、王山等6个村。

2014年1月，洛阳市人民政府《关于成立洛龙区翠云路街道办事处的批复》（洛政文〔2014〕2号），经市政府第157次常务会议研究，同意洛龙区成立翠云路街道办事处。

2014年底，洛龙区下辖龙门、安乐、李楼、白马寺、丰李等5个镇和安乐、开元路、关林、太康东路、古城、科技园、翠云路等7个街道办事处。其中，龙门镇辖6个社区、6个行政村，安乐镇辖16个行政村，李楼镇辖26个行政村，白马寺镇辖2个社区、14个行政村，丰李镇辖16个行政村，安乐街道辖2个社区，开元路街道辖10个社区，关林街道辖9个社区、6个行政村，太康东路街道辖3个社区、6个行政村，古城街道辖15个社区，科技园街道辖4个社区、12个行政村，翠云路街道辖3个社区。

第二章 厚重国学 源远流长

第二章
厚重国学 源远流长

洛龙区位于洛阳的中心地带。在中华文明数千年的演进历史中，洛龙区和洛阳长期承担着首善之区的重任，承担着思想发源地、思想策源地的重任。儒学渊源于此，道学起源于此，佛学首传于此，玄学形成于此，理学肇造于此。这些不朽的思想、道理，深刻影响着中国历史的走向和中国人的精神世界，已经产生并将继续产生无法估量的作用。

一、儒学渊源于此

儒学是儒家的思想，也称儒教，是中国影响最大的流派，也是中国古代的主流意识，由春秋时期的孔子创立。在孔子创立儒学之前，周公在洛阳制礼作乐，因此被称为儒学"元圣"；孔子在创立儒学的过程中，曾经来洛阳问礼，探究周文化的源渊和途径，继承和发展了周公的思想。由此，洛龙区和洛阳成为儒学的渊源之地。

周公，姓姬名旦，是周文王第四子，周武王的弟弟，曾两次辅佐周武王东伐纣王，并在洛阳制作礼乐，成就了周朝800年帝业。因其采邑在周，爵为上公，故称周公。周公是西周初期杰出的政治家、军事家、思想家、教育家，被尊为"元圣"和儒学先驱。

周公一生的功绩被《尚书·大传》概括为："一年救乱，二年克殷，三年践奄，四年建侯卫，五年营成周，六年制礼乐，七年致政成王。"周公摄政七年，提出了各方面的带根本性典章制度，完善了宗法制度、分封制、嫡长子继承法和井田制。周公七年归政成王，正式确立了周王朝的嫡长子继承制。这些制度的最大特色是以宗法血缘为纽带，把家族和国家融合在一起，把政治和伦理融合在一起，这一制度的形成对中国封建社会产生了极大的影响，为周族800年的统治奠定了基础。

"礼"强调的是"别"，即所谓"尊尊"；"乐"的作用是"和"，即所谓"亲亲"。有别有和，是巩固周人内部团结的两个方面。礼所要解决的中心问题是尊卑贵贱的区分，即宗法制，进一步讲是继承制的确立。由宗法制必然推演出维护父尊子卑，兄尊弟卑，天子尊、诸侯卑的等级森严的礼法。这种礼法是隶属关系的外在化。反过来，它又起到巩固宗法制的作用，其目的是维护父权制，维护周天子的统治，谁要是违反了礼仪、居室、服饰、用具等方面的具体规定，便视为非礼、僭越。

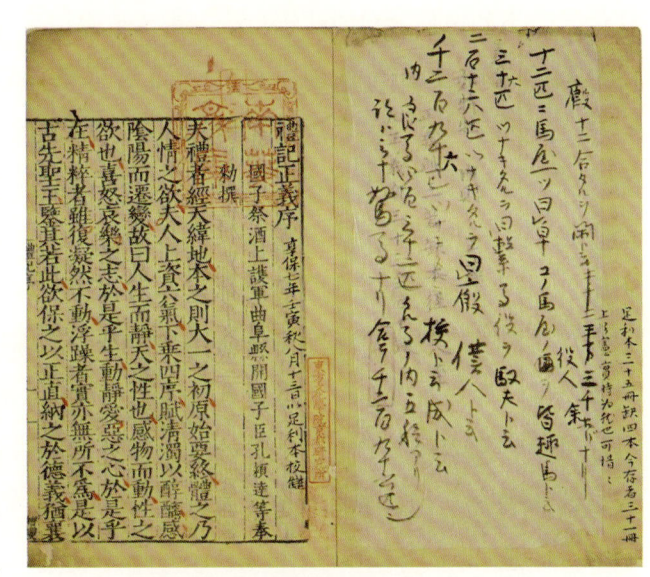

《礼记正义》书影

周公制礼，是周公一生最主要的功绩之一。礼发源极早。"礼"字在殷商时期甲骨文中已经出现，据《说文解字》"礼，履也，所以事神致福也"判断，最初的礼只是人们用来祈求鬼神的特定仪式。周公"制礼"则是为了满足安排祭祀秩序的需要，根据血缘关系和等级身份，分别制定尊卑之间、长幼之间、亲属之间各自的不同行为规范。周公之"礼"，把礼原初的"事神致福"之意淡化，从规定不同身份的人应该遵行的礼仪出发，最终成为宗法等级制度的依据和标准。

孔子曾说：周因于殷礼，所损益可知也。周初的礼乐是沿袭夏、商而来的。周初，由以周公为首的西周贵族陆续加以厘定、增补、汇集，渐渐成为法定的制度。《礼记·礼器》云："经礼三百，曲礼三千。"夏商的礼乐主要用于敬神和庆典；《说文解字》云："礼，履也，所以事神致福也。"《荀子·礼论》云："上事天，下事地，尊先祖而隆君师，是礼之三本也。"经过周公修订的礼乐，则主要是用来维护社会等级制度和宣扬道德理想。与其说周公制礼作乐，不如说周公对殷礼进行了一番改造以适应新生的政权。

周公制礼作乐，并非仅仅是改造殷人的祭祀典礼和置换典礼所用之乐歌，而是涉及了意识形态和社会制度的各个方面。王国维说："周人制度之大异于商者，一曰立子立嫡之制，由是而生宗法及丧服之制，并由是而有封建子弟之制，君天子臣诸侯之制。二曰庙数之制。三曰同姓不婚之制。"这些不同于殷人的社会制度，虽然不一定是周公制礼作乐时亲手制定而是在具体的实践中逐步形成的，但是周公在摄政期间的所作所为奠定了周代社会制度的基础。

可见，周公制礼作乐，并非是前无所因的创举，而是在总结前人经验的基础上，损益夏商旧礼，结合周族原有的习惯，制定出的一套

孔子入周问礼碑

调整宗法制度和行为规范的完整体系。

周敬王二年（鲁昭公二十四年，前518），孔子从鲁国出发，千里迢迢到洛阳，就礼乐制度方面的问题向著名的思想家老子请教。老子对孔子说："君子逢到好的时代就出来干番事业，遇到不好的时代就像蓬草一样，随风飘转。我听说，好的商人深藏钱财，好像一无所有；很有德兴的人，外表看起来却像似愚笨。去掉你的骄气和想入非非、装模作样和不切实际的奢望吧，这对你都没有什么好处。我要对你说的就是这些。"临别时，老子还赠言孔子道："我听说富贵的人送人钱财，仁义的人送人良言，我不富贵，也不能窃仁者的名声，但还是要告诉您：聪明敏感的人，常常要受到死的威胁，因为他好议论别人。博学善变、见多识广的人，常常会陷入困境，因为他好揭发别人的罪恶。做子女的要忘掉自己，做臣子的，也要忘掉自己，而要一心想着君王。"

孔子到洛阳，不但向老子请教周朝的礼制，向周大夫苌弘学习周朝的音乐，而且游览了洛阳的殿堂庙宇。孔子瞻仰了周天子召见诸侯和实行国家大典的明堂，参观了周室祖先后稷的太庙和祭祀天地的社坛等。通过访问和考察，孔子进一步加深了对周公制定的礼乐制度的了解。

后来，孔子对周公的礼乐制度思想加以总结发展，从而形成儒学经典，并统治中国几千年。可见，周公思想影响之大。人们常将周孔并称，形成了"周孔之教"的传统观念。周公也被后世儒家尊崇为"儒宗"，拜为"元圣"。儒学成为中国社会的正统思想和主流思想，影响中国数千年，周公则是开先河者。

二、道学起源于此

道学之名，始见于《隋书·经籍志》，原指老子创立的有关道的学说，它包括哲学的道家、宗教学的道教以及属于人体生命科学范围的内丹学。其中，哲学的道家起源于洛龙区和洛阳，宗教学的道教也因为尊奉老子为太上老君而与洛龙区和洛阳关系密切。

道家的理论奠定于老子。老子又称老聃、李耳,字伯阳,是我国古代伟大的哲学家和思想家、道家学派创始人。在道教中老子被尊为道祖,被道教徒奉为太上老君。老子是周朝管理藏书的官员,也叫守藏官,长期居住洛阳,老子的著作《道德经》(又称《老子》)是道教徒诵习的主要经典。

老子是我国第一个力图从自然本身来解释世界,而不妄借天帝的哲学家。在老子之前,人们认为宇宙万物都由神灵统治着,最高的神灵就是天,又称天帝。而天帝是有意志的,有喜怒哀乐,它不仅是天上的主宰,也是人间万物的主宰。这种观念,到了社会大变动的春秋时期发生了变化。老子就是较早的从哲学方面有意识地、明确地否认天帝的思想家。老子说,道在天帝以前就已经存在了,天地万物都是由它产生的,都是第二性的。老子在否认天帝以后,鲜明地提出了要用"道"来作为天地万物的本源。他说:"有物混成,先天地生。寂兮寥兮,独立而不改,周行而不殆,可以为天地母。吾不知其名,字之曰道,强为之名曰大。"老子认为,道生万物的过程是由简单到复杂,从无形无象到有形有象。他说:"天下万物生于有,有生于无。"还说:"道生一,一生二,二生三,三生万物。"对于道的物质性和与

老子

具体事物的不同特性，老子描绘说："道之为物，惟恍惟惚。惚兮恍兮，其中有象。恍兮惚兮，其中有物。窈兮冥兮，其中有精。其精甚真，其中有信。"老子认为，道虽然恍惚不明，深远暗昧，但是其中有形象、有实物、有精气，它是真实可信的。可见，老子说的道，并不是什么虚无缥缈的东西，其本质相当于原始物质。老子把道作为世界的本源，作为第一性的东西，显然是关于世界起源的唯物主义命题。老子所说的道，不仅是物质，是世界的本源，而且是事物发展的普遍规律，到处发挥作用。万物顺应它、依靠它，才能存在、发展。不仅自然界是这样，而且人类社会也是这样，统治者如果能够循道办事，天下的人就会自然归服，天下就会安定。他说："道常无

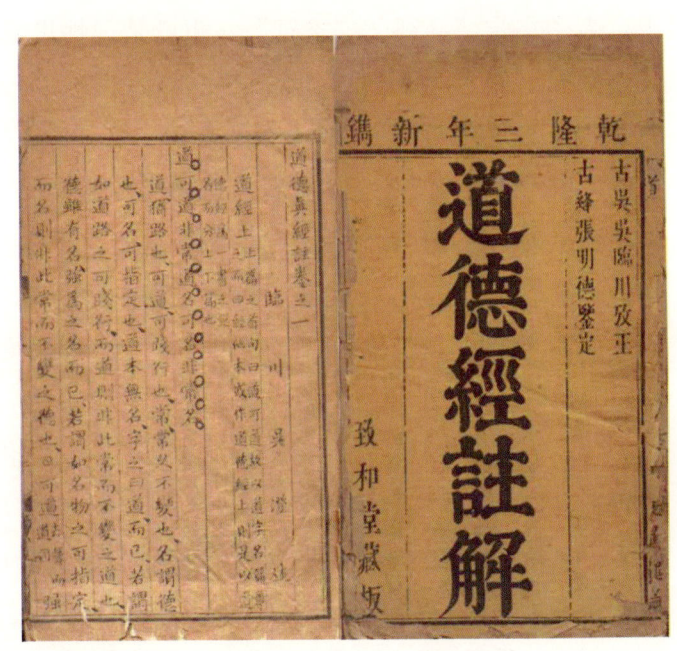

清《道德经注解》书影

为，而无不为。侯王若能守之，万物将自化。"老子提出了道这一哲学最高范畴，建立了精气论的朴素唯物主义，开始避免了以前唯物主义者用具体的某一种或几种元素说明世界的困难，超出了低级阶段的元素论的朴素唯物主义，具有重要的意义。但是老子为了力图区别于过去的唯物主义者，不免过分强调了道不同于日常生活中的具体事物的特点，割裂了道和具体事物的关系，把道和具体事物对立起来。后来许多唯心主义哲学家，正是利用了老子的这点缺陷，才把道歪曲为精神性的本体。

老子的认识论，是建立在他朴素唯物主义哲学基础上的。老子对于具体事物的认识，和对于宇宙万物总根源的道的认识，其方法是不同的。对于具体事物的认识，老子主张"直观"，也就是直接观察、直接认识。他说："以身观身，以家观家，以乡观乡，以邦观邦，以天下观天下。吾何以知天下然哉？以此。"老子的这种"直观"认识方法，由此及彼的方法，有实际的意义，也包含有一定的唯物主义因素，但是这种方法是不能认识问题的本质。对于道的认识，老子主张"静观""玄览"，也就是理性思维。他说："不出户，知天下。不窥牖，见天道。其出弥远，其知弥少。是以圣人不行而知，不见而明，不为而成。"在老子看来，不出房门就可以知道天下的大事，不看窗外就可以认识天道的运行规律，反之，愈到实践中去，就愈得不到正确的认识。老子的这种靠理性思维才能获得对于事物的正确认识的看法，包含着一定的唯物主义因素，但是这种方法夸大了理性的作用，错误地把理性思维和感觉经验对立起来，因而又背离了唯物主义，陷于神秘主义、唯心主义的泥淖。

《老子》中的精华是朴素辩证法思想的因素。老子的朴素辩证法思想，主要有以下几个方面。

第一，认为客观事物不是孤立的，而是互相依存、互相联系、互相转化。他认为事物的美丑、难易、长短、高下、前后、有无、损益、刚柔、强弱、祸福、荣辱、智愚、巧拙、大小、生死、胜败、攻守、进退、轻重等，都是对立的统一，既互相矛盾，又互相依存。他说："有无相生，难易相成，长短相形，高下相倾，音声相和，前后相随。"老子不仅认为事物互相依存、互相联系，而且认为对立的事物可以互相转化。他说："反者道之动。""祸兮福之所倚，福兮祸之所伏。"

第二，认为事物都是发展变化的，模糊地认为事物的发展都经历着量变到质变的过程。他说："合抱之木，生于毫末；九层之台，起于累土；千里之行，始于足下。"老子还把这种变化方法，运用于解决社会问题。他认为事物处于量变时，不仅较易于维持和把握，而且也较易于实现自己的图谋。他说:"图难于其易,为大于其细。天下难事必作于易,天下大事必作于细。"

第三,提出了关于事物发展的肯定与否定的思想。老子虽然没有也不可能提出关于事物发展是螺旋式上升的唯物辩证法思想,但是他的思想中确实有一些关于事物发展是肯定和否定关系的思想因素。他说:"上德若谷,大白若辱,广德若不足,建德若偷,质真若渝,大方无隅,大器晚成,大音希声,大象无形。"又说:"大成若缺,其用不弊。大盈若冲,其用不穷。大直若屈,大巧若拙,大辩若讷。"

老子的朴素辩证法思想深刻、丰富,在中国哲学史上的意义巨大。缺点在于注重柔弱,反对进取,不敢迎接新生事物;脱离了条件讲变化,没有摆脱循环论的影响。老子的辩证法过分强调矛盾对立的统一性而忽视矛盾对立的斗争性,因而包含着走向相对主义的可能。庄子的相对主义哲学体系就是沿着这条道路发展的。

三、佛学首传于此

据史料记载,东汉永平七年(64)的某天晚上,汉明帝刘庄做了一个梦,梦见一位神仙,金色的身体有光环绕,轻盈飘荡从远方飞来,降落在御殿前。汉明帝非常高兴。第二天一早上朝,汉明帝把自己的梦告诉群臣,并询问是何方神圣。太史傅毅博学多才,告诉汉明帝:听说西方天竺(印度)有位得道的神,号称佛,能够飞身于虚幻中,全身放射着光芒,君王您梦见的大概是佛吧!于是汉明帝派使者秦景、蔡愔等13人去西域,访求佛道。

3年后,他们同两位印度僧人摄摩腾、竺法兰一起回到洛阳。相传摄摩腾译出了《四十二章经》。后来,二位高僧在洛阳白马寺弘法传教,并圆寂于此寺。

在白马寺创建之前,佛学和佛教在中国西部边陲地区甚至内地虽然已有传播,但其范围和影响十分有限。白马寺是我国创立的第一座官方寺院,成为中国佛学、佛教的祖庭、释源,它既开创了中国佛教建筑的先河,又标志着佛学、佛教在中国正式传播的开始。

位于洛龙区白马寺镇的白马寺正门

佛教主张出世、出家。出世就不承担国家的赋税徭役，出家就不能孝养父母，因此佛教的主张与中国本土的伦理道德不一致，对国家利益也无直接的好处。所以，佛教刚传入中国的时候，东汉政府只允许来华的西域僧人和商人立寺院、译佛经、做佛事，汉人不能出家，但是可以参与在洛阳的译经活动。汉灵帝时期的严浮调（严佛调）是文献所记载的我国最早的出家人。汉灵帝中平五年（188），严浮调在洛阳译出《佛说濡首菩萨无上清净分卫经》等书。

三国时期的魏国，定都洛阳。魏齐王曹芳嘉平二年（250），天竺僧人昙柯迦罗在洛阳译出《僧祇戒心》，还请天竺僧人担任戒师，按羯磨法受戒，汉地从此有了戒律。汉地最早受戒的出家僧人是朱士行。朱士行是按正规仪式在洛阳剃度的。为了深入确切理解佛教，朱士行还远赴西域取经，是最早西行求法的汉僧。

汉地最早的尼姑是西晋人净捡，俗名仲令仪。她在洛阳听僧人法始宣讲佛法，有所体会，立志出家，与其他23位妇女由法始剃度并受十戒，成为中国第一批沙弥尼（俗称"小尼姑"），在洛阳宫城西门共立竹林寺修行。至东晋时期，在晋穆帝升平元年（357）二月，净捡法师等4人又在洛阳受具足戒，成为中土第一批比丘尼（俗称"尼姑"）。

由于印度佛学首先在白马寺传播，并通过洛龙区和洛阳在中华大地广泛传播开来，因此位于洛龙区的白马寺就成为印度佛学在中国的首传之地。

四、玄学形成于此

玄学又称新道家，是对《老子》《庄子》和《周易》的研究和解说，是中国魏晋时期出现的一种崇尚老庄的思潮。"玄"这一概念，最早出现于《老子》："玄之又玄，众妙之门。"王弼《老子指略》说："玄，谓之深者也。"玄学即是研究幽深玄远问题的学说。

玄学的发展包括正始玄学、竹林玄学、西晋玄学和东晋玄学等4个阶段，前三个阶段为玄学的发生、发展期，最后一个阶段出现了佛玄合流，属于尾声。前三个阶段的代表人物分别是何晏和王弼、阮籍和嵇康、裴頠和郭象，这几个人主要在洛阳生活和工作，因此，洛阳是玄学的形成地和发展地。

东汉末年至两晋，是200多年的乱世，随着东汉大一统王朝的分崩离析，统治思想界近400年的儒家之学也开始失去了魅力，士大夫对两汉经学的繁琐学风、谶纬神学的怪诞浅薄，以及三纲五常的陈词滥调普遍感到厌倦，于是转而寻找新的安身立命之地，醉心于形而上的哲学论辩。这种论辩犹如后

竹林七贤

代的沙龙，风雅名士，聚在一起，谈论玄道，当时人称之为"清谈"或"玄谈"。

据清代学者赵翼《二十二史札记》称，清谈之风始于魏齐王曹芳正始年间，何晏、王弼可以说是创始人，他们都是当时贵族名士，影响所及，便成一代风气。《晋书》上所谓"正始之音"也正是指整个魏晋时期玄谈风气。

何晏、王弼主张"贵无论"，说"天地万物皆以无为本"，又提出"名教"出于"自然"说。阮籍、嵇康主张

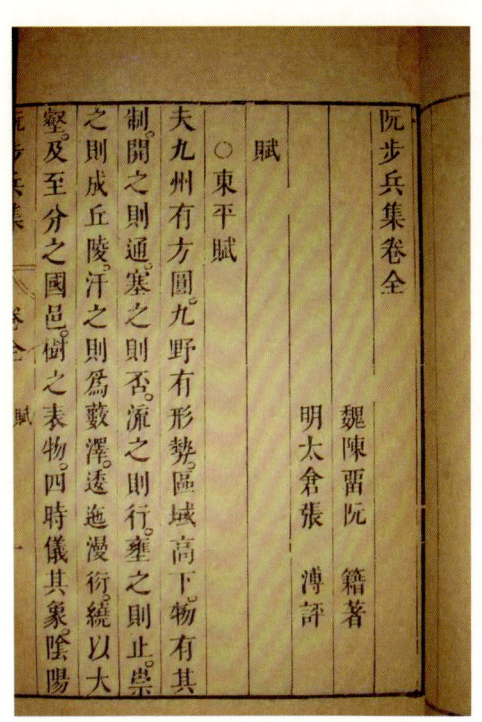

古本《阮步兵集》书影

"越名教而任自然"。嵇康并"以六经为芜秽，以仁义为臭腐""非汤武而薄周孔"。郭象作《庄子注》，此书一出，玄学大畅，"儒墨之迹见鄙，道家之言遂盛"。

五、理学肇造于此

理学又称义理之学或道学，是宋、元、明、清时期的哲学思潮。洛阳人程颢、程颐兄弟是理学的奠基人。

程颢字伯淳，又称明道先生。程颐字正叔，又称伊川先生，曾任国子监教授和崇政殿说书等职。北宋时，洛阳虽然不再是首都，但仍然是国家的文化中心。程颢、程颐长期在洛阳讲学，他们的学派在当时被称为理学、洛学。

"理"或"天理"是二程用来说明世界的立足点、出发点，也是二程哲学体系的核心。程颢在洛阳讲学时曾宣称："吾学虽有所授受，'天理'二字却是自家体贴出来。"程颢的意思是说，他的学说

程颢

程颐

虽然也接受、吸纳了别人的思想、理论，但是"天理"这个最重要的核心观点却是自己揣摩、提炼出来的。

二程所谓的"理"或"天理"有以下几个特点。第一，理是天下万物都要遵循的普遍原则，是永恒存在的，是不依人的意志为转移的，"不为尧存，不为桀亡"。第二，理是自然界的最高原则，也是人类社会的最高原则。二程把"君道""臣道""父道""子道"这些封建社会的伦理规范，都说成是"天理"的体现。第三，理是先于气（事物）而存在的，人和物"都自这里出去"，理是第一性的，气是从属于理的。他们说，"有理则有气""有理而后有象，有象而后有数"。第四，一物有一物的理，一物之理又是万物之理。二程说："天下物皆可以理照。有物必有则，一物须有一理。"又说："天下只是一个理""物我一理""万物皆备于我""一物之理，即万物之理"。上述这些充分说明了二程所谓的理，不同于客观事物的则（规律），因为事物的规律是不能产生万物的，而二程所谓的理既能产生万物，又能统辖万物，"理则天下一个理，故推至而四海而准"。二程将这样的"理"或"天理"作为哲学的最高范畴，只能是客观唯心主义的绝对观念。

在认识论上，二程鼓吹唯心论的先验论。他们认为，一切知识皆出于天，真正的知识、才能并不是在实践中获得的，而是人头脑里固有的。他们认为"人心莫不有知"，"知者吾之所固有"。他们认为，人们只要修身养性，求之于内心，就可以悟出天理，认识一切。他们认为，"学者不必远求，近取诸身，只明天理，敬而已矣"，"天理云者，百理具备，元无少欠，故反身而诚"，学习"不求于内而求于外，非圣人之学也"。这实质上是要割断人们与社会实践的联系，为封建统治阶级效劳。

出于维护封建统治阶级的目的，二程要求人民"存天理灭人欲"。他们说："视听言动，非礼不为，即是礼，礼即是理也。不是天理，便是私欲。人虽有意于为善，亦是非礼。无人欲即皆天理。"这里明确提出，一切合乎封建统治阶级要求的看、听、言、行，就是礼，就是天理，否则就是私欲、人欲。他们说："灭私欲，则天理明。"为了恢复所谓的天理，二程公然要求人民要多"思"，要克制自己的欲望。他们说："甚矣，欲之害人也。人之为不善，欲诱之也。诱之而弗知，则至于天理灭而不知反。故目则欲色，耳则欲声，以至鼻则欲香，口则欲味，体则欲安，此皆有以使之也。然则何以窒其欲？曰，思而已矣。学莫贵于思，唯思为能窒欲。"为了保存天理，二程还竭力宣扬"饿死事极小，失节事极大"，阻止无依无靠、家境贫穷的寡妇再嫁，要求广大妇女甘心做封建礼教的牺牲品。

二程是封建社会后期两位极其重要的思想家、哲学家，他们和其四传弟子朱熹（杨时传之罗从彦，从彦传李侗，侗传之朱熹）的思想合称"程朱理学"。到了南宋以后，程朱理学开始逐步控制思想学术，进而楔入政治领域，最终得以在社会上广泛流布，成为了中国封建社会后期的官方意识形态，在思想领域占主导地位长达700年。

第三章 重大事件 影响深远

第三章
重大事件　影响深远

历史上,作为千年帝都洛阳的中心地带和核心区域,洛龙区和洛阳密不可分。古往今来,发生在洛龙区许许多多的重大历史事件,不仅和洛阳密切相关,而且和中国历史进程乃至世界历史都密切相关。宋代政治家、历史学家司马光曾经深刻指出:"若问古今兴废事,请君只看洛阳城。"如果我们套用司马光的话说"若问古今兴废事,请君只看洛龙区",也是十分贴切的、丝毫也不过分的。

一、甘之战

甘之战是洛阳历史上的第一场战争,也是中国历史进入阶级社会后的第一次战争。甘,在洛阳市西南洛龙区丰李镇(一说在陕西户县,一说在河南原阳)。甘之战发生于公元前21世纪,是夏初时期夏

甘之战油画(侯震绘)

启与有扈氏部落之间的战争,是原始社会部落联盟的民主禅让制与夏王朝"禹传子、家天下"的奴隶制之间的较量。大禹在中国历史上建立了丰功伟绩。传说,大禹之前的君王都实行禅让制,尧禅位于舜更被传为美谈。但到了夏禹,其子夏启暴力夺取政权,对中原各部族震动很大。许多部族无力与夏王朝抗衡,只好臣服,但也有较大的部族对夏启夺权不服,有扈氏就是其中一个部族。

有扈氏以禹、启破坏民主禅让制为由,起兵反抗夏启的统治,杀奔夏王朝的都城阳城(今河南登封)。夏启也率大军讨伐,双方在甘相遇。有史料称,夏启的军队一鼓作气击溃了有扈氏。也有史料说,这场战争历时一年多,夏启先败后胜,最后有扈氏臣服。

《尚书·甘誓》记载了这场战争的前奏——夏启的战前誓师动员。这篇檄文宣告征伐有扈氏的战争是正义的,还列举了有扈氏的两大罪状,即威慑侮谩上天、不听从夏王朝的命令。因此,上天要派夏启来消灭他们,以维护上天的意志。

《甘誓》还颁布了作战纪律:对于听从命令,英勇善战者给予重奖;对于畏缩不前者,杀无赦,甚至连累妻小。

夏启取得甘之战的胜利,结束了中原地区部族纷争的局面,表明新兴的、先进的社会制度终将取代原始社会的残余势力。经过这场战争,新兴的奴隶制国家夏朝得到了巩固和发展。

二、周公营建洛邑

周武王灭商后,迁九鼎于洛邑(今河南洛阳)。成王即位,周公辅政,对洛邑进行了大规模营建,使之成为一座规模宏大的新都城,称为"成周"或"新邑"。新都建成后,周成王定都于此。洛邑成为全国的政治中心。

周人自古公亶父居岐邑,周文王迁丰,至周武王又迁镐京(今陕西西安),即宗周。武王灭商以后,为巩固周朝对东方的统治,计划在伊、洛二水一带夏人故居地建设新的都邑,但未及实现,武王就病逝。成王继位后,三监叛乱,周公东征三年,始得平定。于是周

周公营建洛邑（洛阳周公庙壁画，现代人绘）

公将武王的计划付诸实施，派召公勘定建邑位置。周公随后到洛阳视察，以地图及占卜结果报告成王。成王莅临，举行祀典，返宗周时命周公留守。当时认为成周位于天下中心，四方贡赋道里均等，又把曾反抗周朝的殷民迁到其东郊，借以控制。周朝定都洛邑，开创了中国一国二都制的先河。

三、周公制礼作乐

制礼作乐是周公对西周以及对中国古代社会作出的又一重大贡献。制礼，实质是规定一种等级制度，并用礼的形式表现出来，强调的是"别"，即所谓"尊尊"。作乐，是把乐舞和礼仪相配合，乐的作用是"和"，即所谓"亲亲"。有别有和，是巩固周人内部团结的两个方面。据说，周公制作的礼制非常复杂，包罗万象，所谓"大礼三百，小礼三千"。这些礼制可以大致分为五个方面：一是吉礼，用于祭祀鬼神；二是凶礼，用于丧葬饥荒；三是宾礼，用于朝聘接待；四是军礼，用于杀讨征伐；五是嘉礼，用于饮宴冠婚。各个方面的礼制都有具体的规定，如在驾乘方面，周礼规定，天子驾六，诸侯驾五，卿驾四，大夫三，士二，庶人一；又如在舞列佾方面，周礼规定，天子为八佾，诸侯为六佾，卿大夫为四佾，士用二佾；又如在死亡称呼方面，周礼规定，天子为崩，卿大夫为薨，士庶为死。周公用繁琐的礼仪来规定、熏陶各个等级的人群，让他们各安其分，各求其业，各尽其职，各得其所。

周公制礼作乐，不可能永远保持周朝的统治，但是这一套制度当时成为各族人民共同的生活准则，对于形成统一的中华民族，起到了不可估量的凝聚和同化作用，同时对中华礼仪之邦的形成也作出了贡献。周公旦被尊为儒学奠基人，是孔子一生最崇敬的古代圣人之一。洛阳也因周公在此制礼作乐，孔子到这里向老子问礼，而成为儒学的发源地。

四、平王东迁

平王东迁是东周初期发生的历史事件。西周末年，周幽王无道，申侯联合犬戎攻破宗周镐京（今陕西西安），周幽王点起烽火

周平王迁都洛邑

求援，众诸侯因以前被烽火所戏而不加理会。周幽王最后被杀于骊山，西周灭亡。其后众诸侯拥立太子宜臼为王，是为平王。由于镐京曾发生过地震受损，又处于犬戎威胁之下，周平王元年（前770），周平王由郑武公、晋文侯、卫武公、秦襄公护拥，迁都洛邑（今河南洛阳），史称东周。这就是历史上著名的"平王东迁"。平王东迁，标志着东周的开始。

平王东迁后，周天子王权开始衰落，不能担当共主的责任，诸侯势力不断坐大，最终形成春秋时期群雄争霸的局面。

五、孔子入周问礼

周敬王二年（前518），孔子通过鲁国旧贵族南宫敬叔的关系，获得鲁昭公的准许和一车二马的支持，千里迢迢到了洛阳，向当时的大学问家老聃询问礼乐。

老聃即道家创始人老子，姓李，名耳，字伯阳，楚国苦县（今河南鹿邑东厉乡曲仁里）人，当时为周朝"守藏室之史"，大约相当于现在的国家图书档案馆馆长。他对孔子说："你所要问的那些人，他们和自己的骨头早腐烂了，只剩下他们的话罢了。况且，君子遇到好的时代就出来干番事业，遇到不好的时代就像蓬草一样，随风飘转。我听说，好的商人深藏钱财，好像一无所有；很有德行的人，外表看起来却像似愚笨。去掉你的骄气和想入非非、装模作样和不切实际的奢望吧！对你都没有什么好处。我要对你说的就是这些。"

临别时，老子还赠言道："我听说富贵的人送人钱财，仁义的人送人良言，我不富贵，也不能窃仁者的名声，但还是要告诉您：观察问题很透彻、言辞犀利善辩的人，经常遇到危及自身生命的事，主要原因就在于他好议论人，揭人的短处。作为子女和人臣，言语和行动都不能只考虑到自己。"

孔子听了老子的话，回去对自己的学生们说："鸟，我知道它能飞；鱼，我知道它能游；野兽，我知道它能跑。跑者可用网对付，游者可以用钓丝对付，飞者可以用弓箭对付。至于龙我却无法了解，它乘风驾云直上青天。我今天见的这位老子,大约就是像龙一样的人物了。"

孔子还游览了周天子召见诸侯和举行国家大典的明堂、祭祀祖先的太庙、祭天地的社坛等,从而对制定了西周礼乐制度的周公更是崇拜,曾表示:"郁郁乎文哉,吾从周。"洛阳之行,孔子开阔了眼界,增长了知识。回鲁国后,向他求学的人更多了。

六、光武中兴

建武元年(25),光武帝刘秀削平各地割据势力,统一全国,重建汉朝,定都洛阳,史称东汉。刘秀在位期间,社会经济得到恢复和发展,汉朝成中兴之势。

刘秀统治时期,以柔道治天下,采取一系列措施,恢复、发展社会生产,缓和西汉末年以来的社会危机。建武二年至十四年(26~38)颁布六道释放奴婢诏令。建武十一年(35),连下三道诏令,规定杀奴婢者不得减罪,炙灼奴婢者依法治罪,免被炙灼的奴婢为庶人,废除奴婢射伤人处极刑的法律。恢复西汉较轻的田税制,实

位于黄河边的光武帝陵

行三十税一。遣散地方军队，废除更役制度，组织军队屯垦。简政减吏，裁并400多县。放免刑徒为庶民，用于边郡屯田。建武十五年（39），下令度田、检查户口，加强封建国家对土地和劳动力的控制。刘秀加强中央集权，对功臣赐优厚的爵禄，但禁止他们干政；排斥三公，加重原在皇帝左右掌管文书的尚书之权，全国政务经尚书台总揽于皇帝，在地方上废除掌握军队的都尉。

种种措施的实施，使东汉初年出现了社会安定、经济恢复、人口增长的局面，史称光武中兴。

七、东汉建太学

东汉洛阳太学的创建人是东汉的开国皇帝刘秀。经历战火而又崇信儒学的光武帝刘秀，深知培养治国人才的重要性。在定都洛阳之后，刘秀便在洛阳城南的开阳门外营建太学。汉明帝时，太学继续发展，声誉越来越高，太子、王侯子弟纷纷入学受经。汉顺帝刘保继位后，于永建六年（131）九月扩建，建房240栋、1850间，规模空前发展，成了万人以上的中央太学。梁太后执政后，为笼络人才，巩固自己的统治地位，于本初元年（146）下令放宽入学条件，使太学人

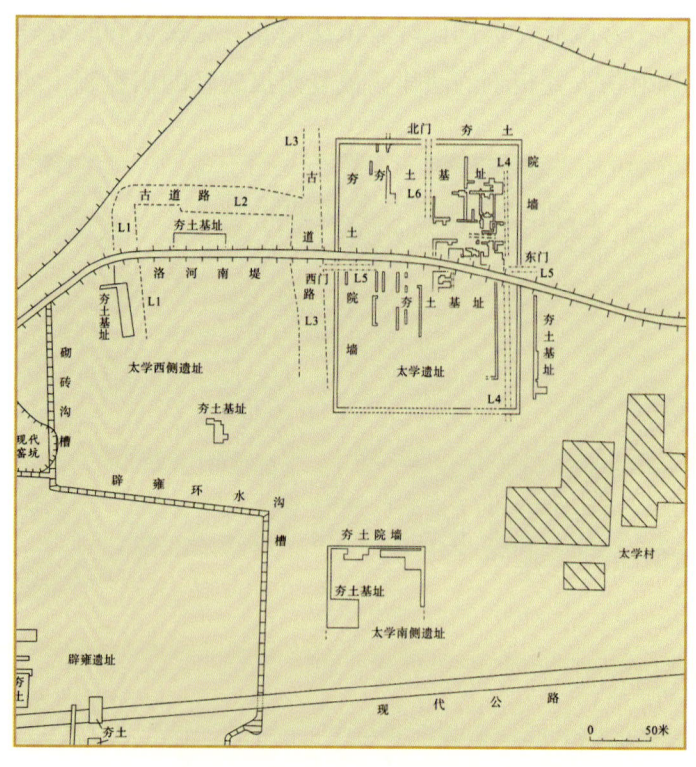

东汉太学及周围遗址勘探平面图

数猛增至3万余人。汉灵帝校正五经,刻在石碑上,作为太学的统一教材。董卓火烧洛阳宫时,太学被毁。到曹丕代汉称帝时,中断30多年的洛阳太学得以恢复。

东汉洛阳太学培养了许多优秀人才,王充、张衡、崔瑗等人都是游历太学之后而成为伟大的思想家、教育家和科学家的。

八、倭国来朝

东汉建武中元二年(57)正月,倭奴国派遣使节来洛阳奉献,刘秀封其国王为汉倭奴国王,赠"汉倭奴国印"一枚(原印于1784年在日本福冈市出土),现藏于福岗市美术馆,印高2.2厘米,重108克。这是日本第一次朝拜中国。

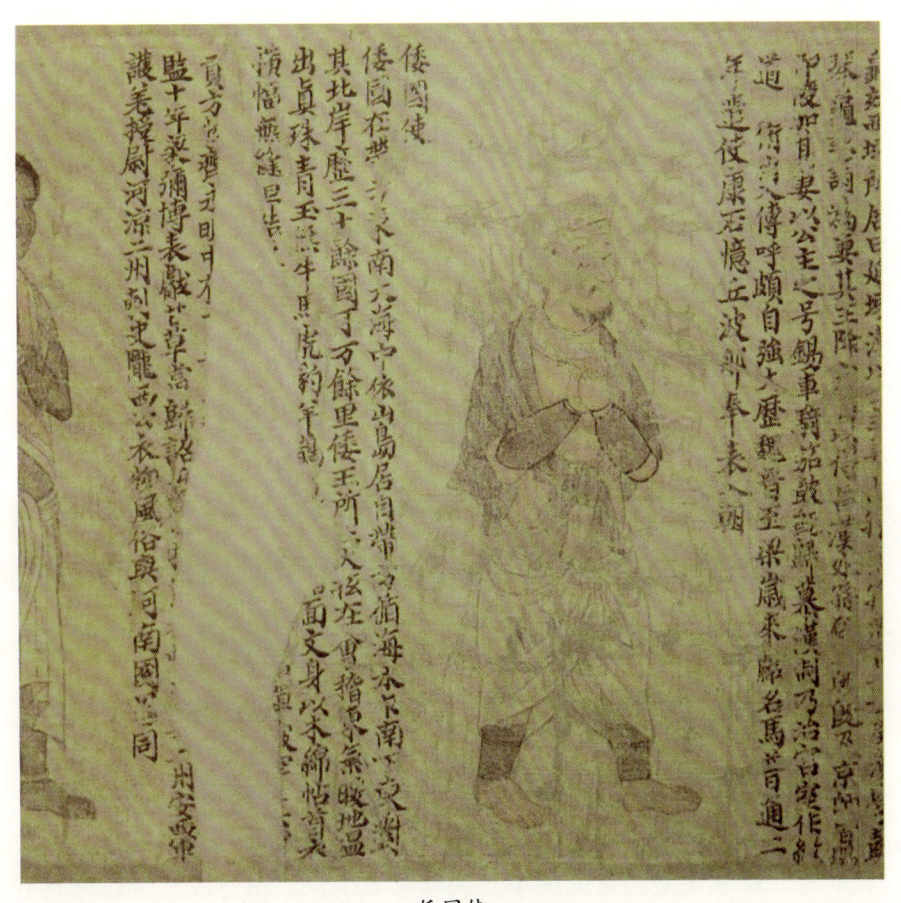

倭国使

九、永平求法

东汉永平七年（64）的某天晚上，汉明帝刘庄做了一个梦，梦见一位神，金色的身体有光环绕，轻盈从远方飞来，降落在御殿前。汉明帝非常高兴。第二天一早上朝，汉明帝把自己的梦告诉群臣，并询问是何方神圣。太史傅毅告诉汉明帝：听说西方天竺（印度）有位得道的神，号称佛，能够飞身于虚幻中，全身放射着光芒，君王您梦见的大概是佛吧！于是明帝派使者秦景、蔡愔等13人去西域，访求佛道。3年后，他们同两位印度僧人摄摩腾和竺法兰回到洛阳，带回一批经书和佛像，并开始翻译了一部分佛经，相传《四十二章经》就是其中之一。汉明帝在首都洛阳城西建造了中国第一座佛教寺院，以安置德高望重的印度名僧，储藏他们带来的宝贵经像等物品，此寺即今天的洛阳白马寺。据说是因当时驮载经书、佛像的白马而得名，而白马寺也因而成为中国佛教的祖庭。

永平求法标志着佛教正式由官方传入中国。从此，佛教在中国土地上扎下了根。

十、班超出使西域

为了联系西域各国共击北匈奴，永平十六年(73)，汉明帝派遣班超出使西域。

班超出使西域，镇抚西域各国，使西域与汉断绝65年的关系得以恢复。直到汉和帝永元十四年(102)，班超才从西域返回洛阳。班超在西域30年，对巩固我国西部疆域、促进多民族国家的发展作出了卓越贡献。同时，东汉恢复对西域的统治，保卫了丝绸之路，促进了中国和中西亚各国的经济文化交流。

十一、白虎观会议

自汉武帝时，董仲舒提出"罢黜百家，独尊儒术"以来，儒家思想逐渐成为汉朝君主的统治思想支柱。但是由于当时各家儒学学派传承不同，对于儒家经典的版本、内容多有争议。虽然汉宣帝时曾召开

"石渠阁会议"加以统一，但是经历王莽新朝的战乱之后，各家的歧异再次抬头。汉光武帝刘秀于建武中元元年（56），宣布图谶于天下，把谶纬之学正式确立为官方的统治思想。为了巩固儒家思想的统治地位，使儒学与谶纬之学进一步结合起来，章

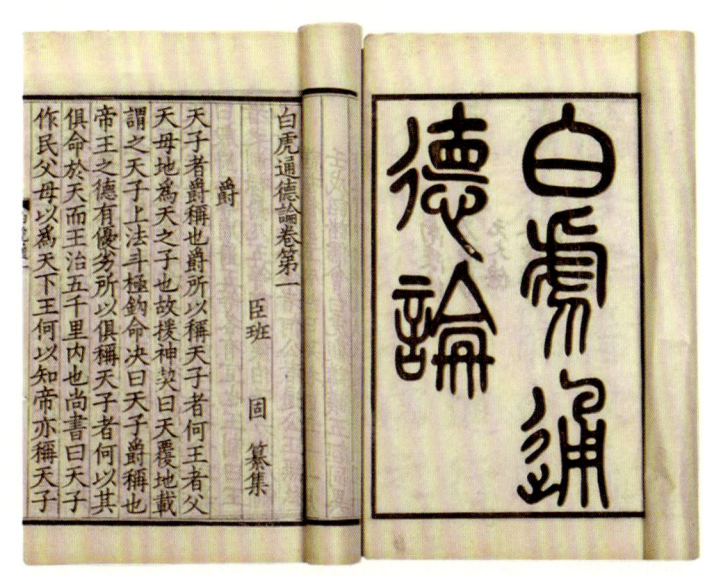

《白虎通德论》书影

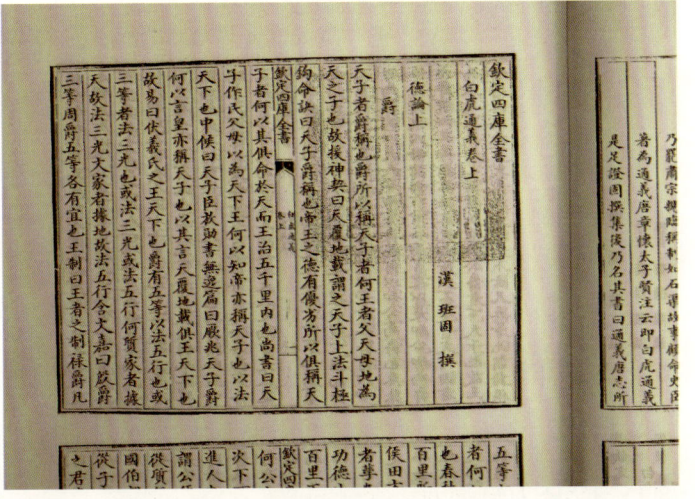

《白虎通义》书影

帝建初四年（79），召集各地著名儒生于洛阳白虎观，讨论五经异同，这就是白虎观会议。

当年十一月，汉章帝邀集名儒、诸王集于白虎观，由五官中郎将魏应代表皇帝发问，其后各家儒生加以讨论，形成共识后由侍中淳于恭加以回答，此后再由汉章帝定夺。会议连续举行了一个多月。会后，班固奉旨对会议内容加以总结，写成《白虎通义》四卷。

这次会议肯定了"三纲六纪"（三纲：君为臣纲、父为子纲、夫为妻纲。六纪：敬诸父兄、诸舅有义、族人有序、兄弟有亲、师长有尊、朋友有旧），并将"君为臣纲"列为三纲之首，使封建纲常伦理系统化、绝对化，同时还把当时流行的谶纬迷信与儒家经典糅合为一，使儒家思想进一步神学化。

十二、班固修《汉书》

班固是东汉史学家班彪之子，字孟坚，扶风安陵（今陕西咸阳）人。

建武二十三年（47）前后，班固入洛阳太学，博览群书，穷究九流百家之言。建武三十年（54），班固自太学返回乡里为父亲服丧。居忧时，在班彪续补《史记》之作《后传》基础上开始编写《汉书》。

永平五年（62），有人向朝廷上书告发班固"私改作国史"。皇帝下诏收捕，班固被抓，书籍也被查抄。幸得其弟班超上书申说班固著述之意，地方官也将其书稿送到朝廷。汉明帝了解情况后，很欣赏班固的才学，将班固招到洛阳，并任命班固为兰台令史（兰台是汉朝收藏图书之处），掌管和校定图书。汉明帝时，班固与人合作，共同撰成《世祖本纪》，升迁为郎官，任典校秘书。此后，班固又与人共同记述功臣、平林、新市、公孙述事迹，作列传、载记二十八篇奏上，计用20多年，至章帝建初中期基本上完成了我国第一部纪传体的断代史《汉书》。

《汉书》是中国第一部纪传体断代史。沿用《史记》的体例而略有变更，改"书"为"志"，改"列传"为"传"，改"本纪"为"纪"，无"世家"。全书包括纪12篇，表8篇，志10篇，传70篇，共100篇，记载了上自汉高祖元年（前206），下至王莽地皇四年（23），共230年历史。《汉书》语言庄严工整，多用排偶，遣辞造句典雅远奥，与《史记》平畅的口语化文字形成鲜明对照。中国记史方式自《汉书》以后，都仿照其体例，纂修了纪传体的断代史。

十三、许慎作《说文解字》

许慎是我国历史上杰出的汉文字学家和经学家,毕生致力于古汉字的全面整理和阐释,创造性地撰写了我国第一部系统说解文字的经典《说文解字》。

《说文解字》草成于东汉和帝永元十二年(100),经修订,于安帝建光元年(121)在洛阳献给朝廷,从而流传后世。《说文解字》一书,收小篆9353个,古文、籀文1163个为重文。每字标明字形,注出音读,推究字义。

自《说文解字》问世以后的1800多年间,我国传统汉字学的研究,是以其《说文》为主要对象。人们把对许慎和《说文解字》的研究称之为"《说文》学"或"许学"。许慎也被誉为"字圣"。

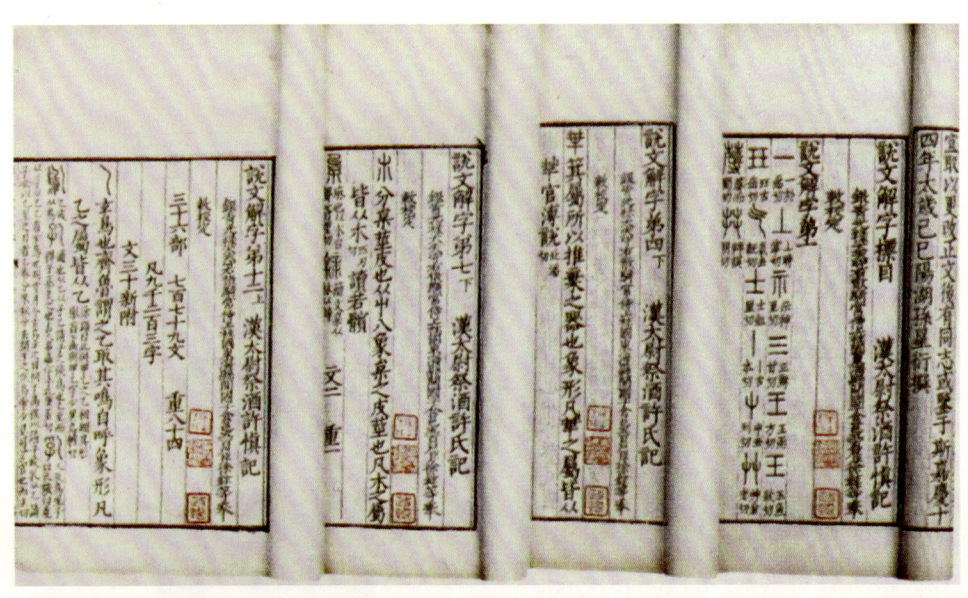

《说文解字》书影

十四、蔡伦改进造纸术

蔡伦,字敬仲,东汉桂阳郡(今湖南耒阳)人。蔡伦小时就到洛阳皇宫里当太监。起初担任小黄门,后来得到汉和帝信任,被提升为中常侍,参与国家的机密大事。蔡伦还做过尚方令,监督工匠为皇室制造宝剑和其他各种器械。

当时，蔡伦看到大家写字很不方便，竹简和木简太笨重，丝帛太贵，都有缺点。于是，蔡伦就研究改进造纸的方法。蔡伦总结了前人造纸的经验，带领工匠们用树皮、麻头、破布和破鱼网等原料来造纸。他们先把树皮、麻头、破布和破鱼网等东西剪碎或切断，放在水里浸渍相当时间，再捣烂成浆状物，经过蒸煮，然后在席子上摊成薄片，放在太阳底下晒干，这样就变成纸了。

用这种方法造出来的纸，体轻质薄，很适合写字，受到了人们的欢迎。东汉元兴元年(105)，蔡伦把这个重大的成就报告了汉和帝，汉和帝赞扬了他一番。从此，全国各地都开始用这样的方法造纸。

汉安帝时，蔡伦继续受到重用，被封为"龙亭侯"（封地在今陕西洋县），由他监制的纸也被称为"蔡侯纸"。

造纸术是我国古代的四大发明之一，对世界文明的发展起到了不可估量的作用。

十五、张衡发明地动仪

张衡，字平子，东汉时期南阳人。东汉顺帝阳嘉元年(132)，太史令张衡在洛阳发明地动仪，并成功测知永和三年(138)陇西地震。

地动仪"以精铜铸成，圆径八尺""形似酒樽"，上有隆起的圆盖，仪器的外表刻有篆文以及山、龟、鸟、兽等图形。仪器的内部中央有一根铜质"都柱"，柱旁有八条通道，称为"八道"，还有巧妙的机关。仪体外部周围有八个龙，按东、南、西、北、东南、东北、西南、西北八个方向布列。龙头和内部通道中的发动机关

张衡

相连，每个龙头嘴里都衔有一个铜球。对着龙头，八个蟾蜍蹲在地上，个个昂头张嘴，准备承接铜球。当某个地方发生地震时，樽体随之运动，触

地动仪模型

动机关，使发生地震方向的龙头张开嘴，吐出铜球，落到铜蟾蜍的嘴里，发生很大的声响。于是人们就可以知道地震发生的方向。

汉顺帝永和三年（138）的一天，地动仪正对着西方的龙嘴突然张开来，吐出了铜球，这是报告西部发生了地震。可是，那天洛阳一点地震的迹象也没有，更没有听说附近有什么地方发生了地震。于是，朝庭上下都议论纷纷，说张衡的地动仪是骗人的玩意儿。没过几天，陇西（今甘肃天水）有人飞马来报，证实那里前几天确实发生了地震，于是人们开始对张衡的高超技术极为信服。

张衡发明的地动仪是世界上第一台地震仪，比欧洲早1700多年。

十六、大秦遣使入洛

东汉桓帝延熹九年(166)，大秦国王(古罗马帝国皇帝)安敦遣使来到洛阳。这是中国与欧洲国家直接往来的开始。

十七、党锢之祸

东汉延熹九年(166)、建宁二年(169)，宦官把持朝政，以"部党"罪名，两次在全国逮捕党人，史称党锢之祸。两次"党锢"，是官僚士大夫、太学生与宦官集团之间斗争的具体表现，反映出东汉后期的

黑暗政治。

和平元年（150），18岁的汉桓帝刘志依靠单超等宦官，除掉了外戚梁冀兄弟，东汉王朝的权力从外戚手中转到了宦官手中，出现了宦官统治的局面。

对宦官专政奋起反抗的是京师太学的太学生。汉光武帝刘秀建都洛阳之后，便设立了太学，作为讲授儒家五经的场所，从中培养、选拔官吏。他们慷慨激昂，抨击朝政，并且互相激扬，蔚然成风。当时，人们称他们为"党人"。河南尹李膺、太尉陈蕃为官清正，太学生很尊敬他们，称之为"天下楷模李元礼（李膺），不畏强御陈仲举（陈蕃）"。他们互相结合起来，形成了一股政治势力。

有个方士名叫张成，占卜之后，当众推断不久皇上要大赦天下。张成怕人不信，居然叫儿子去杀人，以便日后验证。李膺拘捕张成的儿子之后，果然有赦令下达。李膺更加愤怒，就按律杀了张成的儿子。张成以方术曾经结交了不少宦官，连汉桓帝也很相信他的占卜。张成有个弟弟叫牢修，便上书诬告李膺结交太学生，共成一党，诽谤朝廷。汉桓帝自从依靠宦官力量剪灭了梁冀之后，日益荒淫，便下令逮捕李膺，并株连200多个太学生。

李膺等人入狱，并没能钳住朝野之口。因为宦官专权，实在不得人心。城门校尉窦武是窦皇后的父亲，与太学生有些交情。太学生贾彪劝说窦武出面营救。窦武也对宦官擅权不满，便与尚书霍谞联合上书。汉桓帝释放了李膺等"党人"，遣送他们各自回到老家，禁锢终生，不准回到京师。这是第一次"党锢之祸"。

李膺等人获释，"党人"声誉更加高涨。汉灵帝继位后，由窦太后临时掌权，封窦武为大将军，陈蕃为太傅，李膺等人都回到朝中。他们密谋铲除宦官集团。以曹节、王甫为首的宦官集团大为恐慌，双方斗争趋于白热化。

汉灵帝建宁元年（168），窦武上奏，罗列了曹节、王甫一批宦官的罪状。奏折被宦官朱瑀偷了出来，召集了一些宦官，公布了窦武的奏章。朱瑀大声煽动道："我们宦官犯了罪，应该杀头，难道凡属宦官都该灭族不成?"宦官们一齐大骂窦武、陈蕃,推举曹书为头,歃血为盟。宦官先控制住汉灵帝,接着去抢窦太后的玉玺。假传诏命,去逮捕窦武。窦武情知有变,拒不受诏,跑到步兵营,召集北军数千人在都亭下聚集;宦官王甫鼓动宫中的虎贲军、羽林军千余人进行抵抗。两军在皇宫前对阵,结果窦武带领的北军逐渐瓦解,纷纷投降。窦武等人自杀。

宦官集团取胜,一场屠杀太学生的灾祸就开始了。陈蕃被杀,李膺等100多人也死在狱中。几天工夫,死的、关的、流放的就有六七百人。宦官集团在全国搜捕"党人",有人为泄忿不惜陷害他人为"党人",株连甚广。直到熹平五年(176),有人还在控告"党人",汉灵帝下诏:凡是党人的门生、故吏、父子、兄弟,还在位当官的,一律免职,遣送回家,禁锢终生。这就是第二次"党锢之祸"。

十八、熹平石经

汉代立五经于学官,置十四博士。各家经文皆凭所见,并无供传习的官定经本,博士考试也常因文字异同引起争端。东汉灵帝熹平四年(175),为正定六经文字,经朝廷批准,议郎蔡邕书《周易》《尚书》《鲁诗》《仪礼》《公羊传》《论语》《春秋》,刻石46通,立于太学。

熹平石经是中国刻于石碑上的最早官定儒家经本,其字体为隶书,故又称"一体石经"。

熹平石经残石

十九、董卓之乱

东汉中平六年(189),凉州军阀董卓率兵进入东汉首都洛阳,废少帝，立陈留王刘协为帝，自为相国独揽朝政。初平元年（190），关东诸侯推袁绍为盟主，讨伐董卓。董卓败后，挟持汉献帝西走长安（今陕西西安），并驱使洛阳数百万口西迁长安。行前，董卓的士卒大肆烧掠，洛阳周围200里内尽成瓦砾。初平三年（192），董卓被王允、吕布所杀。

董卓之乱，历时虽短，社会却经历了深刻的变革，是三国乱世的开端。

二十、曹魏建都洛阳

建安二十五年(220)，曹丕废汉献帝，自立为皇帝，国号魏，改年号为黄初，建都洛阳，史称曹魏。曹魏继承两汉制度，于洛阳设立太学，置五经博士；以九品中正制选拔官吏。曹魏是三国中实力最强大的国家，于魏元帝景元四年（263）灭亡蜀汉。

二十一、马钧制龙骨水车

曹魏嘉平六年（254），马钧在洛阳发明农业灌溉工具龙骨水车（也称翻车、水车）。其结构是以木板为槽，尾部浸入水流中，有小轮轴一。另一端有小轮轴，固定于堤岸的木架上。用时踩动拐木，使大轮轴转

曹丕

龙骨水车模型

动,带动槽内板叶刮水上行,倾灌于地势较高的田中。

马钧制造的龙骨水车,结构新颖,简便、省力、效率高,对当时农业发展起了极大促进作用。

二十二、西晋建都洛阳

曹魏咸熙二年(265),司马炎废魏元帝曹奂为陈留王,自立为帝,国号晋,年号泰始,定都洛阳,史称西晋。太康元年(280),西晋灭东吴,完成统一。

二十三、陈寿撰《三国志》

陈寿,字承祚,西晋巴西安汉(今四川南充)人。师事同郡学者谯周,在蜀汉时任观阁令史。当时,宦官黄皓专权,大臣都曲意附从。陈寿因为不肯屈从黄皓,所以屡遭遣黜。入晋以后,历任著作郎、治书侍御史等

《三国志》书影

职。晋武帝太康元年（280），西晋灭东吴，结束了分裂局面。陈寿当时48岁，开始撰写《三国志》。

当时魏、吴两国先已有史，如王沈的《魏书》、鱼豢的《魏略》、韦昭的《吴书》，此三书当是陈寿依据的基本材料。蜀国无史，故陈寿自行采集，得15卷。《三国志》是三国分立时期结束后文化重新整合的产物。陈寿的《三国志》最早以《魏志》《蜀志》《吴志》三书单独流传，直到北宋咸平六年（1003）三书才合为一书。

二十四、左思作《三都赋》

左思，字太冲，临淄（今山东淄博）人，西晋著名文学家。左思自幼其貌不扬却才华出众。晋武帝泰始八年（272）前后，因妹左棻被选入宫，举家迁居洛阳，左思出任秘书郎。晋惠帝时，左思依附权贵贾谧，为文人集团"二十四友"的重要成员。永康元年（300），因贾谧被诛，遂退居宜春里，专心著述。齐王司马冏召为记室督，不就。太安二年（303），因张方纵暴洛阳而移居冀州，不久病逝。

左思家世儒学。其父左熹，字彦雍，起于小吏，曾任武帝朝殿中侍御史、太原相、弋阳太守等。少时曾学书法鼓琴，皆不成，后来由于父亲的激励，乃发奋勤学。左思貌丑口讷，不好交游，但辞藻壮丽，曾用一年时间写成《齐都赋》（全文已佚，若干佚文散见《水经注》及《太平御览》）。复以10年之久，作《三都赋》（《魏都赋》《蜀都赋》《吴都赋》）。在其舍中院内、茅厕中，皆置纸笔，偶得佳句，当即录之。其赋成后，却未获士人青睐。文学家张华阅后，认为可媲美班固、张衡之文。名士皇甫谧阅后，欣然为之作序，自此名声大噪。由于都城洛阳权贵之家，皆争相传抄《三都赋》，一时纸张供不应求，纸价为之飞涨，留下"洛阳纸贵"的千古佳话。

二十五、刘徽注《九章算术》

刘徽是西晋时期的数学家，他的杰作《九章算术注》是我国宝贵的数学遗产。

《九章算术》约成书于东汉之初，共有246个问题的解法。在分数四则运算、正负数运算、几何图形的体积面积计算等方面，都属于世界先进之列。但解法比较原始，缺乏必要的证明。刘徽对此作了补充证明。在这些证明中，显示了刘徽在多方面的创造性的贡献。

刘徽是世界上最早提出十进小数概念的人，并用十进小数来表示无理数的立方根。在

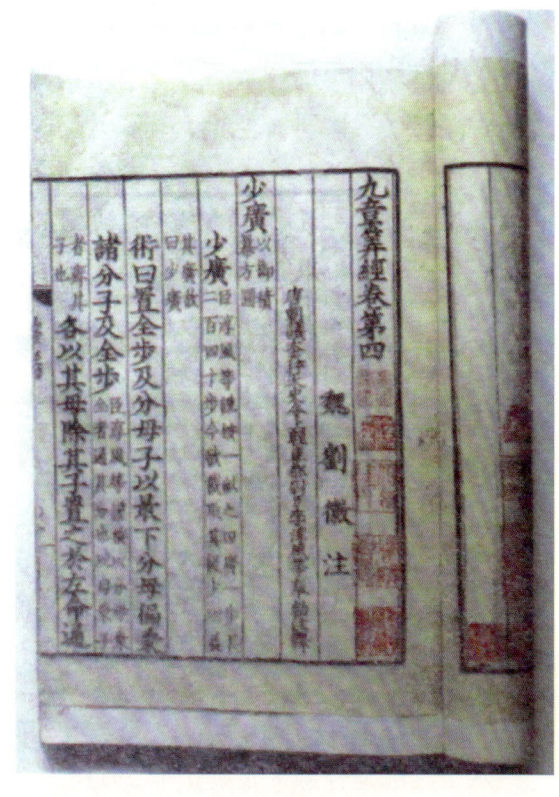

《九章算术》书影

代数方面，刘徽正确地提出了正负数的概念及其加减运算的法则；改进了线性方程组的解法。在几何方面，提出了"割圆术"，即将圆周用内接或外切正多边形穷竭的一种求圆面积和圆周长的方法。刘徽利用割圆术科学地求出了圆周率 $\pi=3.14$ 的结果。刘徽在割圆术中提出的"割之弥细，所失弥少，割之又割，以至于不可割，则与圆合体，而无所失矣"，可视为中国古代极限观念的佳作。

二十六、裴秀创"制图六体"

裴秀，字秀彦，闻喜人，晋武帝时官司空，后任宰相。裴秀改进了东汉图经绘制方法，即分率、准望、道里、高下、方邪、迂直"制图六体"，对中国西晋以后的地图制作技术产生了深远的影响。

裴秀认为，制图六体是相互联系的，在地图制作中极为重要。地

图如果只有图形而没有分率,就无法进行实地和图上距离的比较和量测;如果按比例尺绘图,不考虑准望,那么在这一处的地图精度还可以,在其他地方就会有偏差;有了方位而无道里,就不知图上各居民地之间的远近,就如山海阻隔不能相通;有了距离,而不测高下,不知山的坡度大小,则径路之数必与远近之实相违,地图同样精度不高,不能应用。这六条原则的综合运用正确地解决了地图比例尺、方位、距离及其改化问题。所以制图六体成为中国明代以前地图制图学理论的基础,在中国和世界地图制图学史上有重要地位。

裴秀提出的这"制图六体",是当时世界上最科学、最完善的制图理论。除经纬线和地球投影外,现代地图学上应考虑的主要因素,他几乎全提了出来。因此,裴秀被称为"中国科学制图学之父"。

二十七、八王之乱

八王之乱是晋惠帝元康元年(291)至光熙元年(306),晋皇室诸王为争夺中央朝权而进行的混战。其代表人物为汝南王司马亮、楚王司马玮、赵王司马伦、齐王司马冏、长沙王司马乂、成都王司马颖、河间王司马颙、东海王司马越等八王。

西晋初建,晋武帝司马炎以曹魏亡国之鉴而大封同姓诸侯王。太熙元年(290),晋武帝死,晋惠帝司马衷继位。此时同姓诸王的势力已发展到出则总督一方军政、入则控制中央朝权的程度。元康元年(291),武帝后族杨氏与惠帝后族贾氏为争权冲突激烈,皇后贾南风联合司马玮、司马亮发禁军围杀太尉杨骏,废杨太后,以司马亮辅政。旋即,贾后矫诏先使司马玮率京城洛阳各军攻杀司马亮,又借擅杀大臣之罪处死司马玮,进而独揽大权。永康元年(300),禁军将领司马伦举兵杀贾后,废惠帝自立。至此,宫廷政变转为皇族争夺朝权,演变为八王之乱。次年,司马冏、司马颖和司马颙等共同起兵讨伐司马伦,联军数十万向洛阳进攻,司马伦战败被杀,惠帝复位,由司马冏专权辅政。永宁二年(302)骠骑将军司马乂与司马颙等里应外合攻杀司马冏，司马乂掌握朝权。太安二年(303)，司马颙与司马颖不满司马乂专权，借口其"论功不平"，联军进攻洛阳。司马颙任张方为都督，率精兵7万东进；司马颖也发兵20余万南下；司马乂麾下也不下数万人。交战各方兵力约在30万人以上，号称百万，为八王之乱以来军队集结最多的一次。双方大战数月相持不下。永安元年(304年)初，司马越发动兵变杀司马乂，迎司马颖进占洛阳，控制朝政。是年七月，司马越等挟惠帝进攻司马颖，兵败东逃。司马颙乘机出兵攻占洛阳，迫惠帝与司马颖迁都长安（今陕西西安），独专朝政。永兴二年(305)，司马越再度起兵，西攻长安（今陕西西安），司马颙战败。次年六月，司马越迎晋惠帝还洛阳，不久，司马颙与司马颖相继被杀。十一月，司马越毒死惠帝，立晋怀帝司马炽。至此，这场持续16年的西晋八王之乱结束。

八王之乱，严重破坏社会经济，导致北方各少数民族大规模内迁和各地流民起事，加速了西晋王朝的灭亡。

二十八、永嘉之乱

永嘉之乱是发生在西晋时代的一个内乱事件，由居于中原的少数民族发动。

晋初重行分封，终致八王之乱，加以天灾连年，社会不稳，北方少数民族乘时入侵。永兴元年(304)，匈奴贵族刘渊在左国城(今山西离石)起兵，逐步控制并州部分地区，自称汉王。光熙元年(306)，晋惠帝死，司马炽嗣位，是为怀帝，改元永嘉。刘渊遣石勒等大举南侵，屡破晋军，势力日益强大。永嘉二年（308），刘渊正式称帝。刘渊死后，子刘聪继位。永嘉五年（311），刘聪遣石勒、王弥、刘曜等率军攻晋，在平城(今河南鹿邑)歼灭10万晋军，又杀太尉王衍及诸王公。旋攻入京师洛阳，俘获晋怀帝，纵兵烧掠，杀王公士民3万余人，洛阳化为灰烬，西晋几将灭亡。

中原地区大量人口为避战乱而迁往长江中下游，开启了中原人南迁之门，为东晋偏安一隅作了事实上的预备。同时，客观上促进了长江中下游经济的发展，中国古代经济中心进一步移往南方。

二十九、北魏孝文帝汉化改革

北魏太和十八年(494)，孝文帝迁都洛阳后，实行了一系列汉化措施。主要内容有：易鲜卑服装为汉服，规定在朝廷上使用汉语，禁用鲜卑语，称汉语为"正音"，迁洛阳的鲜卑人均为洛阳籍人，死后不得归葬平城（今山西大同），改鲜卑贵族为汉姓，定门第等级，令鲜卑人与汉人通婚，改用汉制度量衡等。

北魏孝文帝在洛阳进行的汉化改革，促进鲜卑族接受汉文化，推动了北方民族的融合过程。

三十、河阴之变

河阴之变是发生在北魏武泰元年（528）北魏权臣尔朱荣策划并实施的一起针对皇族和百官公卿的屠杀事件，因事件发生在河阴县（今河南孟津）而得名。

北魏孝明帝武泰元年（528），胡太后擅权秉政，鸩杀了孝明帝，立幼子元钊为帝。北魏大将尔朱荣以此为口实起兵东进，洛阳守将望风而降。四月十三日，尔朱荣在河阴（今河南孟津）溺死胡太后和幼帝元钊，纵兵围杀北魏的王公百官2000多人，北魏诸王元雍、元钦、元略、元邵等人皆遇害，史称河阴之变。

尔朱荣借助此次军事政变，将迁到洛阳的汉化鲜卑贵族和出仕北魏的汉族大家消灭殆尽，完全控制了北魏朝政。河阴之变彻底改变了北朝统治集团的素质结构，也最终改变了北朝社会的历史走向。

三十一、隋炀帝营建洛阳

隋炀帝杨广继皇帝位后，决定迁都洛阳。大业元年（605），隋炀帝令宇文恺营建东都洛阳，每月役使工匠200万人。大业二年

（606），建成东都洛阳。

洛阳城南对伊阙，北倚邙山，东逾瀍河，洛水横贯其间，分外郭城、宫城、皇城、东城、含嘉仓城、圆壁城和曜仪城，规模宏大，布局有序。同时，隋炀帝征发大江以南、五岭以北的奇材异石、嘉木异草、珍禽奇兽，输送洛阳充实各园苑。又在洛阳西南筑西苑，周200里。西苑之内，殿堂楼阁，穷极华丽。

东都洛阳建成以后，立即成为隋朝的政治、经济和文化中心。隋炀帝营建的洛阳，也成为唐宋以后洛阳城的基础。

杨广

三十二、大运河开凿

大业元年（605），隋炀帝营建东都洛阳的工程开工以后，为了使长江三角洲地区的丰富物资运往洛阳，并加强对江南广大地区的控制，从河南、淮北各州县征调男女百余万人开通济渠，引黄河水达于淮河；同年，又开通山阳渎、邗沟。大业四年（608），开通永济渠，北到涿郡(今北京)。大业六年（610），开江南河，连通长江和钱塘江。至此，一条以洛阳为中心，南通余杭（今浙江杭州），北达涿郡（今北京），连接海河、黄河、淮河、长江、钱塘江五大水系的人工运河全部竣工。

大运河全长2500多公里，是中国古代最浩大的水利工程，对中国

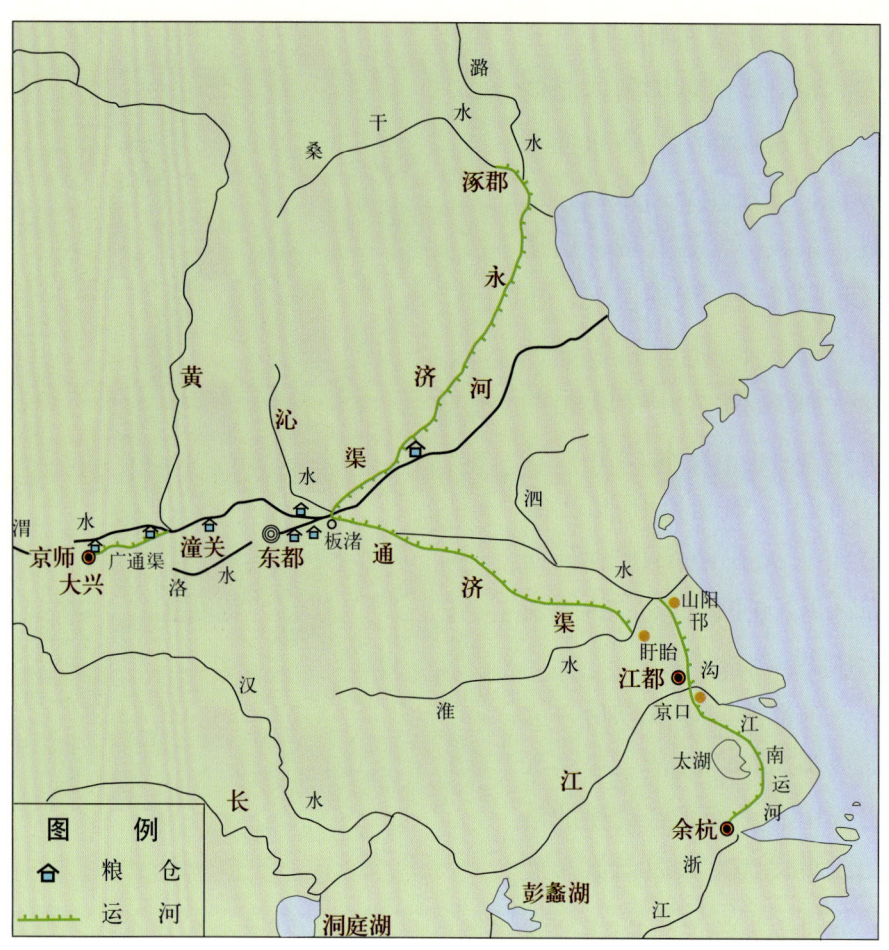

隋大运河图

古代社会经济的发展产生过巨大作用。2014年,以洛阳为中心的中国大运河被列为世界文化遗产。

三十三、武则天洛阳建国

唐载初元年(690)九月九日,武则天废黜唐睿宗李旦称帝,袭用周朝国号,改国号为周,定都神都(洛阳),改元天授,史称武周。

武周都洛期间,建造明堂,创立殿试,又建洛阳外城,铸天枢、九鼎,继续开凿龙门石窟。神龙元年(705),唐中宗复位,武则天去周帝号。

武则天是中国历史上唯一的女皇帝，前后掌权40多年。武周时期，上承贞观之治，下启开元盛世，中国封建社会进入全盛时期。

三十四、后梁迁都洛阳

后梁的创立者是朱温。朱温，宋州砀山（今安徽砀山）人。朱温早年参加黄巢农民起义军，后降唐，被赐名"全忠"，任诸道兵马副元帅，加封为梁王。

天祐四年（907），朱温废唐哀帝，自立为帝，国号梁，年号开平，更名为朱晃，建都开封。开平三年（909），后梁迁都洛阳。

乾化三年（915），梁末帝又从洛阳迁都开封。

三十五、后唐迁都洛阳

后梁龙德三年（923），李存勖消灭开封的后梁政权，自立为帝，国号唐，史称后唐，年号同光，都开封，同年迁都洛阳。

后唐盛时，疆域约为今河南、山东、山西三省，河

武则天

李存勖

北、陕西的大部及甘肃、安徽、宁夏、湖北、江苏的一部分,并短期占有四川,是五代十国时期疆域最大的国家。后唐都洛13年。

三十六、司马光修《资治通鉴》

司马光,初字公实,更字君实,号迂夫,晚号迂叟,夏县涑水乡人,世称涑水先生,北宋政治家、文学家、史学家。司马光一生最大的功绩是在洛阳主持编纂了中国历史上第一部编年体通史《资治通鉴》。

司马光出身于官僚地主家庭,自幼受到了严格的教育,6岁时便在父亲的指导下开始熟读经史。司马光先后做过天章阁待制、龙图阁直学士、翰林学士、御史中丞、尚书左仆射兼门下侍郎。司马光历任四朝,为官正直,屡进忠言,甚至犯颜直谏,曾提出了一系列政治主张和治国方略。任宰相后,更是"躬亲庶务,不舍昼夜,欲以身殉天下"。

中国古史,如浩渺烟海,通读下来,耗时耗精力。为了让人们阅读方便,更为了"叙国家之盛衰,著生民之休戚",也为了让帝王观古知今,以史为鉴,吸取历史经验教训,更好地统治国家,司马光立志写一部系统而简明的通史。宋神宗元丰七年(1084),司马光在洛阳主编修成《资治通鉴》。

《资治通鉴》是我国最大的一部编年史,全书共294卷,通贯古今,上起战国初期韩、赵、魏三家分晋(前403),下迄五代赵匡胤(宋太祖)灭后周的前1年(959),凡1362年。作者把这1362年的史实,依时代先后,以年月为经,以史实为纬,顺序记写;对于重大的历史事件的前因后果,与各方面的关联都交代得清清楚楚,使读者对史实的发展能够一目了然。《资治通鉴》的内容以政治、军事和民族关系为主,兼及经济、文化和历史人物评价。

三十七、金中京保卫战

金宣宗完颜珣从中都(今北京)迁都开封后,河北各地已陷于蒙古,金王朝只有固守黄河、淮河之间的中原地带。兴定元年(1217)八月,金宣宗升洛阳为中京,改河南府(今河南洛阳)为金昌府。金哀宗正大九年（1232），蒙古军围攻洛阳城。金朝洛阳守军不足5000人，但洛阳城非常坚固，蒙古军炮轰3个月，仍无法攻下。前守城总指挥温迪罕斡朵罗贪生怕死，弃城逃跑，蒙古军乘机攻陷中京洛阳，中京留守撒合辇自杀殉国。蒙古军屠城后，弃城而走。

金哀宗令任守真为中京留守、元帅左监军，带兵2000余，重建中京金昌府。任守真知人善任，破格提拔士兵强伸为警巡使。八月，中京留守任守真主动出击蒙古军，不幸死难。中京人推举强伸为金昌府签事。当时，郊县居民皆逃入洛阳城中。蒙古军再次包围洛阳，列炮攻城。强伸收集衣帛代为旗帜，树立于城上，亲率士卒赤身而战，从居民中选取壮士5000人，号"憨子军"，往来救援。又创造一种"遏炮"，几个人才能抬动，能发射大石于百步之外，所击皆中目标。九月，蒙古军退至百里之外。闰九月、十月，蒙古军又两次来攻，其军队人数成倍，而洛阳不能克。金哀宗闻之，降诏嘉奖，以强伸为中京留守、元帅左监军、行元帅府事。十月，金朝元帅思烈收集溃兵和民众10万自南山入洛阳。

天兴二年（1233）三月，金哀宗命使者诏告强伸，可便宜从事。是月，蒙古军自开封驱思烈之子于中京东门下，诱思烈降，思烈命左右射之。这时，中京军民方知道，开封已经陷落，金哀宗下落不明。思烈闻之大惊而死。遗言，强伸行总帅府事。月余，粮尽，军民散去。五月，塔察儿率蒙古军复至，陈兵于洛河南，强伸陈兵于洛河北。蒙古军欲招降强伸，强伸曰："我本一军卒，天子命我为留守，誓以死报国耳。"遂率步卒数百大战于天津桥，敌兵无法取胜。六月，金将兀林答胡土率众弃城而逃，鹰扬都尉献西门以降。强伸知城已难守，率部下数十人从东门突围，转战至偃师，力尽被俘，宁死不屈，被杀于洛阳。

三十八、李自成克洛阳

明思宗崇祯十三年（1640）冬，张献忠率农民军转战四川，把明军主力钳制在四川、湖广（今湖南、湖北）地区。李自成乘中原明军兵力空虚之机，率部由郧阳（今湖北郧县）迂回进入河南，连克永

李自成雕像

宁（今河南洛宁）、宜阳、新安等城，对洛阳形成包围之势。明廷闻讯，急令参政王胤昌、总兵王绍禹率兵前往加强防守。

崇祯十四年（1641）正月，李自成指挥数十万大军，四面环攻洛阳城。后又集中兵力猛攻城西北角。经两天激战，守军不支，王绍禹所部数百名士卒于二十日夜起义，绑缚王胤昌，开北门迎农民军入城。福王朱常洵被农民起义军擒杀。

李自成克洛阳，打乱了明王朝的军事部署，为农民军的迅速发展创造了条件。

三十九、汴洛、洛潼铁路修建

陇海铁路最初修建的是开封至洛阳段，当时称作汴洛铁路。清光绪三十年(1904)九月，汴洛铁路勘测工程全面铺开，宣统元年(1909)十一月二十一日竣工通车。全长184公里。

宣统二年(1910)七月七日，洛潼铁路破土动工，民国20年(1931)完工。全长237公里。

汴洛和洛潼铁路的修建，使洛阳进入了铁路时代，对洛阳以后的发展具有重要意义。

四十、吴佩孚驻兵洛阳

吴佩孚，字子玉，山东蓬莱人。民国9年(1920)9月2日，吴佩孚战败皖系军阀段祺瑞，进驻洛阳，同时被任命为直鲁豫巡阅副使。

吴佩孚的巡阅副使署下设八大处，即：参谋、军需、执法、军械、政务、教育、交际、副官。吴佩孚怀着雄踞洛阳、统一四方的雄心，大规模地扩建西工兵营。在洛阳，吴佩孚大量栽植杨、榆、柳、槐等树，将西工营房由原来的5000余间扩建到1.2万余间，占地由原来4000余亩扩大到8000余亩。在扩建营房时还修了灰石马路，直通金谷园车站；在东下池村北土崖上筑窑洞1000余孔，为幼年学生兵宿舍；在洛河修建一座新桥，后人称为"老吴桥"。

吴佩孚令河南省长公署迁驻洛阳。远东新闻社、东亚新闻社、中通社、西北通讯社、大中华通讯社纷纷在洛设立分社，洛阳气息很快扑向全国。吴佩孚还耗白银15万两，在洛阳设立无线电台。

各地军阀利用各种关系，在洛阳设立办事处，全权委派私人代表加强与吴佩孚的联系，以便互通声气。湖南湘军总司令赵恒惕、江苏督军齐燮元、福建督理孙传

1924年9月，吴佩孚成为美国《时代》杂志封面人物的首个中国人

芳、广西军阀陆荣廷、四川军阀杨森等，都在洛阳设立了办事处。吴佩孚统治时期的洛阳，成为直系军阀的大本营，实际上成了北洋政府的首都。

1924年，吴佩孚在第二次直奉战争中惨败后，被镇嵩县军悍将憨玉琨逼出洛阳，逃往武汉。

四十一、陇海铁路工人大罢工

1921年7月中国共产党成立以后,致力于领导工人运动,掀起了第一次大罢工高潮。在中国工人运动第一次大罢工高潮中,1921年爆发的以洛阳为中心的陇海铁路工人大罢工是全国第一次工人大罢工运动的起点。

陇海铁路机修厂有工人1000多人,分东、西两个分厂。东厂是洛阳工务段修理厂,西厂是洛阳机车修理厂。西厂比东厂大,是陇海铁路最大的机修厂,负责修车头。1921年11月20日,洛阳、开封、徐州等地火车头汽笛齐鸣,东起连云港、西达观音堂的千里铁道线,顿时像断了脊骨的长蛇,僵在中州大地上。以洛阳为中心的陇海铁路工人大罢工,是一次"反虐待""争人格""光国体"的大罢工,既有经济诉求,也有政治诉求。

陇海铁路大罢工得到了中共北京地方委员会(北京地委)和中国劳动组合书记部北方分部的大力支持。全路工人团结一致,形成了声势浩大的罢工阵容。军阀吴佩孚在全国一片"保护劳工"的强烈呼声中被迫放弃武力干预。

1922年2月7日,法国总管若里被免去职务,陇海铁路工人大罢工取得彻底胜利。

以洛阳为中心的陇海铁路工人大罢工,早于香港海员工人大罢工,并且规模大,成就非凡,是中国工人运动第一次大罢工高潮的起点,在中国现代工运史上留下了光辉的一页。

四十二、国民政府迁都洛阳

1932年1月28日夜,日军突然出动海军陆战队,进攻长江门户上海,企图占据上海进而威逼南京,迫使南京国民政府就范。当夜,国民党中央在南京召开紧急会议,研究对策,决定立即迁都洛阳,积极备战;改组南京政府,由汪精卫接孙科任行政院院长、罗文干接陈友仁任外交部部长,并指定蒋介石为刚刚恢复的军事委员会常委。

1月29日,国民政府宣布迁都洛阳。行政院决定成立洛阳行政设备委员会，负责洛阳的建设和管理；又将上海的国际电台迁往洛阳，更名为第二国际电台。当日，增发南京至洛阳的特快列车，中央各部、委向洛阳火速搬迁。国民政府主席林森、行政院院长汪精卫等首脑人物由南京出发，经开封驶往洛阳。除何应钦留守南京维持治安、罗文干主持外交外，其余1000多名国民党军政要员一同前往，并于次日抵达洛阳。

迁都洛阳后，国民政府驻原河南府衙署（今河南洛阳老城青年宫广场一带），国民政府主席林森驻西工公馆街原吴佩孚"天"字一号院（今西工区行署路市政府家属院内），中央党部驻西工兵营司令部旧址，中央军事委员会及蒋介石驻省立第四师范（今洛阳市一中院内），汪精卫和行政院驻河洛图书馆（在洛阳东北隅老北营旧址）和洛阳农校（今洛阳农校街小学），考试院驻周公庙，监察院驻南关贴廓巷庄家大院，司法院驻地方法院（旧军阀张敬尧公馆），教育部、外交部、航空署、军政部、交通部、国府主任处以及军医司驻省立第八中学（时在老城西大街），其余各机关驻西工兵营。

3月5日，国民党中央四届二中全会在洛阳西工兵营中央礼堂（原广寒宫）召开。会议通过了成立中央军事委员会的决议；定洛阳为战时首都——行都，以西安为陪都。3月18日，蒋介石在洛阳就任国民党中央军事委员会委员长兼总参谋长，从而形成"汪主政、蒋主军"的格局。"蒋委员长"之称自此始。

5月5日，淞沪停战协定签订后，国民政府准备返迁南京。返京前，5月30日，国民党中央在洛阳召开会议，通过了《中央还都南京之后繁荣行都之计划》，蒋介石先率各部、院、委返回南京。决定成立行都建设委员会，一是筹建洛阳电厂；二是设立中央军校洛阳分校；三是设立中原社会教育馆；四是修建伊河、洛河大桥。

11月20日，国民党中央正式决定：中央党部、国民政府及各院部委，于12月1日返回南京。至12月1日，国民政府举行了回京典礼，当即撤离洛阳。

洛阳在作为中华民国行都的10个月里，实际上起到了首都的作用。国民政府迁洛，在一定程度上显彰了国民政府抗战的决心，对洛阳的建设和发展也产生了积极影响。

四十三、洛阳抗日保卫战

1944年4月18日凌晨，日军突然发起豫湘桂战役，第一阶段的"河南战役"的目的就是夺取当时的中原抗日中心、第一战区长官司令部所在地——洛阳。

5月4日，日军一部渡过伊河，直逼龙门，洛阳抗日保卫战正式拉开序幕。参战的是国民党第十五军和第十四军九十四师的1.8万余名爱国官兵。十五军（军长武庭麟）所辖六十四师守西工、六十五师守北邙，十四军九十四师守洛阳城，十五军军部置于洛阳北部制高点——上清宫。

日军从华北、华中抽调兵力，由空军掩护，组织洛阳会战，总兵力在5万人以上。

洛阳战役大小战斗上百次，其中以下池、七里河、兴隆寨、瞿家屯、西小屯、邙岭、城厢等战斗最为激烈。

在龙门战斗中，双方在龙门东山展开白刃战，日军连丧两个中队长，激战3天后，龙门失守。5月9日，在邙岭战斗中，爱国官兵主动出击，猪龙嘴伏击战大获全胜，极大地鼓舞了军民斗志。洛阳城东北邙山南麓，有一条东西狭长的凹道，长约2公里，深约数尺，宽度仅容一辆车行驶。11日上午，日军一个联队1000多人从白马寺出发，欲从东北方向进攻洛阳城，经过猪龙嘴时，遭到九十四师伏击，日军全部被歼。在保卫军部的邙岭后洞战斗中，中国军队一九四团所有能拿起武器的人都投入了战斗。混战中，二连连长韩昆生擒敌大队长藤本，日军蜂拥来抢，韩昆急忙刺死藤本，但自己也倒在敌人的刺刀下，副连长贾乐民见状大吼一声，抱着8枚手榴弹冲入敌群，与50多名日寇同归于尽。

12日上午，日军坦克部队从聂湾强渡洛河，防守的六十四师一九一团的李军义率全排战士匍匐前进，以集束手榴弹炸毁敌坦克5

辆，毙敌30多人，迫使敌人退回洛南，全排官兵无一生还。

在七里河、兴隆寨、瞿家屯、西城、邙山南麓战斗中，爱国官兵伤亡惨重，但无一人投降、无一人退缩。仅上清宫保卫战就打了4天4夜，日寇遗尸遍地，进攻多次受挫。最后，日寇突然施放毒气，爱国官兵仍不退缩，战斗到最后一息，与阵地共存亡。

最后的城厢巷战尤为激烈。23日拂晓，3万多日军集中力量进攻西门，通过高音喇叭诱守军投降，但爱国官兵不予理睬。洛阳百姓冒着炮火，背米送面，鼓励官兵英勇抗战。24日，洛阳城破，爱国官兵各自为战，或利用墙洞射击敌人，或居房顶用手榴弹投炸敌群，或以刺刀与敌肉搏，誓死保卫寸土。巷战中，日军死伤8000余人，中国失去了3000多名健儿。当夜，十五军军部通知各师余部分路突围。25日下午，洛阳陷入日寇魔爪。

洛阳抗日保卫战，从5月4日到25日，历时21天，装备落后的中国守军孤军奋战，抗击机械化装备的日军精锐之师，打死、打伤日军2万人，炸毁敌人坦克60多辆，沉重打击了日本侵略军。中国军队突围官兵仅有2400多人，1.6万名勇士用生命和热血在中国抗日战争史上谱写了英勇、悲壮的一页！

四十四、洛阳解放

1948年3月8日至14日，中国人民解放军华东野战军第三、第八纵队和晋冀鲁豫野战军第四、第九纵队由华东野战军参谋长陈士榘、政治部主任唐亮统一指挥，发动洛阳战役，歼灭国民党守军2万余人。在洛阳战役中,第三纵队第八师第二十三团第一营首先突破东门城垣，华东野战军授予该营为"洛阳营"荣誉称号。洛阳战役是人民解放军挺进中原后，对国民党坚固设防的中等城市进行的一次漂亮的攻坚战。洛阳战役的胜利，提高了人民解放军的攻坚能力，为尔后夺取其他城市提供了经验。攻克洛阳，切断了中原国民党军队与西北国民党军队的联系，进一步巩固和扩大了豫陕鄂根据地。1948年3月15日，毛泽东主席为洛阳解放发来贺电。

17日,人民解放军主动撤出洛阳。4月5日,人民解放军再次攻占洛阳。毛主席4月8日再次写了《再克洛阳给前线指挥部的电报》。以人民解放军再克洛阳为标志,千年古都洛阳终于回到人民手中。

四十五、洛阳市成立

1948年3月,华东野战军参谋长陈士榘、政治部主任唐亮奉命统一指挥华东野战军第三、第八纵队和晋冀鲁豫野战军陈谢兵团第四、第九纵队及太岳军区第五军分区部队共28个团的兵力,联合进攻洛阳,举行解放洛阳战役。3月12日,在进攻洛阳的隆隆炮声中,洛阳前线指挥部报经中央军委同意,成立中国共产党洛阳市工作委员会,由华东野战军政治部主任唐亮任主任,豫陕鄂边区行署副主任杨少桥任副主任。13日,豫陕鄂边区行署任命杨少桥为洛阳市市长。当时洛阳市管辖的地域,是洛阳县的城区部分,城内户籍登记人口10.2万人(1948年5月解放后统计数字)。洛阳市的成立,将洛阳市和洛阳县同级并置,是中国共产党把洛阳从县升到市的开始,也是中国共产党准备把工作重心从农村转入城市、开始城市领导农村的新时期的一个重要表现。

四十六、洛阳专署成立

洛阳专署是洛阳专员公署的简称。1949年2月,中共豫西一地委、豫西一专署分别改称中共洛阳地委、洛阳专署。洛阳专署成立初期,隶属于中原临时人民政府领导,同年5月以后,隶属河南省人民政府领导。洛阳专署不是一级政权组织,而是中原临时人民政府和河南省人民政府的派出机构。洛阳专署负责指导洛阳市、洛阳县、偃师县(今偃师市)、孟津县、新安县、伊川县、伊阳县(后改为汝阳县)、宜阳县、嵩县的工作。首任专员张剑石。1952年,陕州专署并入洛阳专署,洛阳专署又指导渑池县、陕县、灵宝县(今河南灵宝市)、阌乡县(后并入灵宝县)、卢氏县、栾川县、洛宁县的工作。1954年,洛阳专署增辖临汝县(今河南汝州市),而洛阳市升为省辖市。1969年，洛阳专署改称洛阳地区。1986年，洛阳地区撤销，所指导的地区分别划归洛阳市、三门峡市和平顶山市。

四十七、洛阳县建制撤销和洛阳市郊区成立

洛阳解放以后，洛阳县和洛阳市曾经于1949年1月～10月合署办公，先后隶属豫西一专署和洛阳专署。中华人民共和国成立的当月，洛阳县和洛阳市分治，同属洛阳专署领导，洛阳市管理原洛阳县城区部分，洛阳县管理原洛阳县农村部分。1954年4月，洛阳市升格为省辖市。随着洛阳大规模工业建设的开展，洛阳县建制的撤销被提上日程。1955年12月，河南省人民委员会下文，通知国务院关于撤销洛阳县建制的通知，将北部的麻屯、海资、平乐等3个区的51个乡划归孟津县领导，将东部和东南部的佃庄、寇店、李村等3个区的51个乡镇划归偃师县（今偃师市）领导，将西南部丰李区的12个乡划归宜阳县领导，将军屯、龙门、辛店等3个区的55个乡镇划归洛阳市领导。此前，在1954年2月，谷水区已经划归洛阳市领导。至此，始建于秦王嬴政十一年（前236）的洛阳县消亡。

洛阳县之名虽然消失了，但洛阳县事实上却成功蝶花，华丽转身，演变为洛阳市郊区。1956年1月，根据洛阳市人民委员会的指示，在原洛阳市郊区办事处的基础上，组建中共洛阳市郊区委员会、郊区人民委员会，驻地在老城区（后迁至西工区凯旋东路）。虽然在"大跃进"时期，在1958年11月和1961年1月，洛阳市郊区曾两度被撤销，但还是在1962年6月再度恢复起来。

四十八、承办全国城郊经济经验研讨会

1990年4月15日～18日，全国城郊经济经验研讨会在洛阳举行。研讨会由新华社年鉴编辑部、中国经济体制改革研究会、中共洛阳市委、洛阳市政府联合主办，由中共洛阳市郊委、郊区政府承办。著名经济学家、中国经济体制改革研究会会长兼总干事童大林，国务院农村发展研究中心副主任吴明瑜，中国城郊经济研究会理事长包

永江，以及建设部、体改委等13个部位和16个省市的有关领导、专家、学者共计200余人，参加了研讨会。会上，郊委书记王大卿作了《浅谈城郊型经济的构想与实践》的长篇发言。

四十九、洛龙区成立

2000年5月20日，经国务院批准，洛阳市郊区更名为洛龙区。同时，对洛龙区的行政区域进行调整：将原郊区的工农乡、孙旗屯乡划归涧西区管辖；将原郊区的红山乡和洛北乡的东下池村、西下池村、瞿家屯村、东涧沟村、五女冢村、金谷园村、西小屯村、西工村划归西工区管辖；将原郊区的邙山镇和洛北乡的新生村、工农村、烧沟村、岳村划归老城区管辖；将原郊区的瀍河回族乡划归瀍河回族区管辖；将西工区的安乐街道划归洛龙区管辖。调整后，洛龙区下辖李楼乡、古城乡、石人乡（河南省民政厅虽曾批准过洛龙区设立石人乡，但实际上并未成立。2005年，石人乡撤销，其行政区域归李楼乡管辖）、辛店镇、安乐镇、龙门镇、关林镇、白马寺镇和安乐街道。2005年10月，洛龙区人民政府正式由西工区凯旋东路迁到洛龙区开元大道212号，这也是郊区和洛龙区在自己管辖的地域内办公的开始。

五十、龙门石窟被列为世界文化遗产

2000年11月30日，龙门石窟经过联合国教科文组织世界遗产委员会成员国表决通过，正式列入了《世界文化遗产名录》。龙门石窟位于洛龙区龙门镇，是世界现存最伟大的古典艺术宝库之一，始凿于北魏太和十七年（493），历经东魏、西魏、北齐、隋、唐、宋朝，先后营造400多年，现存窟龛2345个，佛像9700余尊，碑刻题记2840余块，佛塔60余座，是中国历史上繁荣时代雕刻艺术的典范之作，同敦煌莫高窟、云冈石窟并称为中国三大石刻艺术宝库。龙门石窟不仅是佛教文化的艺术表现，同时折射出了不同的历史时期的政治、经济以及文化的风尚。龙门石窟中保留着大量的宗教、美术、建筑、书

法、音乐、服饰、医药等大量的实物史料。龙门石窟最大的佛像卢舍那大佛法相庄严、精美绝伦。那俯视的目光，那不可思议的微笑，仿佛有无穷的魔力，让所有注视她的人都为之倾倒、为之震撼、为之留恋，被誉为"东方的蒙娜丽莎"。龙门石窟申报世界文化遗产的成功，使河南省在世界文化遗产方面实现了零的突破，为河南省申报世界文化遗产起到了示范作用。

五十一、洛阳市委、市政府搬迁至洛龙区

2004年10月，中共洛阳市委、洛阳市人大常委会、洛阳市政协机关从西工区凯旋路搬迁至洛龙区开元大道办公。2005年5月，洛阳市人民政府也从西工区凯旋路搬迁至洛龙区开元大道。市委、市政府等重要机关搬迁至洛龙区，不仅标志着洛龙区建设取得了巨大成就，而且也标志着洛阳市的政治中心已经从西工区移至洛龙区，标志着洛龙区已经成为全市的行政管理和服务的中心城区。

五十二、洛阳世界邮展

2009年世界邮展于4月9日~15日在位于洛龙区的洛阳博物馆隆重举办。洛阳世界邮展由国家邮政总局、河南省人民政府、中国邮政集团公司、中华全国集邮联合会主办，洛阳市人民政府承办。期间，举办了2009年世界邮展纪念邮票暨千姿牡丹邮票发行仪式、2009年世界邮展"牡丹杯"少年邮票图稿绘画大赛、大型珍邮拍卖活动、杨澜个性化邮票发行仪式、国际集邮高峰论坛等活动。此次世界邮展是继1999年北京举行过后，中国第二次举办世界邮展。此次邮展共吸引了111个国家和地区的集邮组织和集邮爱好者广泛参与，共展出邮品3200框。中共中央政治局委员、国务院副总理张德江，全国政协副主席白立忱，国际集邮联合会主席约瑟夫·沃尔夫，万国邮政联盟国际局副总局长黄国忠，国际集邮联合会理事郑炳贤，亚洲集邮联合会主席苏拉吉·恭瓦塔纳等出席了9日晚上举行的世界邮展开幕式。国际集邮联合会主席约瑟夫·沃尔夫接受媒体采访时赞叹，这是130多年来国际

集邮联合会84个成员组织首次全部参加的聚会，邮展规模之大，是以往的任何邮展都无法比拟的。2009年世界邮展通过的《洛阳宣言》表示，为了世界的和平与友爱，将永远坚持集邮这项传承百年的有益活动，让邮票成为不同国家、不同民族、不同语言之间的交流信使，让邮政的诚信因集邮而永恒传承、发扬光大。

第四章 琳琅遗迹 承载深厚

第四章
琳琅遗迹 承载深厚

作为华夏文明的重要发祥地和千年帝都洛阳的核心地域，洛龙区有着丰厚的文化遗存，既有矬李遗址这样的新石器时期文化遗存，也有汉魏洛阳故城、隋唐定鼎门遗址这样的城建遗存，还有白马寺、关林庙、龙门石窟这样的文化圣地。洛龙区丰厚的历史文化遗存，是我国乃至全世界极其宝贵的文化资源，也是洛龙区经济、社会、文化等各项事业发展的重要支撑。

一、矬李遗址

位于古城乡矬李村北的一处台地上。台地南北长约700米，东西宽约500米。该遗址文化堆积可分为6层。第1层为农耕土，第2层为黄褐土，第3层为稍硬灰褐土，第4层为硬灰褐土，第5层为黄花土，第6层

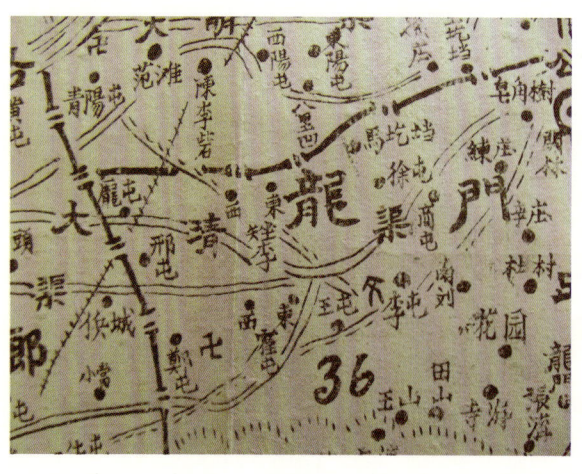
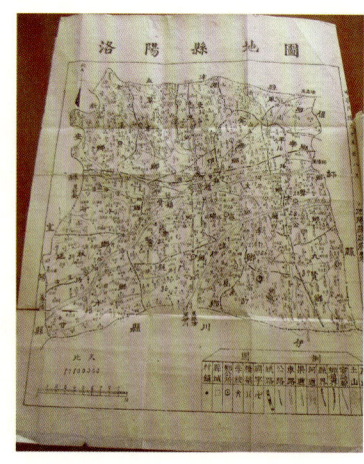

民国三十五年（1946）洛阳县地图（局部）

为稍硬的黄花土。从堆积的文化遗物看，第6层为仰韶文化，第4、5层为龙山文化，第2、3层为二里头文化。

仰韶文化层发现3个灰坑，一为圆形竖穴，一为口小底大圆形袋状，一为长方形竖穴。出土遗物，石器有石刀、石凿、石环、石镰等，陶器有尖底瓶、罐、彩陶钵、彩陶罐等。河南龙山文化层发现有房子基址及3个灰坑和2座墓葬。出土遗物有石凿、刮削器、骨针、玉环等。陶器有泥质黑陶、泥质灰陶及夹砂灰陶，纹饰以篮纹和素面磨光为多，器形有鼎、罐、甗、双腹盆、澄滤器、碗、器盖等。发现的2座墓葬，均为长方形浅坑墓，无随葬品。其中1座墓葬的死者为仰身直肢葬，系成年男性，其下肢的胫骨和腓骨均为半截，没有足骨，说明死者生前是残疾者。另一墓葬死者的头骨残，单放在墓室右上角，与身骨分离，反映出当时尚无严格的社会等级。

河南龙山文化晚期层发现有硬面、灰坑、水井、墓葬。灰坑有圆形漏斗状和椭圆形两种形状。水井为圆形，口径1.6米，深6.1米。出土遗物有石器和陶器，石器有斧、锛、铲、刀、镞、磨棒及骨铲、骨锥等；陶器以夹砂灰陶为主，泥质灰陶次之，磨光黑陶少见，轮制多，手制少。陶器的纹饰以篮纹、方格纹为主，器形有罐形鼎、平底甗、圈足盘、高领罐、大口罐、双腹盆、碗和豆等。此外，发现墓葬2座，一为单身屈肢葬，随葬陶器2件，另一为仰身直肢葬，上肢并拢放在盆骨上，无随葬品，说明社会等级已经存在。

二里头文化遗存内含二里头类型一期文化和二期文化。一期文化层发现灰坑3个，其中1个为圆形袋状。烧灶1座，蹄状，中间下凹，南北火门相通。出土遗物有石斧、石铲、骨矛头、蚌铲、玉铲等。陶器以泥质灰陶为主，夹砂灰陶次之。纹饰以篮纹为主，细绳纹次之。器形有鼎、深腹罐、圆腹罐、深腹盆、甗、尊、三足器、器盖、盉、白陶鬶等。二里头类型二期文化层发现有灰坑、烧灶等。出土遗物有石斧、石铲、石凿、骨器等。陶器多泥质灰陶，有少量的夹砂灰陶和橙黄陶。纹饰多绳纹和附加堆纹、篮纹，印纹较少。陶胎厚，多轮制。器形有鼎、澄滤器、甗、三足器、盆、深腹罐、圆腹罐、尊、豆、小口罐、器盖等。

矬李遗址充分证实了二里头类型文化是由河南龙山文化发展而来的。该遗址处于历史文献记载中的夏都范围内，为夏文化的探索提供了重要的实物资料。

二、皂角树遗址

皂角树遗址位于关林镇皂角树村北，坐落在伊河、洛河之间的一块高地上，距今4000多年。20世纪50年代初，在洛阳市进行第一次文物普查时被发现，认定为二里头文化遗址。这是一处大型夏代聚落遗址，通过对遗址的发掘，发现大量当时人们食用的小麦、水稻、大豆、谷子等，其中的小麦和大豆是迄今考古所发现的遗存中年代最早的农作物。这次发掘，深层次地揭示了夏朝都城外先民们赖以生存的自然环境以及农业经济状况。

在分层次出土的粮食标

皂角树遗址地层剖面

专家考察皂角树遗址现场

本中，显示夏代早期即龙山文化晚期时的稻和野大豆的数量居多，粟和黍的数量较少，说明当时洛阳一带以稻作为主，兼及旱作的农业方式；到了夏代晚期及商代，粟和黍占据绝对优势，而且开始出现小麦，成为旱作农业，稻作成为点缀。从稻作农业向旱作农业的转变，说明洛阳盆地的气候发生了变化。专家们认为，夏代早期气候湿润，洛阳盆地气温较高，水资源丰富，与现在南方地区温度相似，农业以稻作为主，兼及旱作，到二里头文化时期（夏代晚期），由于气候的变化，适应气候的旱作农业成为主要农作物，从而形成伊洛河流域稻、小麦、大豆、粟、黍"五谷丰登"的局面。

三、科技园聚落遗址

2010年4月，洛龙科技园建设工地发现的一处大型原始社会晚期聚落遗址（距今4000年）。遗址位于洛龙科技园园西大道以西，牡丹大道和关林大道之间。是洛阳市迄今为止发现的较大规模的原始社会晚期聚落遗址。

这是一处由环形壕沟环绕着的大型原始社会晚期聚落遗址。其中具有防御功能的环形壕沟，东西长约300米、南北长约200米。该聚落遗址的总面积达6万平方米。发掘出15座房基、部分灰坑和一些陶器、石器、骨器等生活用品。其中，陶器有陶鬲、陶鼎、陶罐等，石器有石刀、石凿、石锛等，骨器有骨针、箭镞等。此外，还发现部分动物骨骼。

现场发现的房址基本上都是长方形的和方形的半地穴式构造，每个房址内都有数个方形或圆形的柱洞。同时，每个房屋遗址内都发现有灶台，一些灶台所在地面尚有明显被火烧过的痕迹，加之在遗址灰坑内发现的部分废弃物，可以推断古人类曾长期在这里居住，且生活时间较长。根据房屋的分布状况，专家推断，这一聚落遗址曾经是一个房屋密集度较高、居住人口较多的居住区，属原始社会晚期的一座大型聚落遗址。从出土的器物可以判断，该遗址属于龙山文化晚期，是一处单一纯粹的龙山文化遗存。

四、汉魏洛阳故城遗址

汉魏洛阳故城遗址位于洛龙区与偃师市、孟津县毗连处。它北靠邙山，南临洛河，曾是西汉、东汉、曹魏、西晋、北魏的国都所在地。1961年被列为全国重点文物保护单位。汉魏洛阳故城区域面积100平方公里，都城史600余年，是我国历史上定都时间最长、区域面积最大的都城遗址。

汉魏洛阳故城是在战国后期吕不韦改建的洛阳城的基础上发展形成的，它历经沧桑，几度兴衰。汉魏洛阳故城平面接近方形，周长

汉魏洛阳故城内城北城墙局部

近14公里，东、西各有3座城门，南有4座城门，北有2座城门。建武二年（26），刚刚建立东汉王朝的汉光武帝刘秀迁都洛阳，改洛阳为"雒阳"。于城外东南侧建宗庙，于城外西南侧设社稷。随后又在城内北侧、城外以东，城外以南开金市、马市和南市等集市。宫城建筑最初只有南宫，汉明帝永平三年至八年（60～65）于南宫以北新筑北宫，从而形成了南北二宫城相互对应居于城中的格局。汉献帝初平元年（190），洛阳城被董卓焚毁破坏。及至曹魏，除废弃南宫为闾里

外，基本恢复东汉时期洛阳城之旧貌，并改"雒阳"为洛阳。西晋时期，都城洛阳，宫殿林立，亭台楼阁，极尽奢华。西晋末年，战争频繁，洛阳巍峨宫殿又成废墟。北魏孝文帝太和十七年（493），北魏政权由平城（今山西大同）迁都洛阳后，洛阳再度兴盛。北魏末年，战乱频仍，城池宫殿再次遭到毁灭，尽成历史遗迹。

现存遗址内城东垣残长3895米，西垣残长4290米，北垣长3700米，南垣已为洛河所淹，残垣一般高出地面1～2米，北垣东段高出地面5～7米。城墙皆夯土版筑而成，周长约14公里。城内主要建筑为宫城、宫殿、衙署、苑囿等。北魏宫城为长方形，南北长约1400米，东西宽约660米。太极殿为宫中正殿。

汉魏时期的洛阳城经济繁荣，文化昌盛。遗址中发现有：始建于东汉建武五年（29）、在校太学生曾多达3万余人的太学遗址；创建于光武帝建武中元元年（56）、当时最大的国家天文台灵台遗址；北魏皇家寺院永宁寺遗址。汉明帝在此敕命修建白马寺，张衡在这里发明地动仪和浑天仪，蔡伦在这里发明造纸术，北魏孝文帝在此诏令开凿龙门石窟，"洛阳纸贵""才高八斗"等成语故事也都发生在这里。大量的历史文献和考古发现证明，汉魏洛阳故城是丝绸之路的东方起点。

五、白马寺

白马寺位于洛龙区白马寺镇，北倚邙山，南临洛河，创建于东汉永平十一年（68），号称"中国第一古刹"，是佛教传入中国后第一所官办寺院，有中国佛教的"祖庭"和"释源"之称，距今已有1900多年的历史。

据史料记载，东汉永平七年（64）的某天晚上，汉明帝刘庄做了一个梦，梦见一位神仙，金色的身体有光环绕，轻盈从远方飞来，降落在御殿前。汉明帝非常高兴。第二天一早上朝，汉明帝就把自己的梦告诉群臣，并询问是何方神圣。太史傅毅告诉汉明帝：听说西方天竺（印度）有位得道的神，号称佛，能够飞身于虚幻中，全身放射着

白马寺前的白马石雕

光芒,君王您梦见的大概是佛吧!于是明帝派使者蔡愔、秦景等13人去西域,访求佛道。3年后,他们同两位印度僧人迦叶摩腾和竺法兰回到洛阳,带回一批经书和佛像。汉明帝下令在首都洛阳建造了中国第一座佛教寺院,以安置德高望重的印度名僧,储藏他们带来的宝贵经像等物品,此寺即今天的洛阳白马寺。白马寺据说是因当时驮回经书、佛像的白马而得名。

寺内保存了大量元代夹纻干漆造像如三世佛、二天将、十八罗汉等,弥足珍贵。中华人民共和国成立后,国外友人出资在白马寺兴建了一些具有外国风格的佛殿,包括1992年修建的"泰国风格佛殿"和2010年竣工的"印度风格佛殿"。除此之外,斯里兰卡、尼泊尔、日本、韩国、缅甸等国家风格的佛殿也将陆续在白马寺修建。

白马寺建寺以来,几度兴废、几度重修,尤以武则天时代规模最大,占地达3000多亩。白马寺目前占地约3.4万平方米,有大小建筑百余间。寺院坐北朝南,为中轴对称格局,布局规整,主次分明。寺内主要建筑都分布在中轴线上，自南向北依次是山门、天王殿、大佛殿、大雄殿、接引殿和清凉台，两侧还有钟鼓楼、门堂、云水堂、客堂、斋堂、祖堂、禅堂、方丈院等附属建筑。

1961年，白马寺被中华人民共和国国务院公布为第一批全国重点文物保护单位之一。1983年，被国务院确定为汉族地区佛教全国重点寺院。2001年1月，被国家旅游局评为首批4A景区。其文化价值堪比法国的巴黎圣母院。

六、关林庙

关林庙位于洛龙区关林镇，北依隋唐故城，南临龙门石窟，是武圣关羽的葬首之所。关林庙占地200余亩、4进院落、殿宇廊庑150余间，为海内外三大关庙之一，是我国唯一的"冢、庙、林"三祀合一的古代经典建筑群，也是国家4A级旅游景区。

根据陈寿《三国志·武帝纪》"建安二十五年春，（操）至洛

关林庙

阳，权击斩羽，传其首"。意思是说，建安二十五年（220）春，曹操到洛阳，孙权袭击关羽，并擒杀关羽，将其首级传与曹操。关羽字云长，东汉延熹三年（160）生于河东解梁常平里（今山西运城常平村），19岁时与刘备、张飞桃园结义，并跟随刘备转战南北，为匡复汉室立下汗马功劳。建安二十四年（219），关羽发起襄阳战役，斩庞德，擒于禁，兵震朝野。孙权弃信义，背叛孙刘联盟，出兵偷袭荆州，关羽功亏一篑，退走麦城，突围时在当阳西北临沮被孙权部将潘璋、吕蒙虏获杀害，大义归天。孙权恐刘备起兵寻仇，便将关羽首级连夜献给当时在洛阳的曹操，企图嫁祸于他。曹操识破孙权计谋，敬重关公忠义，刻沉香木续为躯，以王侯之礼厚葬关羽于关林，从此关林因厚葬关羽首级而名闻天下。

关林牌坊

据庙碑记载，关林汉时有庙，距今已有1700余年的历史。现存建筑始建于明万历二十年（1592），其布局按帝王宫殿式建筑而建呈"回"字形结构。从大门外的舞楼、大门、仪门、大殿、二殿、三殿、墓冢直至后门为其南北向中轴线，其他建筑的布设皆沿此线左右对称，错落有致。

千百年来，关羽作为忠义化身、道德榜样受到了民众的普遍敬仰。关羽的"忠、义、仁、勇"体现了中华民族的精神，由此形成的"关公信仰"这一特殊文化现象，已成为沟通海内外华人亲情的桥梁和纽带。每年9月29日在关林庙举办的国际关林朝圣大典，在海内外产生了巨大的影响。如今的关林庙，不仅是海内外华人谒拜关羽的圣域，而且是驰名中外的旅游胜地。

七、龙门石窟

龙门石窟位于洛龙区龙门镇南伊河两岸的龙门山与香山上。龙门石窟开凿于北魏孝文帝迁都洛阳之际（493），之后历经东魏、西魏、北齐、隋、唐、五代、宋等朝代400余年的营造，其中北魏和唐代大规模营建有140多年，从而形成了南北长达1公里、东西两山窟龛2345个、佛塔70余座、10万余尊造像、2800余块碑刻题记的石窟遗存。龙门石窟延续时间长，跨越朝代多，以大量的实物形象和文字资料从不同侧面反映了中国古代政治、经济、宗教、文化等许多领域的发展变化，对中国石窟艺术的创新与发展作出了重大贡献。

龙门石窟是中国三大石窟之一（另外两大石窟为云冈石窟、莫高

龙门西山全景

龙门石窟奉先寺

窟）。这里香山和龙门山两山对峙，因伊水从两山中穿流而过，故称"伊阙"。隋炀帝迁都洛阳后，把皇宫的正门正对伊阙，从此，伊阙便被人们习惯地称为龙门。龙门自古为险要关隘、交通要冲，向为兵家必争之地。此处也素为文人墨客观游胜地。又因石质优良，宜于雕刻，故而古人择此而建石窟。这里青山绿水、万象生辉，被列入洛阳八大景之冠，唐代大诗人白居易曾说："洛都四郊，山水之胜，龙门首焉。"

在龙门的所有洞窟中，北魏洞窟约占30%，唐代占60%，其他朝代仅占10%。龙门石窟中最大的佛像卢舍那大佛，通高17.14米，头高4米，耳长1.9米；最小的佛像在莲花洞中，只有2厘米，被称为微雕。

1961年，龙门石窟被国务院公布为全国第一批重点文物保护单位。1982年，龙门石窟风景区被公布为全国第一批国家级风景名胜区。2000年11月，联合国教科文组织将龙门石窟列入《世界文化遗产名录》。龙门石窟风景区是全国文明风景旅游区，全国首批5A级旅游景区。

奉先寺

奉先寺弟子、菩萨、天王、力士雕像

龙门石窟是佛教文化的艺术表现，但它也折射出当时的政治、经济以及文化风尚。石窟中保留了大量宗教、美术、建筑、书法、音乐、服饰、医药等方面的实物资料，是一座宏伟壮观的大型精美石刻艺术博物馆。龙门石窟是中国古碑刻最多的一处，有古碑林之称，其中久负盛名的龙门二十品和褚遂良的伊阙佛龛之碑，分别是魏碑体和唐楷的典范，是中国书法艺术的上乘之作。

八、香山寺

香山寺位于世界文化遗产龙门石窟风景区伊河东岸东山上，始建于北魏熙平元年（516），在盛唐时期规模居于"龙门十寺之首"。女皇武则天曾在此留下香山赋诗夺锦袍的千古佳话；唐代著名诗人白居易晚年居于此，自号"香山居士"；清代乾隆皇帝曾巡幸此地并赋诗；蒋介石、宋美龄夫妇1936年曾在此居住。

香山寺与龙门石窟西山窟区隔河相望，与龙门石窟东山窟区和白园一脉相连，并肩邻立。香山因盛产香葛而得名。唐垂拱三年（687），印度来华高僧地婆诃罗（日照）葬于此，为安置其遗身重建佛寺。

天授元年（690），武则天在洛阳称帝，建立武周王朝，梁王武三思奏请武则天重修香山寺，建成后武则天赐名"香山寺"，并将它作为皇家寺庙，香山寺从此成为"龙门十寺之首"。有一天武则天带领群臣春游香山寺时，武皇别出心裁，主持了一次"龙门诗会"，这就是历史上有名的"香山赋诗夺锦袍"的由来。《唐诗纪事》卷十一载："武后游龙门，命群臣赋诗，先成者赐以锦袍。左史东方虬诗成，拜赐。坐未安，之问诗后成，文理兼美，左右莫不称善，乃就夺锦袍衣之。"

唐大和六年（832），河南尹白居易捐资六七十万贯，重修香山寺，并撰《修香山寺记》，寺名大震，这篇文章开篇第一句即是对香山寺的推崇："洛都四郊，山水之胜，龙门首焉。龙门十寺，观游之胜，香山首焉。"白居易自号香山居士，与如满和尚等人结成"香

香山寺

山九老会"，吟咏于该寺的堂上林下。会昌六年（846），白居易去世，遗命葬于香山寺如满大师塔侧。

宋金时期香山寺犹存，元末废弃，清康熙年间重修。乾隆皇帝曾巡幸香山寺，称颂"龙门凡十寺，第一数香山"。1936年香山寺重修后，为蒋介石庆祝50寿辰而在寺内建一幢两层小楼。蒋介石和宋美龄多次在此避暑。这幢小楼位于香山寺内东南侧，被称为"蒋宋别墅"。

九、夜叉磨隋唐水利设施遗址

2004年，一处隋唐时期大型水利设施遗址在洛龙区被发现。这一遗址是在修建永泰街时被发现的。

该遗址位于原夜叉磨村东，距隋唐东都城外城上的厚载门遗址不足千米。据《元和郡县志》等史料记载，隋唐时期曾在这里建有水利设施。该建筑大致呈矩形，东西长40米，南北宽10米，残存高度2米左右，其南北两壁中间部分呈半圆形，分别向外弧出，遗址的西端和中间还砌有石墙。构成建筑的石块大小不等，多数在1米见方。此外，考古工作者还在该建筑遗址的东西两侧发现了近千米长的夯土河堤。专

夜叉磨隋唐水利设施遗址

家根据考古发掘推测，该建筑共分两期：第一期应建于隋唐时期，后来又在其中间部位进行了二次改建与利用，并初步认为该遗址是一处与水利设施有关的古代建筑遗址。有专家认为，这是一处引水并具有水能与机械能转化功能的综合性水利工程。它设计科学、构思巧妙，即使在现代，也无法用水力学设计理论和工具准确设计，古人可能是根据实际运用情况不断调整细部变化，才建成了设计如此科学的水利工程。也有专家认为它是一处水调节工程，建设目的是为隋唐洛阳城提供用水。由于隋唐洛阳城是当时南北大运河的中心，不管该建筑遗址是何用途，它的发现对研究中国古代都城建筑史和水利建筑史都有十分重要的意义。

2008年9月，夜叉磨隋唐水利设施遗址被确定为河南省重点文物保护单位。

十、定鼎门遗址

定鼎门遗址位于洛龙区关林镇曹屯村和安乐镇赵村之间，在古城路与龙门大道口西北角。定鼎门是隋唐时期洛阳城的南大门，与皇城南门端门、宫城南门应天门及宫城内的明堂、天堂连成一线，构成隋唐洛阳城的南北中轴线。定鼎门在隋朝初建时名为建国门,唐代改名为定鼎门。隋大业元年(605),隋炀帝营建东都,次年迁都洛阳,成为第一个通过定鼎门的皇帝。之后的唐(含武周)、后梁、后周等朝代,定鼎门一直是洛阳城外郭城的正门,直到北宋末年才逐渐被废弃。隋唐时,作为郭城正南门,定鼎门的门楼上驻有军队。从隋朝至北宋,这座城门沿用了530年,成为我国迄今为止使用时间最长的一座城门建筑。

定鼎门遗址由平面呈长方形的墩台、3个门道、东西飞廊、东西两阙和左右马道组成。中门道为官道,平时处于关闭状态,不允许百姓通过。百姓只能从右侧门道入城,从左侧门道出城。东西飞廊和东西两阙分别位于墩台两侧,和墩台呈平行对称分布,这种门阙形制目前仅见于定鼎门遗址,目前在国内尚属首见。

2007年,考古人员在对定鼎门遗址外侧一条道路进行发掘时,在晚唐地层上意外发现,在150平方米的地面上,清晰地"印"着200多个人和动物的脚印、蹄印和多达数十条的车辙痕迹。每辆车的轨距为

定鼎门遗址全景

1.25米；人的脚印有穿鞋的，也有赤脚的，赤脚脚印5个脚指头的印痕依然清晰；动物蹄印大小不一，小的直径仅六七厘米，几个偶蹄目动物蹄印直径达20厘米左右。经考古人员比对，确认大的蹄印为当时骆驼的蹄印。在古代道路上发现如此密集的人、动物和车辙痕迹，在国内尚属首次。尤其是骆驼蹄印的发现，为当时洛阳与西域文化、商贸交流提供了鲜活的证据。

2009年，洛阳依托定鼎门遗址，在这里建成了定鼎门遗址博物馆。博物馆分地下一层、地上两层，其中地下一层为遗址展示，展示考古发掘出的定鼎门遗址门道、柱础石、城墙等；地面两层为博物馆，展示定鼎门遗址的演变历史和考古发掘出土的部分文物。

十一、天津桥遗址

天津桥是隋唐时期洛阳城南北交通的要冲，民国年间在附近建一碑亭，伫立于洛河中央。2000年在今洛阳桥西100米处的洛河河床发现的桥基遗址，当是隋唐时期的天津桥遗址。

隋大业元年（605），隋炀帝在汉魏故城以西约9公里处营建新城。新城南跨洛河，面向伊阙。为解决出行问题，隋炀帝让通晓风水之道和懂得天象之事的杨素与宇文恺负责在洛河上建一座桥。隋大业三年（607），该桥建成。初建时，这座桥是一座用船连接而成的浮桥。杨素与宇文恺认为，洛阳是帝王居所，洛河水又像天上银河，于是，这座桥便被命名为"天津桥"，即天河的渡口，而"天津"二字在古代的意思就是银河。隋末，天津桥被李密起义军焚毁。唐初，此桥改建为石桥，也称洛阳桥。

天津桥是隋唐时连接洛河南北的交通要道。桥北与皇城端门对应，桥南与定鼎门大街相连，南北通衢，一桥相牵。桥上原有四角亭、栏杆、表柱，两端有酒楼、市集，行人车马熙熙攘攘，络绎不绝。隋唐时，以天津桥为界，洛河以南的地势比较平坦，洛河以北的地势比较崎岖。人们过桥时自北向南为下桥，自南向北为上桥。这不经意的一上一下之间，人们眼中的桥两岸景色有了不同的美。拂

隋唐城天津桥遗址

晓，晓月挂在天空，两岸垂柳如烟，桥下波光粼粼，四周风光旖旎，城中还不时传出寺庙里的钟声，这便是被人们称为洛阳八景之一的"天津晓月"，也是洛阳八景中最静谧的一道风景线。

2000年，考古人员在今洛阳桥西约100米处的洛河河床下，挖出顺向排列的4个桥墩，桥墩下垫有枕木，上铺方石，桥墩跨度均为15米，均呈龟背形，长20余米，宽近20米。考古人员判断，这里便是天津桥的位置所在。在考古发掘中，考古人员还发现，天津桥两岸均以青石为堰，用以拦水，保护河岸。

隋代的天津桥可以自由开合。据史料记载，天津桥初建时，长300步、宽20余步，为用船连接而成的浮桥，船与船之间用铁链连接，桥面平整，桥身稳固。桥两头各有一座用来固定铁链的重楼。桥上管理人员日夜值班，并根据洛河河水的涨落情况，调节铁链高低。为使高大的楼船顺利通过，桥体还可自由开合。

十二、狄仁杰墓

狄仁杰墓位于洛龙区白马寺镇白马寺山门外。西北距白马寺200米，东北距齐云塔约150米。墓碑上雕着"狄梁公墓"。土墓背面的墓碑上面雕着"狄公仁杰之墓"。墓的两边分别设有碑亭，东南碑亭内的石碑上书"有唐忠臣狄梁公墓"8个大字，该碑系明代万历二十一年（1593）重立。西南碑亭内的石碑则是"唐宰相狄梁公墓道诗拜序"，立于明代天顺三年（1459）。碑亭周围有形态各异的石刻小狮子。

据"有唐忠臣狄梁公墓"一碑记载，宋代大观元年（1107），龙图阁学士、留守范致虚曾为狄梁公建祠、刻石、表墓。在齐云塔旁立于明代嘉靖三年（1524）的《修白马寺塔记》碑中也有一段和狄仁杰墓有关的记载，大概意思是：齐云塔旁原有唐代忠臣狄仁杰之墓，现存墓前神道碑为证。唐代时，狄公墓位于白马寺之中（唐代白马寺曾占地3000亩，规模宏大），因而也成了狄公的香火寺，老百姓都到白马寺祭奠狄公。只因年代久远，狄公祠已荡然无存，仅留一墓冢和神道碑为证。

狄仁杰（630～700），字怀英，唐（武周）时杰出的政治家，武则天当政时期任宰相，长期在洛阳为官。历官并州都督府法曹、大理

狄仁杰墓

丞、侍御史、豫州刺史。武则天即位，任地官侍郎、同凤阁鸾台平章事。后为来俊臣诬害下狱，贬彭泽令，转魏州刺史，神功年间复相。狄仁杰廉洁奉公，举贤荐能，不畏权贵，断案如神。在武则天当政时，朝野上下有口皆碑，是武则天时期著名的宰相。狄仁杰死后，被武则天追赠为文昌右相，谥曰文惠。唐中宗继位，追赠为司空。唐睿宗时，又追赠为梁国公。

十三、唐睿宗夫人壁画墓

唐睿宗夫人壁画墓有2座，位于洛龙区关林市场西侧，2005年发现。两座墓为砖室墓，相距不足百米，呈南北向，由墓道、甬道、天井、墓室等四部分组成。墓道呈斜坡状，甬道为长方形砖券，墓室为正方形砖券。东边一座墓中出土一方墓志，上书"大唐安国相王故孺

唐氏墓牵驼壁画

人晋昌唐氏墓志铭"。在该墓一座壁龛里还发现了20多件仕女陶俑。西边一座墓没有出土墓志，但却出土有残块墓志盖、瓷盏1个、瓷碗2个。墓志盖上有"大唐安国相王故孺人清河崔氏墓志铭"字样。

安国相王即唐睿宗李旦。李旦是女皇武则天之子，唐玄宗李隆基之父。李旦在当皇帝前，曾做过洛州牧，并被封为安国相王。这两座墓应为唐睿宗李旦当皇帝前两位孺人(夫人)的墓。

唐氏墓墓道长15.4米，崔氏墓墓道长12.9

唐氏墓牵马壁画

米。在两座古墓墓道的立壁上，绘有彩色巨幅壁画，左青龙、右白虎，各长5米左右，龙、虎姿态灵动，气势贲张。绘画采用天然矿物颜料，色调古雅，虽历经千年依然明艳。除了青龙、白虎之外，墓道两侧还绘有人马出游图等大面积壁画。

在洛河以南发现如此规模的壁画墓在河洛地区还是首次，其绘画技术之精美、艺术价值之高、壁画画幅之大为洛阳市唐墓发掘所仅见。文物专家认为，唐代壁画墓极少，这两座墓壁画代表了唐代壁画的最高成就。

十四、白居易故居遗址

白居易故居遗址位于洛龙区安乐镇狮子桥村东。唐代大诗人白

白居易故居遗址

白居易故居出土的石质残经幢

居易(772~846)，字乐天，号香山居士，曾任太子少傅，谥号文，世称白文公。晚年定居洛阳履道里。白居易去世于洛阳，葬于洛阳香山。

白居易在《履道里第宅记》曾经对其故居有所记述："坐向南方，于东五亩为宅，其宅西十二亩为园，方正共十七亩，园中花忻最茂。有映日堂三间，有九老堂五间，有池水可泛舟。舟中有胡床，床前有广酒池。池中龟游鱼跃。池上有桥，道有蒲、蒲桃、岛柳、槐梧阴翳清凉。池东有粟廪，池北有书库，池西有琴亭，池南有天竺石两峰。"由此可知，当年白居易的履道里故居规模很大,景色迷人。

白居易履道里故居的位置,据《池上篇》记载:"都城风土水木之胜,在东南偏。东南之胜,在履道里。里之胜,在西北隅。西闬北垣第一第,即白氏叟退老之地。"由此知,白居易履道里故居在该里坊之西北角,园北、西墙临里巷。对照隋唐洛阳城考古发掘图,可知其故里具体位置在今安乐镇狮子桥村东的地方。

1992年中国社会科学院考古研究所洛阳唐城工作队对白居易故居遗址进行了大规模的勘探和发掘,出土文物2000余件,尤其是白居易手书石经幢碑,被列为国家一级文物。

十五、白园

白园位于龙门香山琵琶峰上,以白居易墓为中心,是为纪念唐代大诗人白居易而修建的园林,占地44亩。

白居易晚年居住洛阳,号香山居士。唐武宗会昌六年(846)八

白居易墓

月，白居易与世长辞。临终前，遗嘱"不归下邽，葬于香山，如满之侧"。埋葬此地，既符合诗人生前的心愿，又暗合了其传世名作《琵琶行》的意蕴，可谓独具匠心，令人赞叹。不过也有人说，诗人葬在琵琶峰巅有另外的意思。白居易在官场中浸淫多年，日益认识到官场的黑暗。到了晚年，诗人仕途灰暗，所以也不希望后代再步自己的后尘。诗人留下遗嘱：从今后代再不要做官。白居易见琵琶峰前面陡峭，下临阔水，是块绝地，是选墓址的忌讳之处，就故意舍弃北邙那人人向往的风水宝地，将自己的墓址选在这前临绝地的琵琶峰巅，以断了自家的官气。

十六、邵雍故居

邵雍故居位于洛龙区安乐镇安乐村。邵雍（1011～1077），字尧夫，谥号康节，自号安乐先生、伊川翁，后人称百源先生，北宋哲学家、易学家，有内圣外王之誉。邵雍30岁来洛阳游学时，被洛阳的秀

邵雍祠堂大门

美风光所吸引，始有定居之意。仁宗皇祐元年（1049）定居洛阳，以教授生徒为生。邵雍初迁洛阳时，在洛河南岸搭了一个草棚，作为栖身之所。并取诗"安莫安于王道平，乐莫乐于年谷登。王政不平年不登，窝中岂能得安宁"之中一、二、四句首字，自称其住所为"安乐窝"。邵雍在自家大门上题"安乐窝"3个大字，并在园中挖洞一个，名曰"长生洞"。

邵雍"不求过美，惟求冬暖夏凉"。他在《尧夫何所有》诗中写道："夏住长生洞，冬居安乐窝。莺花供放适，风月助吟哦。窃料人间乐，无如我最多。"表现了自己对清静悠闲、乐天知命的隐士生活的满足感。今安乐镇安乐窝村因此而得名。邵雍后与寓居洛阳的退职宰相司马光、富弼、吕公著等交往甚密。在司马光等20余人资助下，购买了原五代节度使安审琦的故宅30余间。邵雍的住宅在北宋末年遗弃民间，金代改为"九真观"。明景泰年间（1450～1457），河南知府虞廷玺访得其故址，在原址上圈建围墙，修建房屋，并塑邵雍塑像以示纪念。后来又经扩建修复，保存至今。现在的邵雍故居，位于安乐村洛龙公路东侧，坐北朝南，原建筑仅存有清代硬山式"皇极书阁"3间及其他建筑4间，另有明清碑石数方等。

邵雍居洛阳30多年，潜心治学，著述甚丰，颇有修身养性之术。主要著作有《观物篇》《先天图》《伊川击壤集》《皇极经世》《渔樵问对》等。邵雍对《周易》的研究也有很深的造诣，故洛阳一带流传有许多他识签算卦、料事如神的传说。

十七、老吴桥

老吴桥位于洛龙区与西工区之间的洛河上。1920年，吴佩孚屯兵洛阳。来洛阳之前，吴佩孚刚刚打败了皖系军阀，控制了北洋政府。

当时，洛阳城区洛河上没有大型桥梁，不能通行军车，这给吴佩孚的军事行动带来极大不便。1921年，南通的张謇组织上海北方工赈协会，来洛举办工赈，吴佩孚乘机劝说该会资助建桥。就在洛河上建成一座双柱式现浇钢筋混凝土墩台简支桥梁，桥拱23孔，中间21孔单跨9.2米，两边孔各6米，全长206米，为中原地区第一座现代化大型桥梁。桥宽6.1米，桥面净宽5.6米。

桥建成之时，吴佩孚非常高兴，请来洛阳文人墨客为大桥命名，但大家讨论半天，也没有取出合适的名字。吴佩孚最后拍板："这座大桥附近，原是隋唐天津桥遗址，'天津晓月'乃洛阳八大景之一，我看也不必起什么新名字了，仍叫'天津桥'吧！"于是他请人在该桥第12孔上方内侧镌刻"天津桥"3个隶书大字，桥名上方刻"上海北方工赈协会重建"10个小字，落款为"民国十年"。

1922年6月28日，吴佩孚上桥验工，适逢洛水暴涨，瞬间冲塌了两侧引桥，桥南端冲毁3孔，吴佩孚也因此被困桥上。

1923年，吴佩孚又修复了北头引桥，将南头筑成土坡，勉强连通洛河南北两岸，可以暂时通车。1924年秋，第二次直奉大战爆发，吴佩孚兵败，再也无心修桥，于当年年底黯然离洛，把一座断桥留在洛阳城边。

后因洛河涨水，危及两岸安全，因防汛需要，于1980年7月又炸毁9孔，至今尚存残桥墩基和遗迹。

第五章 精品文物 风流千古

第五章
精品文物　风流千古

洛龙区悠久的历史、灿烂的文化，为后人留下了极其丰厚、珍贵的遗产。历史上，洛龙区的文物屡遭盗掘、盗卖，一些精品文物甚至流散海外。中华人民共和国成立以后，在洛龙区发现和出土了众多文物，有青铜器、陶器、唐三彩、瓷器、金银器等类。在这些类型的文物中，不乏精品。这些精品文物，从一个侧面展示了洛龙区在洛阳乃至中国文化史上的重要地位。

一、青铜器

（一）长柄焚香铜炉

1983年出土于龙门神会墓。高9厘米。一端有鎏金兽，蹲居于莲座上。长柄呈凹槽状，前接一喇叭形炉，有盖，盖中有一孔。该器造型

长柄焚香铜炉

别致，系唐代禅宗七祖神会墓随葬品，是一件具有重要历史价值的唐代佛教用品。

（二）塔顶铜盒

1983出土于龙门神会墓。高15.3厘米。盖顶呈塔状，饰七层相轮，下为碗形，底为高柄圈足状，上下扣合呈球形腹。造型优美，是研究佛具的重要实物资料。

（三）铜净瓶

1983年出土于龙门神会墓。通高33.2厘米。高柱顶盖。长束颈，肩部有流，流上有盖，圆鼓腹，下腹收敛，平底。该器系科学发掘，时间准确，制作精细，是研究唐代佛教禅宗史的重要实物资料。

（四）葵花口铜碗

2000年出土于洛龙区东明小区唐墓。高3.5厘米，口径11.3厘米。六瓣葵花形，敞口，弧腹，圈足。腹内外錾刻鱼子纹为地的六株枝花，碗内中心饰一瑞兽，圈足内刻一折枝花。花纹细腻清晰，极为难得。

葵花口铜碗

（五）银壳铜镜

2000年出土于洛龙区东明小区唐墓。直径6厘米。镜作六角菱花形，蟾蜍状钮，宽平缘，缘内镶嵌花形银箔，银箔上錾刻花纹，纹饰鎏金。錾花以鱼子纹为地，饰二鸟二兽。其中一鸟口衔枝，另一鸟静立，二兽奔跑于缠枝花丛中。

（六）金银平脱花鸟铜镜

1970年出土于关林钢厂唐墓。直径30.5厘米。镜作葵花形，镜背内外用金银片锤脱而成，外区为四只展翅环飞的衔绶鸾凤，间饰花鸟飞蝶，内区围绕分界线排列侧影宝相花八朵。该镜采用金、银薄片，裁制成各种纹样，用胶漆粘贴，然后髹漆数重，后细加研磨，使金银片纹脱露出。做工精细，斑斓华贵，并出土于天宝九载（750）墓，是研究唐代特殊工艺镜流行年代和制作工艺的珍贵资料。

二、陶器

（一）云雷纹陶尊

1969年出土于关林。高22.5厘米。侈口，长颈，鼓腹，圆底，喇叭形翻唇高圈足。颈、腹及圈足分界明显。器表刻画6道弦纹，分隔成8个条带，口沿下和腹部饰云雷纹。该尊胎质细腻，纹饰清新，是西周时期陶仿青铜器具较典型的器物。

云雷纹陶尊

（二）陶风车与米碓

1971年出土于关林汉墓。高18.5厘米。此物是东汉风扬谷物的模型，由高栏、车厢、杵、碓架和衬盘各部分组成。风车有一装卸粮食用的长方漏斗形高栏，栏的两侧各有两个斜腿，便于装卸粮食和固定高栏的位置。风箱为长方形，左端两壁上做有圆形孔，当时做安装风扇和曲轴用，风车正面的中间下部，有一长方形出粮口，风箱六尾无挡，是出灰尘糠窝之口，风车前面有米碓，其左边为一外方内圆的臼窝，杵在其中，杵的右端被架在杵架上。此风车与米碓制作科学，器具齐全，说明东汉时期风车与米碓构造已发展到成熟阶段，这件陶风车与米碓模型是研究我国古代农业机械史的重要实物资料。

（三）浮雕神兽纹灰陶井栏

1981年采集。高12.2厘米。长方体，四面有浮雕兽纹，分别为虎、双翼兽、狮熊相斗及独角兽，井栏四缘凸出。下部一边伸出一平板，上饰鱼、龟、刀纹。浮雕精美，动物形象生动，是一件极具艺术欣赏价值的工艺品。

(四)漆衣黑陶钵

1983年出土于龙门神会墓。高11厘米。敛口,弧腹,小圜底,胎质呈青灰色,质细,壁薄。通体施黑漆并磨光亮,胎质细腻,质轻,表现了唐代高度发展的制陶工艺水平,有极高的宗教史研究价值。

三、唐三彩

(一)红釉螺髻女侍俑

1981年出土于龙门安菩墓。高36厘米。梳高髻,着长裙,长披肩,双手交于胸前。施红釉。造型逼真,制作精细,是唐三彩人物佳作。

(二)绿釉男侍俑

1981年出土于龙门安菩墓。高28厘米。头戴黑幞帽,粉面红唇,黑眉目、胡须,身着绿釉矮领长衫,腰束带,袖手于腹部,足蹬靴。造型逼真,制作精细,是唐三彩人物佳作。

(三)黄釉伶俑

1981年出土于龙门安菩墓。高39厘米。头戴高宝冠,穿黄釉大翻领、束腰长袍,足穿尖靴。左手下垂,右手屈抬,臀部向右扭动,为伶人形象。此伶俑形象生动,无论是眉眼、身段、举手投足之间均透露着女人特有的温柔娴静,虽着男装,实为女性形象,为以往出土的三彩俑中少见,是研究我国古代戏剧人物的重要实物资料。

(四)三彩男伶俑

1981年出土于龙门安菩墓。高36厘米。俑站立于底板上,头戴

三彩男伶俑

高髻,身着翻领窄袖束腰长裙。左手下垂,右手屈肘侧举,脚穿高靴。通体施绿釉,领、足施黄釉。此男俑形象生动,时代确切,具有较重要的艺术价值。

(五)三彩幞帽男牵马俑

1981年出土于龙门安菩墓。高61.5厘米。中年汉人形象,八字胡须,头戴黑色幞帽,内穿黄衣,系短围裙,外套绿色大翻领黄长衣,腰系袋囊,脚着绿色长筒尖靴,两手前屈作牵马状。体形高大,施釉均匀,造型生动,真实地刻画出了为主人服务的马夫形象,是唐三彩中塑造较成功的作品。

(六)三彩束发男胡人牵马俑

1981年出土于龙门安菩墓。高62厘米。青年胡人形象,头发鬈曲,外系一圈红色布带,内穿短裙,外穿窄袖大翻领长衣,腰系宽带和布囊,足着长筒靴,双手作牵马状。体形高大,从鬈曲的头发判断应为胡人。这种胡人随主人来中原居住的情形反映了唐代政治、经济的发展以及当时中外民族之间的友好往来关系。

三彩束发男胡人牵马俑

(七)三彩高胡帽男牵马俑

1981年出土于龙门安菩墓。高67.5厘米。青年胡人形象,头发鬈曲,头戴高胡帽,内穿短裙,外穿窄袖大翻领长衣,腰系宽带和布囊,足着长筒靴,双手作牵马状。体形高大,从鬈曲的头发判断应为胡人。

(八)三彩胡人牵马俑

1981年出土于龙门安菩墓。高59厘米。为老年胡人形象。两眼深凹,鼻梁高凸,满脸络腮胡须,头发后盘。外戴黑色布帽,内穿白衣短裙，外穿窄袖大翻领黄色长衣，腰系宽带和布囊，脚着黑色长筒靴，两手向前，右手上举，左手平举，作牵马状。该俑造型逼真，体形较大，面部特征及其穿着为胡人形象，是当时胡人来中原内地居住情况的真实写照。

（九）三彩牵马胡人俑

1963年出土于关林唐墓。高66厘米。胡人形象，深目高鼻，头戴折檐高顶帽，身穿黄色大翻领长衫，足蹬长筒尖靴，双手屈置胸前作牵马状。该物系胡人形象，造型生动传神，是一件珍贵的艺术品，又是中外交通史的重要实物资料。

（十）三彩骑马男胡俑

1981年出土于龙门安菩墓。高39厘米。马施黄釉，略抬头，小耳竖立，四足挺立，束尾。骑马俑梳双髻，面粉，墨绘眉、眼、胡等。身着黄色翻领紧袖长袍，足蹬靴骑坐于马鞍之上，双手作牵马状。是唐代驯马、骑马风尚的反映，是唐三彩精品。

（十一）三彩风帽骑马女俑

1981年4月出土于龙门东山M27。高41厘米。马站立于长方形托板上，昂首前视，双目圆睁，双耳竖立，肌肉丰满，神态矫健，通体施白釉，身施黑彩革带，配有绿色障泥和马鞍。马鞍上骑坐一女俑，头戴风帽，面部丰腴，双手隐于袖内，左手扶鞍，右手下垂。身着红色窄袖襦衣，腰系绿色丝带，下穿绿色衣裙，内穿绿色裤，足蹬黄色尖靴。该器系在同类器物中较为典型，造型准确，釉色润泽，显现出盛唐时代妇女的气质和风

三彩风帽骑马女俑

采。马的釉色也纯正润亮，其造型也显示出彪悍雄健的气概。为研究唐代的礼仪制度、丧葬制度，以及唐代的妇女生活及服饰提供了可靠的实物资料。

(十二) 三彩文官俑

1981年出土于龙门安菩墓。通高112厘米。头戴黑色梁冠，内穿白色长襦衣，外套长袖绿色短褂，袖为黄、白花斑，上身系黄、绿斑点的两裆铠，足着绿色云头翘靴，面带微笑，双手执白色笏板，拱于胸前，直立于半圆座上。该俑形体高大，面带微笑，生动地反映了当时文官的慈善面貌，并有明确纪年，是唐三彩中不可多得的佳品。

(十三) 三彩鸟冠文官俑

1981年出土于龙门安菩墓。高113厘米。冠上饰鸟，面带微笑，上着褐黄色宽袖上衣，袖口镶绿边，下着白色长裤，腰系带，足着尖头履，两手执白色笏板于胸前，直立于半圆形台座上。该器以文官形象进行造型，高大威武，精确生动，釉色鲜艳，是唐三彩中的珍品佳作。

(十四) 红釉白斑光背马

1972年出土于关林唐墓。高64厘米。头颈自然前昂，四足静立于长方形底板之上。身部圆肥，丰满健壮。通体施红色釉，间有白色花斑。红釉马，全身为赤酱色，面部和躯体有白斑花。体形较大，健壮有力。颜色丰润，肥而不雍，惟妙惟肖，反映了唐代釉陶工艺已达到了前所未有的极高水平。

(十五) 三彩白釉马

1981年出土于龙门安菩墓。高70厘米。头曲昂，四足挺立。通体施白釉，革带上饰桃形

红釉白斑光背马

垂饰，鞍外披黄、白、绿三色相间花毯，短尾上翘。该马造型雄健有力，形象逼真，是三彩马中极重要的珍品，该马出自唐景龙三年（709）纪年墓，是一件重要的考古学断代标准器。

（十六）三彩贴杏叶饰白釉马

1981年出土于龙门安菩墓。高75厘米。四足挺立，头颈上昂，眼视前方，体大骠肥，刚健有力，全身施釉。除鬃毛和蹄足为棕黄色外，均为白釉。鞍下垫绿边花毯，外披绿色布套，绿色革带系黄色桃形垂饰13枚。造型刚健有力，釉色鲜艳，为唐三彩器中少见，是很有艺术价值的文物珍品，出自纪年墓，又是一件考古学断代的标准器。

（十七）三彩绿障泥红釉马

1981年出土于龙门安菩墓。高75厘米。四足挺立，头颈上昂，眼视前方，体大骠肥，刚健有力，体施棕褐色釉，头颈及身上系白色革带，上系14枚蟾蜍纹垂饰，背部有鞍。外披绿毯，体形显得颈粗头小，骨肉匀称，当是西域大宛等地的中亚良马。唐代殉葬明器，军用马形象。造型刚健有力，釉色鲜艳，为唐三彩器中少见且很有艺术价值的文物珍品。

三彩绿障泥红釉马

（十八）三彩黑釉马

1981年出土于龙门安菩墓。高72.5厘米。抬头，四足挺立，通体饰黑釉，唯头、鬃、背、尾及蹄为白色釉，间施酱黄色花斑。鞍鞯俱全。背置绿花毯及绿鞍，革带上有垂饰15枚。唐代殉葬明器，军用马形象。造型刚健有力，釉色鲜艳，其中黑釉为唐三彩器中少见，该器出自唐景龙三年（709）纪年墓。既是很有艺术价值的文物珍品，又是一件考古学断代的标准器。

（十九）三彩嘶鸣骆驼

1981年出土于龙门安菩墓。高82厘米。颈上曲，头昂扬，张口嘶鸣，四足挺立于长方形底板之上。面部、两峰、下腹及附毛均为白色，体为棕黄色。背上垫绿底黄花毯，毯上并饰有斜格和小圆圈的几何图案。毯上釉色下流至腹部形成花斑。此驼形体高大，形象生动，釉色艳丽，并有确切纪年。是唐三彩中不多见的珍品。

（二十）三彩载人骆驼

1965年出土于关林唐墓。高38厘米。驼昂首直立于长方形托板上，体施白釉，颈部和四肢有棕红色长毛。背上垫一蓝绿色毯子，两峰间置一大型兽面驮囊，下垫夹板，在夹板外露的各端分别系有猪、鱼、圆口小瓶和凤头壶，驮囊前后置有绿色丝卷，绢上坐一小人。所载货物为我国特产。此载人骆驼为双峰白驼，颈、肢、腹等处为棕色，峰背鞍垫等处施蓝色釉，蓝釉三彩为不可多得之珍品。背驮鱼、水壶、丝绢，绢上坐一小人，一手扶峰，一手扬起，作驾驼状，造型十分生动，另外骆驼所载人俑为汉人形象，所载货物为我国特产，是反映中西经济贸易的重要实物。

三彩载人骆驼

（二十一）三彩载丝绢骆驼

1963年出土于关林唐墓。高81.2厘米。昂首嘶鸣，作行进状。背负驼囊丝绢，体施白釉，颈下、四肢上部施褐釉以饰驼毛。背部施黄绿釉。造型生动，釉色鲜艳，是一件反映唐代丝绸之路对外经商史迹的重要文物资料，也是一件价值很高的艺术珍品。

（二十二）黄釉牛

1981年出土于龙门安菩墓。高13.5厘米。牛作站立状，抬头，双尖角，附尾。施黄釉。形象逼真。

（二十三）三彩鸡

1981年出土于龙门安菩墓。高15厘米。鸡作站立状，抬头，翘尾。施黄、绿、白釉。形象逼真，釉色鲜艳，是唐三彩佳作。

（二十四）三彩天王俑

1965年出土于关林。高62厘米。头戴金翅冠，身穿五彩紧身软靠，束扎绊甲丝绦，足蹬护膝靴，一手叉腰，一手执物上举，脚踏小鬼。小鬼赤身裸体，面目狰狞，蹄足。下部为一椭圆形高座。该器以武官形象进行造型，生动威武，釉色鲜艳，是唐三彩中的佳作。天王在佛教中是护法之神，唐墓中出现的天王俑作用则是在地下辟邪护墓。

（二十五）三彩人面镇墓兽

1972年出土于关林唐墓。高104厘米。人面兽身，头顶生螺旋独

三彩天王俑

三彩人面镇墓兽

角，圭形项背，腰部两侧各有一刺一翼，牛蹄足，蹲坐于台座上。通体多施赭釉；头、腿部施白釉；胸、腹前施绿、赭釉，掺杂白斑及绿釉。该器物为镇墓辟邪用，其形体高大，人面兽身，凶猛可怕，震慑力强，釉彩鲜艳，系唐三彩中之精品。

（二十六）三彩兽面镇墓兽

1981年出土于龙门安菩墓。通高103厘米。狮面，獠牙大耳，蹲踞于须弥式台座上，镇墓兽头顶端火焰状大角，并有弧形小角。通体间饰黄、绿、白三色釉。该镇墓兽造型奇异、生动，威猛高大，釉色艳丽，是三彩中的精品。

（二十七）蓝釉罐

1988年出土于关林唐墓。高14厘米。卷沿，束颈，鼓腹，平底。施蓝釉。造型规整，釉色鲜亮，少见，是唐釉陶精品。

（二十八）三彩菱形纹罐

1965年出土于关林。高29.5厘米。小口，平沿，短颈，圆肩，深腹，小平底，假圈足，口部有拱形圆钮盖。肩、腹均施黄、绿、白、蓝、褐釉组成的菱形纹，腹下部无釉。造型丰满，釉色鲜艳，图案别致，是唐三彩中的佳作。

四、瓷器

（一）白瓷净瓶

1981年出土于龙门安菩墓。高25厘米。塔式盖，长颈，长弧腹，肩有短流，饼状足，施白釉。该器造型精致、施釉均匀，出于唐景龙三年（709）纪年墓，是唐瓷精品。

三彩兽面镇墓兽

三彩菱形纹罐

(二) 白釉盘口瓷盂

1981年出土于龙门安菩墓。高12厘米。该盂盘口，束颈，扁鼓腹，假圈足。施白釉。该器做工规整，釉色光亮，是唐代白瓷器中的佳品。

五、金银器

(一) 罗马金币

1981年出土于龙门安菩墓。直径2.2厘米。圆形，正面为一戴王冠留长须的半身男像，两侧有十字架，左边缘处有铭文"FOCAS"；背面是长翅膀的胜利女神，右手持长柄勾状器，左手持上立十字架的球体，右边缘处有铭文"VICTOPIA"。该枚东罗马帝国金币，为皇帝福克斯铸币，铸造年代为602~610年。该器系洛阳出土的第一枚外国金币，对研究唐代中外交通史有重要的历史价值。

罗马金币

鎏金三足银盒

(二) 鎏金三足银盒

2000年出土于洛龙区东明小区唐墓。通高2.8厘米，直径5.2厘米。盒身圆形，三足，有盖，盖上有圈足形捉手。盒面纹饰鎏金，为二重结构，盖捉手内饰八叶五瓣花朵，盖周錾刻凤鸟，或漫步或飞舞于折枝花组成的花丛中。盒内残留胭脂类遗物。此器保存完好，造型优美，玲珑富丽。装饰纹样吉祥，表达了唐代人对美好、吉祥的追求。

（三）鎏金蚌形银盒

2000年出土于洛龙区东明小区唐墓。通高1.8厘米，长4.3厘米。通体鎏金。盒仿蚌形状，椭圆形，分上下两部分，以子母口相连。其上面錾刻一兽作捕食状，下面一鹿作飞奔状，鱼子纹为地。银盒造型别致，装饰手法夸张，富于幻想，颇具匠心，是唐代金银器中的一件艺术佳作。

鎏金蚌形银盒

第六章 文化遗产 精粹纷呈

第六章
文化遗产　精粹纷呈

洛龙区作为十三朝古都、洛阳的核心地带,留存了丰厚的历史文化遗产。这里不仅保存有驰名中外的龙门石窟、佛教释源白马寺、关帝圣君庙、定鼎门丝绸之路遗产点,还蕴藏着丰富的非物质文化遗存。其流传至今的民间音乐、民间舞蹈、手工技艺、民间习俗、民间美术等都具有独特的特色和传承价值。近年来,洛龙区在项目挖掘方面,不惜投入人力、物力、财力,非物质文化遗产保护工作取得了明显成就。先后调查登记非物质文化遗产信息300余条,评审入选国家、省级、市级、区级非物质文化遗产项目目录24项。其中关公信俗入选国家非物质文化遗产项目名录,关林朝圣大典、洛阳海神乐、大里王狮舞、曹屯排鼓、陈家制鼓技艺、孙村十六挂转秋制作技艺等6项入选河南省非物质文化遗产项目名录,通背武狮等13个项目入选洛阳市非物质文化遗产项目名录。通过组织开展不同层次的活动,卓有成效地把非物质文化遗产传承工作步入规范。

一、关公信俗

位于洛龙区关林镇的关林庙是国家重点文物保护单位、国家4A级旅游景区,也是我国唯一的冢、庙、林三祀合一的古代经典建筑群。1700多年来,关林因厚葬关羽首级而名闻天下,形成了浓厚的关公文化氛围。明万历二十年(1592),在汉代关庙的原址上,扩建成占地200余亩、4进院落、150余间殿宇廊庑的规模。

关公文化是我国传统文化的重要一脉,以儒家文化为内核,以

关林民俗庙会

传统信仰形式为载体，是对历史人物道德精神的一种景仰的文化形态，不是子虚乌有的迷信。不可否认，关羽的神化首先发端于人们对其德行的敬慕，逐渐形成了道德意义上的理性认同。这种民族的认同心理是在社会公德意识主导下孕育的，在广泛的道德实践中发展的。关羽是理想与现实结合的精神寄托，随着景仰人群的扩大及与道德实践的互交作用，最终形成了道德与神祇的合璧。

2008年6月，关公信俗入选第二批国家级非物质文化遗产项目名录。

二、关林朝圣大典

关林因厚葬三国名将关羽首级而名闻天下，这里也是我国唯一的冢、庙、林三祀合一的古建筑遗存。这一得天独厚的条件，也使之成为世界华人祭拜关羽的圣地之一。千百年来，汉室被视为忠义化身和道德榜样，受到海内外华人的普遍敬仰，其"忠、义、仁、勇"精神更是蕴涵了中华民族的传统美德，由此形成的关公信仰这一特殊文化

关林朝圣大典

现象,已成为沟通海内外华人、亲情的桥梁和纽带。

洛阳关林因地位特殊,洛阳关林的朝圣大典既有历史的久远积淀,又有自己独特的仪式、程序和相关物如音乐等。从1994年开始举办的关林国际朝圣大典活动,于每年9月29日举行。关林国际朝圣大典举办之日,海内外关庙人士和宗亲组团云集关林,举行隆重的朝拜仪式。关林庙已经成为海内外华人谒拜的圣域,也是驰名中外的旅游胜地。

一年一度的中国洛阳关林国际朝圣大典是在关羽的秋祭之期举行的特色文化旅游景观,以极富华夏民族传统美德的关公文化,搭起一座沟通海内外同胞亲情,促进华人华裔联谊,开展文化与经贸交流、合作的桥梁。

2007年2月,关林朝圣大典入选第一批省级非物质文化遗产项目名录。

三、洛阳海神乐

洛阳海神乐是豫西地区著名的民间音乐,源于隋唐宫廷宴乐。隋唐两代洛阳与长安(今陕西西安)共为首都,宴乐海神在洛阳宫廷里

洛阳海神乐表演现场

长期演奏。唐昭宗时,朱温火焚长安,洛阳成为唯一首都,包括海神在内的大唐乐舞、梨园弟子归集洛阳。

唐灭亡后,战火笼罩洛阳城。大唐乐舞、梨园弟子散落民间,其中的海神艺人落户李楼镇楼村(古景花村),流入民间,代代相传,称为海神。因为海神是洛阳独有的民间音乐,故又称为洛阳海神,演奏团体称为海神社。

明清时期,海神乐曾在洛阳盛行。中华人民共和国成立以前,洛阳周边地区的较大村庄,差不多都有海神社。中华人民共和国成立以后,因种种原因,洛阳海神乐面临失传的危险。现洛阳仅有楼村海神社能够演奏洛阳海神乐。楼村海神社历来以郭氏为主力。据郭氏祖谱记载,郭氏系唐代汾阳王郭子仪后裔。郭子仪因平定安史之乱功高盖世,唐天子封其为"并肩王",并赐予宫廷宴乐享用,自此,这些世锁深宫、专为帝王演奏的宫廷雅乐才得以流入民间。据郭氏家谱记载,其家族历代达官贵人、儒业学者俱多,精通技艺、善制乐器者也不乏其人,尤其是海神社第九代传人郭高山博闻强记,精通笙、管、琴、弦制作技艺,并能演奏多种乐器,吹、拉、弹、唱,无所不能。中华人民共和国成立初期,郭高山虽年事已高,但是仍然被西南军区文工团聘任,任古老乐器管子乐师,为部队培养了一大批乐手。

2003年,郭高山的侄子郭红运等人重新组建了洛阳古景花村海神社,搜集整理了百余首海神古乐曲。目前,海神社拥有管、笛、筝、笙、二胡、云锣、云板、木鱼、碰铃等近20种乐器。就乐曲适用的场合而言,可分庆典类、祭祀类、教仪类、歌谣类。海神乐表演方式根据时间和场合大致分为锣鼓乐、锣鼓舞、吹打乐、吹唱乐、伴舞乐以及清唱乐。

2007年2月,洛阳海神乐入选第一批省级非物质文化遗产项目名录。

四、大里王狮舞

白马寺镇大里王村狮舞属中国北派狮舞代表,表演奔放洒脱,粗犷矫健。通过大幅度、刚劲雄浑的舞姿,表现狮子威武的气质和勇猛的神态。在整个表演过程中,又极重气氛渲染,在金鼓齐鸣、鞭炮大作的火爆氛围里,民间艺人通过跳跃、跌扑、腾翻、打斗、登高履

大里王狮舞高台表演

险，将兽中之王狮子的威猛气势表现得淋漓尽致。大里王狮舞在表演形式上分为"文狮"和"武狮"两大类。"文狮"主要在地面（包括放在地上的桌子上面）上表演。在回回（逗狮人）的引领下，两只或多只狮子表演嬉戏、撕咬、打斗、蹿跳（桌子、火圈、刀山）等动作。"武狮"主要表演区域在高空，是在用高杆、梯子和板凳等物搭成几米乃至十几米高的、活动范围极小的表演高台上，回回和狮子在上面做出各种精彩而惊险的表演。

大里王狮舞的套路众多，内容丰富，技巧性强，表演大方洒脱，具有鲜明的风格特点和独特的艺术技巧，深受广大人民群众的喜爱。中华人民共和国成立后，洛阳周边许多地方的民间狮舞队以及北京、湖北、山西等地的专业表演团体都曾到大里王村学习、交流狮舞表演。

大里王村狮舞社拥有狮子皮百余张，大鼓百余面，铜器60多套，参演者200多人。1957年，该社参加了全国民间文艺汇演，荣获一等奖，刘少奇、周恩来、朱德等领导人观看演出并接见了演职人员。1960年，十三代传人王铁娃出席全国第三次文艺代表大会，受到毛泽东、周恩来等国家领导人接见。该社还作为中国北方狮舞的代表，先后为加拿大、丹麦、瑞典、罗马尼亚、日本等国家元首、首脑献演。1988年2月，该社组织了洛阳民间狮舞大赛，100多头"狮子"竞技，观众达10万多人。1991年，该社应邀参加中国广州商品交易会开幕式庆典，与南方狮舞对擂演出，轰动羊城。

2007年2月，大里王狮舞入选第一批省级非物质文化遗产项目名录。

五、曹屯排鼓

关林镇曹屯排鼓形成至今已有400多年的历史。在漫长的发展过程中，排鼓伴随社会民俗活动的产生和发展，形成了对社会形式与民间习俗的依存性特征。

最初，曹屯排鼓主要用于祭典、朝拜神灵，除参与隆重的祭典

曹屯排鼓表演现场

活动外，概不参与其他活动，以示神社的神圣。伴随社会的发展与进步，曹屯排鼓已走入民众的生活当中。曹屯排鼓的鼓舞套路、曲牌多为300多年前就已形成，并经历代艺人传承下来。表演中所用道具如排鼓、铜器、火铳等，极富民族传统特色。曹屯排鼓分为演员（狮舞、鼓舞）、仪仗、后勤三部分，分工明确。表演时，人员众多，出社庄重，威风凛冽，声势浩大，甚为壮观。

2009年6月，曹屯排鼓入选第二批省级非物质文化遗产项目名录。

六、陈家制鼓技艺

白马寺镇陈村陈家制鼓技艺历史悠久。据陈氏家谱记载，制鼓传人从第一代到第十九代已经500多年，至迟在明初其制鼓制度已经形成。经过历代传人的不断研究、改进，陈家鼓形成了今天纯手工制作、用料讲究、工序精细、技术独特、鼓品众多、鼓音纯正、美观耐用等特点。陈家鼓技艺是我国北派制鼓技艺的典型代表。陈家鼓分排

陈家迎接香港回归特制3米鼓

骨、盘古、腰鼓、书鼓、边鼓五大类，鼓面直径大小不一，小到2.5厘米，大至3.28米。特别是陈家制作的特大型鼓，在全国制鼓业中首屈一指，其鼓型高大威武、壮观，鼓音激越，具有极高的艺术价值。1997年，陈家制鼓技艺第十八代传人——陈氏兄弟为庆祝香港回归特制直径3.03米的"中华第一鼓"，参加了6月30日在天安门广场举行的庆祝香港回归活动。1998年，该鼓被上海吉尼斯总部认定为"吉尼斯之最"，作为珍品收藏。2007年，陈氏兄弟应广东顺德日报所求，制作出直径3.28米的"中华大福鼓"。2007年2月7日，陈氏兄弟受中华鼓乐奥运庆典组委会所邀，制作出直径为2.008米的"中华奥运鼓"，并参加"鼓动北京"——奥运会倒计时500天鼓乐庆典晚会等一系列大型文化活动。

2007年12月，陈家制鼓技艺入选洛阳市第一批市级非物质文化遗产名录。2009年6月，与其他县区制鼓技艺一道入选第二批省级非物质文化遗产项目名录。

七、孙氏十六挂转秋制作技艺

白马寺镇孙村十六挂转秋创制于明朝,距今已有400多年历史。白马寺镇孙村孙氏祖籍山西省榆次,明初洪武初年始迁居孙村。孙氏十六挂转秋是在原来的车轮秋、四挂秋、八挂秋的基础上演变而来。明朝中期嘉靖年间,孙氏祖人孙希贤(六世,贡生)发明。在孙希贤同其侄孙缵烈(庠生)带领下,孙氏能工巧匠将十六挂转秋创制成功,并于每年正月初五开始搭秋,过了农历二月二将秋拆除。因为十六挂转秋形势大、耗资多、用工多,拆后不易保存,后来孙氏祖人为使秋艺不失传,才将秋十六年搭建一次。

孙氏十六挂转秋又称皇家秋千。相传,明朝万历年间,福王朱常洵就藩洛阳时,来孙村关爷庙进香,适逢该年搭建转秋,福王见后,命将此秋千搭建于王府。此后,孙氏多次在福王府搭建,供王府贵人游玩。后来孙正(皇宫总管)得知家族转秋在王府很受欢迎,即命其侄儿孙师鲁(后军都督)搭建于后宫。为使该秋千更气派、华丽,对转秋进行装饰、改造,冲天柱上节刻上盘龙,去掉登秋,盖上皇罗伞,上下秋千头上分装龙凤,深得皇上、皇后的嘉奖,因此就成了孙氏独创的皇家秋千。大清年间,十六挂转秋也成了嫔妃、格格、皇子、皇孙们玩耍、健身的器具。所用的材料是木材、麻绳和铁制品。冲天柱及外架和登秋多采用坚固耐磨的榆木、槐木、枣

孙氏十六挂转秋进行表演

木和又高又直的松木、杉木和杨木,上挂圈、下挂圈和吊杆多采用年内未发芽、无疤节的三年生柳木,麻绳以当年麻为最佳,边搓绳,边捆扎。

孙氏十六挂转秋由外架、上定位架、下定位架(八挂笼)、冲天柱、上挂圈、下挂圈、伞型支撑、挂杆、吊绳、秋板、顶窑、千金轴登组成,外看雄伟壮观、精巧、华丽,内看结构紧凑,同心度、垂直度、斜度、角度要求严格,充分利用了力学理论,正反转动平稳、坚固、安全可靠。

2011年12月,孙氏十六挂转秋制作技艺入选第三批省级非物质文化遗产项目名录。

八、通背武狮

通背武狮在有武术之乡称呼的安乐镇军屯村世代流传。该村狮舞的历史至少可追溯至明代,其狮舞传人至今已传至十四代。该村居民

通背武狮表演

祖上以武功立身，精通四面八方通背拳和多种作战阵型，能够"立兵伍，定行列，正纵横"。现在该村绝大多数的家庭都从事或参与过狮舞活动，历代男性几乎都会武术。他们把武术与狮舞巧妙结合，把狮舞与战阵糅合在一起。经过历代艺人的不断研究摸索，军屯武狮逐渐形成了表演粗犷大方、刚健洒脱、传神细腻、技巧娴熟和以武术为根基、以战阵为框架的独特风格。

通背武狮由两人扮演。一在前边顶狮头，一在后边拱狮尾。表演时有一只单独上场的，演阵法时多为两只或多只狮子一齐上场。在狮子前边，有一回回（逗狮人）拿着绣球、或刀枪剑戟等领着狮子表演。通背武狮分青、白、红、黑、黄五色，狮脸用古代宗教面具技术刻画，与京剧脸谱有异曲同工之妙，表现着狮子的不同个性。通背武狮的大纛上写着"武化昌明"，对旗上写着"礼守博爱，义护大同""武狮光芒耀北辰，握奇壁垒镇南溟"。通背武狮演练八方阵时，其兵部分四正、四奇。四正：旗上分写"天、地、风、云"；四奇：左青龙旗上写"孟章神君"、右白虎旗上写"监兵神君"、前朱雀旗上写"凌光神君"、后玄武旗上写"执明神君"、中握奇黄旗上写"三军司命"。充分显示着通背武狮继承古代战阵，高扬正义武文化的不朽宗旨。

通背武狮有"地摊"和"高摊"（即登岳）之分。"地摊"在地上（包括放在地上的桌子、凳子或其他道具上面）表演，而"高摊"则要在板凳等搭制的楼台上"空中作业"。

通背武狮表演时，都有一定的套路，尤其是武打时候耍兵器的与狮子必须密切配合，耍战阵的时候，各兵部之间要协调互动，狮阵一体。整场表演讲求气势连贯，节奏鲜明。回回与狮子配合有致，互相照应。无论亮相、造型，还是场面调度，均给人以粗犷、优美、和谐、活泼和舒展的震撼感觉。

通背武狮的楼台表演区均是用高杆、梯子、绳子和板凳等物搭成几米至十几米高的、活动范围极小的表演高台，回回和狮子在上面做出各种精彩表演。

其他如秋千、梯子、天桥等项目，虽道具不同，但玩法差不多，均是艺人在无任何保险防护的情况下，进行各种令观众提心吊胆的表演。高空表演时，回回多表演"徒手倒立""头顶枪尖倒立"即"朝天一炷香""金鸡独立""探海"等不易使身体保持平衡的动作。

通背武狮表演时狮尾适时旋转成为洛阳狮舞界的一绝。通背武狮的表演者，既要有扎实的武术基本功和高超的武狮技艺，又要有过人的气魄与胆量。另外，在表演高空节目时，地面的配合者猛敲狠击大锣大鼓、三眼铳、梢子棍和着鞭炮声响，再加上人们齐声呐喊、口哨声声，从而造成一种令人既兴奋又紧张的气氛，以给登高表演者壮胆助威。

军屯通背武狮属我国典型的北派武狮。它不是以故事情节、顽皮、诙谐的动作来表现"极富人情味"的"拟人化狮子"，而是通过大幅度、粗犷、刚劲有力的武术打斗动作来塑造狮子艺术化的威武雄姿，再现狮子威武刚烈的气质和勇猛、矫健、灵异的神态。军屯通背武狮作为洛阳武狮的代表，对研究我国狮舞的起源及发展演变有着非常重要的价值。

军屯通背武狮历史悠久，具有浓郁的民族特色和地方特色。广东、四川以及马来西亚、英国等地的武术团体都曾到军屯学习、交流武术和狮舞表演技艺。

2010年2月，通背武狮入选第二批洛阳市非物质文化遗产民间舞蹈类项目名录。

九、三官庙挠阁

三官庙位于李楼乡三官庙村中部，是古代劳动人民为纪念上古传说中尧、舜、禹三位帝王而建，所以又称"三皇庙"。1951年以前，当时的李楼乡有桃园街村、桃园寨村和李疙瘩村等。由于上级下发文件、通知以及邮寄的书信等常常在桃园街村和桃园寨村中间出错，遂将桃园街村改成三官庙村、李疙瘩村改为向阳村，桃园寨村则

三官庙挠阁表演

保留原名。

　　三官庙挠阁祖传的道具箱上有"康熙三年"字样,从时间推算,三官庙挠阁至少有340年的历史。相传是康熙帝继位大赦天下,普天同庆,村人自己创造的一种社火表演。挠阁是北方方言,意为"抬起、举高"之意;"阁"指的是女孩。在北方农历新年期间,辛苦一年的村民会在本村或是邻村举行挠阁,迎接新年。

　　三官庙挠阁融表演、舞蹈、音乐、美术、体育于一体。两人一组,表演者多是壮年男子。表演时,两人将一名穿戴一新的孩童固定在挠阁铁架上,挠在双肩,和着悠扬的民间乐曲,随着曲调变换步伐。此时,固定在挠阁架子上的女孩也会根据节奏、故事情节甩动水袖,或上下,或左右,或轻柔,或奔放,顾盼生辉,婷婷婀娜,如仙女下凡,似神仙显灵,看起来非常优美。演出时,多架挠阁相互组合,形成了"孙猴偷桃""张三跑马""肖恩打鱼""天女散花""舞洞房"等7个表演节目。如今,三官庙挠阁已经成为洛阳春节社火表演中一种独特有趣的民间表演活动。

　　2010年2月,三官庙挠阁入选第二批洛阳市非物质文化遗产民间舞蹈类项目名录。

十、四面八方通背拳

四面八方通背拳仅在安乐镇军屯村王、唐两个家族内部世代流传。明末王姓先祖王建率家人从山西洪洞县迁至军屯村后，一直秘练此神拳。

四面八方通背拳几百年来传承有序，内容丰富。单练套路有：老架、红锤、二路、炮锤（六路）、劈山；对练套路有：老架头、单彩脚、双彩脚、格肘、风摆柳扫蹚、硬靠。器械有：杆子、通背枪、通背单刀、通背大刀、通背锤、三节棍等。基本气功有：宏元功、童子功、易筋排打功、铁裆功、铁头功等。

四面八方通背拳称头、肩、肘、手、背、胯、膝、脚为八拳。实乃身体处处可发力击敌。其练功程序分为八方，即盘、排、破、勾、搏、变、悟、化。盘，即盘架子。始练架子周正，继之内练意气神。要求以意领气，以气铸形，以形显神，意到、气到、力到、眼到、脚到、手到。排，即架子练成。在意气

四面八方通背拳表演

贯通周天的前提下进行周身排打,促使筋膜坚韧腾起,以抗击外力。破,即以熟悉对练套路为主,进行有规律的攻防练习,达到识招。勾,即勾手,是局部散打,练眼疾手快。搏,即散打。要求注意眼前、脚前、手前,着重练习耳听、经听、神听。变,是心法之变,招数之变。悟,是精气神的升华,对拳理不滞不碍的透彻领悟。化,是精气神的最高境界,即内功外拳臻于超神入化之非凡境界。只有穷神,才能知化,化以悟为本。没有悟就没有化,没有化也就没有悟。化是悟的必然,只有化才能彻悟。

四面八方通背拳虽地处乡鄙,流传不广,但也曾创下佳绩。1934年开封府打擂,王运安等获得豫州第一称号,大会奖银盾一面,"武化昌明"锦旗一面。1985年,王红军代表洛阳市在河南省武术馆整理挖掘大会上表演铁裆神功,誉满中州武林。1994年2月,八方通背拳振兴会组织部分会员,参加河南省气功健身功法表演比赛,洪元功获得唯一的表演金奖。

2010年2月,四面八方通背拳入选第二批洛阳市非物质文化遗产民间舞蹈类项目名录。

十一、武皇十万宫廷乐

中国唯一的女皇帝武则天,35岁移居洛阳,81岁终老洛阳,居洛阳时间不下45年。因酷爱诗歌舞乐,在洛阳执政期间,曾出资20万

洛阳武皇十万宫廷乐舞

两脂粉钱，其中10万两资助雕刻了至今闻名世界的龙门石窟卢舍那大佛，10万两精心培育了因此而得名的专供皇族贵胄们欣赏的武皇十万宫廷乐舞。

十万宫廷乐舞是女皇智慧的象征，融外国音乐、宫廷音乐、国内各族音乐与一炉，曲调平缓悠扬，风格高雅圣洁，气势磅礴壮观。据《新唐书》记载，参与表演的人员1600多人，使用乐器300多种，表演曲目100多支。如此大型乐团，体现了中国古典音乐舞蹈全盛时期的灿烂和辉煌。武皇十万宫廷乐舞距今已有1300多年的历史。

武则天驾崩，武皇十万宫廷乐舞的乐师们，或归隐寺庙，或流落民间。现有的武皇十万宫廷乐队，位于龙门镇田山村，乐队有30余人，古乐器有管子、笙、笛、背鼓、云锣、云板、碰铃等。田山村武皇十万宫廷乐是从大唐传承绵延而来的。这支乐队仍然保持着祖传下来的规矩，从不参加民间婚丧嫁娶，只在祭祀、庆典及重要活动中演出。如今，十万宫廷乐舞流传下来的有：歌舞《朝天歌》、器乐合奏《唐韵》、表演唱《饮酒乐》、男声独唱《渭城曲》、乐舞《颂升平》、独舞《万佛飞天舞》、乐舞《春江花月夜》、乐舞《青天乐》、歌伴舞《圣明乐》、乐舞《媚娘游春》、五重奏《梅花吟》、女声独唱《赏花歌》、小组唱《何满子》、女声独唱《如意娘》、埙与乐队《苏武牧羊》、器乐合奏《观灯》、器乐合奏《嵩岳调》、琴与乐队《阳关三叠》、琴歌《钗头凤》、器乐合奏《听竹》、歌舞《盛世天长久》等。其中，《朝天歌》是武则天升殿和接收外国使臣们朝贺时演奏的曲目，充分显示了武皇时期的大国风范；《媚娘游春》表现了武媚娘沐浴春光、赏花戏水、翩翩起舞时的欢乐心情；《何满子》是白居易为纪念武皇著名歌伎何满子而写出的曲名；《饮酒乐》是为宫廷御宴演奏的曲名；《渭城曲》是诗人王维的作品，描写送友人元二西出阳关、奔赴边疆的情景；《颂升平》是武则天祭天时演奏的乐曲，期盼风调雨顺、五谷丰登；《如意娘》是武则天亲自谱曲填词的独唱歌曲，反映了她被贬入感业寺思念太子李治的感伤情怀；《唐韵》是唐之大曲，气派、严谨，舞蹈热烈欢快，展现了武皇时期政通人和、国泰民安的美丽画卷。

田山村的武皇十万宫廷乐从新中国成立后一直活动至今,中间虽曾经历过"文化大革命"时期暂停演出的挫折,但于1982年又重新组建,并发展壮大。曾应邀到华山、武当山、中岳少林等地演出多达百场,被尊誉为"河洛一绝"的"音乐活化石"。

2007年10月,武皇十万宫廷乐入选第一批洛阳市非物质文化遗产民间音乐类项目名录。

十二、邵雍的传说

邵雍的传说是以邵雍道德学术思想为基础、延伸出的民间口头传说。邵雍,字尧夫,谥号康节,是我国历史上著名的数理学家、哲学家,是中华理学的奠基者和创始人之一,是北宋"五夫子"之一,其学术思想在中国乃至世界均有深远影响。邵雍在当时社会是一介平民,深解民间疾苦,乐于助人。在封建社会,邵雍就好像救苦救难的活菩萨。百姓们不管贫富,谁有疑难之事都乐意找邵雍帮忙。邵雍也总是和颜悦色,谆谆善导,使大家在思想上都能得到满足。久而久

邵雍祠大殿

之，民众对邵雍的一些处事方式、方法和事迹形成一种传说。历经千年，在广大民众中代代流传至今。

2010年2月，邵雍的传说入选第二批洛阳市非物质文化遗产民间文学类项目名录。

十三、陈屯社火

陈屯社火始创于清初，主要流传于白马寺镇一带。当时，每当春

陈屯社火保存的清代挠阁

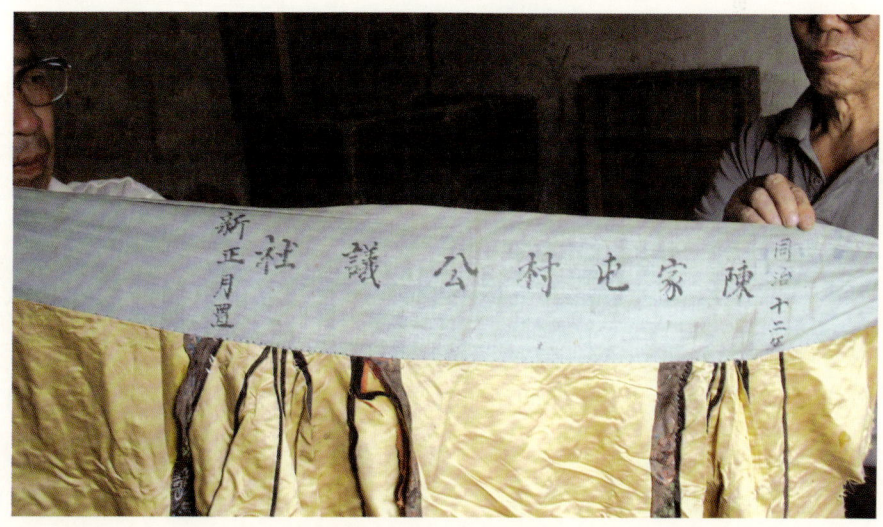

陈屯社火保存的清代围裙

暖花开之时，陈屯人便杀猪宰羊祭祀神灵和祖先。如今，陈屯社火已成为一项内容健康、形式活泼、生动有趣的文化娱乐活动，是一个保存较完整的社火团队。

陈屯社火的鼎盛时期在清代中期。民国以前，陈屯社火虽早已声名远播，但自古以来均在本村相传，不传外村。中华人民共和国成立后，因村中主事与竹园村主事交好，陈屯社火才传入竹园村。20世纪90年代后，陈屯社火又传至分金沟村。三村联欢，场面宏大。从清代直至20世纪70年代，陈屯村一直保留有剧团。

"老汉背妻"是陈屯社火的一大绝活。相传，某年，陈屯村的船队到了巩义回郭镇，村人见当地有人玩此绝活，便将其引了进来并发展成陈屯社火的一大绝活。其表演需借助于一件特殊的道具——逼真的人物头像，表演时由一人巧妙装扮、操作，从而使观众看起来像是有个老汉背着他的漂亮老婆，体现夫妻俩互相关心之情。有时，"老婆"不愿意了，还会用扇子敲"老汉"的脑袋，"老汉"的脑袋和眼睛还会转圈，相当有趣。陈屯社火还包括排鼓、挠阁、旱船等群众喜闻乐见的表演项目。

陈屯社火历史悠久。从其表演形式、道具及场面，可以窥见古代河洛地区原生态社火的基本特征和组织形式，对研究河洛地域文化及社火团队的发展演变有重要意义。

2011年11月，陈屯社火入选第三批洛阳市非物质文化遗产民俗类项目名录。

十四、二鬼摔跤

二鬼摔跤是由背草人战骑兵演变而来，它历史悠久，独具风格，融摔跤技巧和民间杂耍于一体，是傀儡戏的一种表演形式，据传源于汉，盛于宋，具有鲜明浓郁的地方特色，是劳动人民勤劳、勇敢、智慧的结晶。

三官庙村二鬼摔跤，形成于清朝初期，距今已有三百年的历史。二鬼摔跤由单人进行表演，表演者穿上特制的服装，将摔跤道具牢牢地绑在背上，双腿全蹲，双手倒穿一双薄底布靴，在道具围子的隐藏下，两手再穿上和"二鬼"打扮相称的鞋子和两脚一样着地，"四脚"并

二鬼摔跤表演现场

用，形成两个夸张的矮人摔跤姿态，在锣鼓家什的伴奏下，"二鬼"手足并用，做出抢、转、滚、翻、摔、扫、踢、挡、托举等动作，扑滚翻腾，互相扭打，形成背上"二鬼"摔跤的一个人活灵活现地表演两个鬼的场面，它的表演强撼有力，动作诙谐幽默，极具观赏性和独特的艺术魅力。

三官庙二鬼摔跤目前共有演职人员10名，表演道具3套。其主要器具为服饰、乐器、道具三类。服饰有不同颜色的两件外套、两件大衣褂、围布等。打击乐器有锣、鼓、钗、挠等。表演道具有木头做的肩和腿、两个鬼头连体模型道具、绳子、表演凳子、桌面。

2010年2月，二鬼摔跤入选第二批洛阳市非物质文化遗产民间舞蹈类项目名录。

十五、凉洛寨泥娃娃

李楼乡杨村凉洛寨泥娃娃始于明嘉靖年间，距今已有近500年的历史。泥娃娃造型古朴生动，纯手工制作，程序复杂，所用材料讲究，具有极高的艺术价值。泥娃娃的品种有一种叫和尚头，有大有小，大的和尚头用来做纸扎等祭祀用品，小的投放到庙会中，用来祈子送子，很受欢迎。由于生意兴隆，凉洛寨家家户户学会捏泥娃娃。其中，世袭祖传的有杨、宋两家。杨家第一代传人杨金柱，1897

年开始为业；宋家第一代传人宋遂庆，从1901年为业。凉洛寨的泥娃娃，大的一尺三高，小的四指高，成品烘干，刷层白粉，涂上彩色。男娃娃头涂黑剪发，胸涂花兜兜，脖项涂画"长命百岁"的锁牌。女娃娃头涂两条小辫子，脖项涂画"长命富贵"的锁牌。个个粉红脸蛋，面容微笑，栩栩如生。每年元宵佳节及春季庙会销售最广，远销陕西、山西一带。

凉洛寨泥娃娃的制作比较复杂，具体制作过程分为三步：第一步：先锤点棉纸用水泡泡，把煤土晒干用水浸泡，然后捞出晾一会儿，与棉纸一起搅均匀，再捞出，用塑料纸包好，待用。第二步：把和好的泥擀成皮切成块，捻到泥娃娃模具

泥娃娃制作现场

里，再晾一会，等稍离缝再倒出来，把从模具里倒出来的前后身合在一块粘好，下面再粘个底晾干，把晾干的泥娃娃用水洗洗，搓搓，弄光滑，用白土兑点胶和一和，把晾干的泥娃娃放在里面蘸白。如果泥娃娃脸不白，把脸上再蘸一遍白土。第三步：把泥娃娃全身涂白后晾干，用红、黄、绿颜色画好鼻子、眼、嘴（铁红颜色兑点胶加热），最后再用颜色给泥娃娃画上衣服和饰物。这三步看似简单，但真正做起来却是要付出很多艰辛的。

1957年，凉洛寨泥娃娃曾参加中国民间玩具展览，后赴捷克斯洛伐克共和国展览，受到该国观众的欢迎。改革开放后，随着旅游业的兴起，凉洛寨泥娃娃成为旅游产品，投放在旅游景点的购物市场。

2010年2月,凉洛寨泥娃娃入选第二批洛阳市非物质文化遗产民间美术类项目名录。

十六、李楼李八先生妇科

李楼李八先生妇科始创于清朝乾隆年间,至今已传九代,有200多年的历史。李家人世代居住李楼乡李楼村(俗称李家楼),独创中医妇科,闻名华夏。因创始人在家中排行第八,且医术高超,医德更好,父老乡亲都亲切地称呼其李八,故而得名李八先生妇科。

李楼李八先生妇科在省内外久负盛名,深受各地群众的敬仰。早在清代就被推为十大名医世家,当时就享誉中原及各省,到李楼李八先生妇科求医问药者车水马龙,络绎不绝。

乾隆年间,李八先生妇科创始人李大定,开创"济生堂"济生,独创乌金丸,疗民疾苦,并以口授方式,父传子、子传孙绵延下来。第五代传人李富楚,不仅有祖传的乌金丸,还创制海马拔毒散、外踏止痛散、消疥散、祛寒散、展筋丹等外科、妇科良药,疗效独特。

李八先生妇科医务团队

第六代传人李贵芬(乳名李标),为了维护本门独创之特长,将"济生堂"改为"育愈堂"。李贵芬在祖传秘方的基础上又研制出疏肝活血汤,治疗妇女月经不调、痛经、乳房胀痛、乳房肿块、经行量少、块多以及倒经等症，疗效甚佳。李贵芬还创制了补肾养血汤，对治疗妇女久不孕育、习惯性流产、先兆性流产等症，均能收到很好的治疗效果。

李楼李八先生妇科第八代传人李守惠，1959年随祖父李贵芬学医、行医，从1965年开始在本村卫生所工作，任妇科主治大夫。1982年后，李守惠担任卫生所所长，李楼卫生所也成了以妇科为主的特色卫生所。在祖传妇科的基础上，李守惠不仅能治疗常见的妇科疾病，还进一步研制出一些中医药丸，在治疗疑难妇科病（如外阴白斑、哺乳期乳头烂裂、子宫内膜移位症、习惯性流产等）方面，取得很好疗效。

2010年2月，李楼李八先生妇科入选第二批洛阳市非物质文化遗产传统医药类项目名录。

十七、皂角树抬阁

关林镇皂角树抬阁（也称抬歌），相传由村人高抬儿童歌舞以送孔子发展而来。到明清时期，抬阁已成为喜庆丰收、庙会年节不可缺

皂角树抬阁表演现场

少的娱乐形式项目。清代以后，抬阁的形式由一层向多层发展，形成亭台阁楼之态。皂角树抬阁在清末民国时期最为兴盛。

抬歌属民间舞蹈谱系，是集舞蹈、音乐、戏剧、绘画为一体的综合艺术形式，具有浓郁的乡土气息和地方特色。主要作品有老司官骑柳棍、雷锋塔、李三娘推磨、湘妃竹、牛郎织女、白蛇传、文王求贤等共计九架。在一些重大节日庆典中，皂角树抬阁都以其独特的艺术魅力和群众喜闻乐见的新鲜造型，感染着人们，极大地增添了喜庆气氛。

2011年11月，皂角树抬阁入选第三批洛阳市非物质文化遗产传统舞蹈类项目名录。

十八、任氏痔瘘疗法

安乐任氏痔瘘疗法，始创于清，历经任氏六代潜心研制、精心熬制而成的十余种祖传中药特制的汤、膏、散中药，对治疗痔瘘及术后感染疗效独特。任氏痔瘘疗法，传承中医文化，溶西医于互补。经过数十年的临床实践，形成了自家独特的系统性诊疗理论和治疗方法及密方配剂，其疗效誉满中原，盛名远及云南、陕西、山东、河南等数十省市，为数以万计的痔瘘患者解除痛苦。她在中西医结合的痔瘘治疗专攻领域独具特色，成为痔瘘患者的福音，其特有的"生命力"凸显"中华国医"之功效。

任氏痔瘘疗

任氏痔瘘疗法传承人任书桥

任氏痔瘘疗法书影

法，分为中药疗法和中西医结合疗法。中药疗法标本兼治，对症下药，对治疗痔瘘及肛门术后疼痛，对不做手术的血栓型外痔、炎症性外痔、肛门脓肿等可以达到药到病除的效果。通过调节湿热肠胃、大便秘结、气血不调、肛门静脉曲经不能回流等失调性因素，使痔瘘治愈不再复发。中西医结合疗法采用平衡镇痛术＋内口切开、外口扩大引流＋中药灌注综合疗法，达到了疗程短、痊愈快、无疼痛、无后遗症、肛门功能不受影响的整体效果。另对肛门神经官能症，采用骨医疗＋穴位埋线＋口服药＋心理疏导四联疗法，从2002年至今采取内口切开外口扩大引流管腔内药物灌注治疗胚瘦121例取得了满意的项目效果。

针对内痔、外痔、混合痔、肛周脓肿、肛瘘、肛裂疼痛等肛周疾病，先后研制出消肿止痛、敛疮止痒的"加味硝矾洗剂"；生肌敛疮，消肿止痛，用于痔瘘术后熏洗的"祛毒洗剂"；清热除湿、散瘀化痰，主治血栓性外痔、炎症性外痔、肛门脓肿的"化痔膏"；主治伤口久溃不敛的"祛腐生肌膏"；主治肛肠病术后用的"生肌玉红膏"；祛热燥湿，杀菌止痒，治疗各种肛门瘙痒症的"大黄膏"；主治治疗肛门脓肿、管瘘的"闭管散";祛热解毒,消肿止痛,张血行瘀的"消痔汤";主治脱肛的"五龙散";主治祛热解毒,消肿止痛,张血行瘀的"消痔膏";用于三期内痔和嵌顿性内痔伴贫血的"枯痔散";益气健脾、涤痰化瘀,治疗慢性溃疡性结肠炎的"固肠汤"等12种特效药。各种方剂配伍,均以5~15种上乘精选中药配伍合剂,依据病种熬制或研制而成。任氏痔瘘研制的特效药,继承和发展了中医内治法,形成痔瘘病的消、托、补三法合一之综治功能。使用手段一般采用坐浴、摊敷、灌肠、灌注、注射等家庭做法,操作简单,理疗成本低廉,安全可靠,无副作用,深得患者的好评。

2011年11月,任氏痔瘘疗法入选第三批洛阳市非物质文化遗产传统医药类项目名录。

十九、老龙门农家李氏芝麻焦干饼

老龙门农家李氏芝麻焦干饼,从清代一直延传至今。它经过几代传承人的精心研制实践,把帮助消化、去热、驱虫、打积食的中药鸡内金、知了壳、牵牛花(姜良籽)等研末溶于面粉中,烙、炕成干饼,形成独特的、有助食疗功效的传统手工制作食品。

李氏芝麻焦干饼,纯手工制作,使用石磨面、锅头灶、干柴火、铁錾子、翻馍批儿、小擀杖、秸秆箔等。芝麻焦干饼外形又薄又圆,口香味厚,又焦又酥,适合于男女老少。目前已经形成黑白芝麻焦干饼、白芝麻焦干饼、黑芝麻焦干饼、鸡内金芝麻焦干饼、知了壳芝麻焦干饼、牵牛花(姜良籽)芝麻焦干饼、菠菜芝麻焦干饼、芹菜芝麻焦干饼、红萝卜芝麻焦干饼9个系列产品。

李氏芝麻焦干饼采用高山种植的优质小麦及纯天然无公害芝麻、蔬菜等原材料制作。配料芝麻有美容、润肤、增强记忆力、防止头发过早变白、保持和恢复精神活力的功效;配料鸡内金帮助消化;配料知了壳可润肺利咽,还可治疗皮肤瘙痒及小儿惊风等;配料牵牛花籽可帮助杀虫、攻积、大便不通;配料菠菜通肠导便,帮助消化抗衰老;配料芹菜增强人体抵抗力;配料红萝卜促进婴幼儿生长发

老龙门农家芝麻焦干饼

老龙门农家芝麻焦干饼制做现场

育,增强免疫力,有降脂、降压、强心作用。

2014年12月,老龙门农家李氏芝麻焦干饼入选第四批洛阳市非物质文化遗产传统技艺类项目名录。

二十、白马寺金银器制作技艺

金银器是中国传统文化艺术的重要载体,金银文化在中国的发展历程绵久而辉煌。据古文献记载,早在商周时期,已经出现了金银制品,明清时期金银器的制作得到了空前的发展。

白马寺金银器制作的历史可追溯到明代。清道光年间,白马寺金银器制作技艺第十代传人王继曾,建立起金银器加工作坊,开始了规模化的金银器加工生产。清末民初,白马寺金银器制作技艺进入了鼎盛时期。

白马寺金银器制作技艺传承了中国古代金银器制作工艺,除保留原汁原味的纯手工制作外，又有独特的创新。制作工具主要为木墩、錾刀、木锤、掐丝板、搓丝木、手棍、丝楦、手钻、皮老虎、焊枪、焊火渣匣、坩埚、铁墩、钳子、镊子、剪子、锥子、刮刀、刷子、冲子、量具等。

白马寺金银器制作工艺主要有范铸、失蜡铸造、捶揲、錾花、刻花、焊接、抛光、鎏金、镶嵌、错金银、掐丝、炸珠、累丝、镂空、浮雕等。

白马寺金银器制作工序基本为五步：第一步是范铸，把银加热至961.93℃，融化成银液（金要加热至1064℃融化成金液），然后浇入预先准备好的方形模范内，冷却后即成银板（金板）。第二步是捶打，用锤子将制作好的银板捶打成片，然后置于特殊工具上挤压捶打，敲打成各种器型（如耳环就是以捶揲法打造而成）。第三步是錾花。用錾刀进行錾刻。錾花技术精美绝伦，独特的雕錾

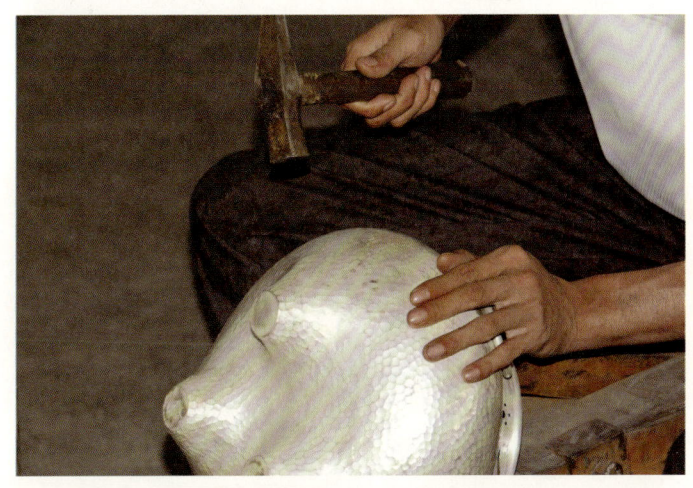

白马寺金银器具捶揲技艺

白马寺金银器具镂空技艺

工具结合高超的技法才能雕錾出精美绝伦的纹饰。錾花需要工艺师事先用花纹描绘出人物、花卉、动物等形象。第四步是焊接抛光，在金银器和金银装饰部件之间的接触点上铺上焊药，加热至焊药融化即焊接成功（如鎏金海兽水波纹银碗内心处的海兽纹，就是用银片剪成后焊接在碗心处）。焊接要做到牢固，焊缝细密无痕。焊接完毕，进行打磨抛光处理。第五步是对纹饰鎏金。把配置好的金泥涂抹于花纹表面，用火温烤，使水银蒸发，黄金存留于器表。花纹经过鎏金、玛瑙抛光，显得富丽堂皇，金碧辉煌，增强了美感。

2014年12月，白马寺金银器制作技艺入选第四批洛阳市非物质文化遗产传统技艺类项目名录。

第七章 浩瀚成语 洋洋大观

第七章
浩瀚成语　洋洋大观

　　成语是汉语中经过长期沿用、锤炼而形成的固定词组和短语，来自于古代经典或著作、历史故事和人们的口头故事。成语的意思精辟，往往隐含于字面意义之中，不是其构成成分意义的简单相加。它结构紧密，一般不能任意变动词序，抽换或增减其中的成分。其形式以四字居多，也有一些三字和多字的，大多由四字组成。作为千年帝都洛阳的核心区域，洛龙区和洛阳密不可分，洛龙区和洛阳在相当长时期内都是中国的政治、经济、军事、文化的中心，因此自然也有很多的成语、典故产生、形成在这里。可以说，洛龙区是中国成语的重要产出地，所出成语，不可胜数。以下所列，仅是产生、形成过程中与洛龙区有密切关系的部分成语。

一、周公吐哺

　　比喻在位者礼贤下士。出自《史记·鲁周公世家》："周公戒伯禽曰：'我文王之子，武王之弟，成王之叔父，我於天亦不贱矣。然我一沐三捉发，一饭三吐哺，起以待士，犹恐失天下之贤人。子之鲁，慎无以国骄人。'"

　　周公姓姬名旦，是周文王第四子，武王的弟弟，我国古代著名的政治家。周公营建洛邑（今河南洛阳），并辅佐周成王定都于此。周公还在洛邑筹划东征，平定三监之乱；在洛邑制作礼乐，天下大治。

二、问鼎中原

比喻企图夺取天下。出自《左传》:"鲁宣公三年,楚子伐陆浑之戎,遂至于雒,观兵于周疆。定王使王孙满劳楚子,楚子问鼎之大小轻重焉,对曰:在德不在鼎。昔夏之方有德也,远方图物,贡金九牧。铸鼎象物,百物而为之备,使民知神奸。故民入川泽山林,不逢不若,魑魅魍魉,莫能逢之。用能协于上下,以承天休。桀有昏德,鼎迁于商,载祀六百。商纣暴虐,鼎迁于周。德之休明,虽小,重也。其奸回昏乱,虽大,轻也。天祚明德,有所厎止。成王定鼎于郏鄏,卜世三十,卜年七百,天所命也。周德虽衰,天命未改。鼎之轻重,未可问也。"

楚庄王问鼎

传说古代夏禹铸造九鼎，代表九州，作为国家权力的象征。夏、商、周三代以九鼎为传国重器，为得天下者所据有。夏朝经历了470年，到前1600年，夏桀无道亡国，九鼎为成汤所得，成汤就建立了商朝。商朝经历550多年，到前1046年，纣王暴虐亡国，九鼎为姬发所得，姬发就建立了周朝。周定王元年（鲁宣公三年，楚庄王八年，前606），楚庄王想取周而代之，就借朝拜天子的名义，到周朝都城郏鄏（洛邑，今河南洛阳）去问九鼎的大小轻重，结果在周大臣王孙满那里碰了一个软钉子。王孙满说："统治天下在乎德而不在乎鼎。"楚庄王很不服气地说："你不要依仗九鼎，我楚国有的是铜，我们只要折断戈戟的刃尖，就足够做九鼎了。"王孙满说："大王您别忘了，当初夏禹是因为有德，天下诸侯都拥戴他，各地才贡献铜材，启才能铸成九鼎以象万物。后来夏桀昏乱，鼎就转移给了商；商纣暴虐，鼎又转移给了周。如果天子有德，鼎虽小却重得难以转移；如果天子无德，鼎虽大却是轻而易动。周朝的国运还未完，鼎的轻重是不可以问的。"楚庄王无话可说。

三、数典忘祖

比喻忘了事物的根本，也常用来讥刺对本国历史的无知。出自《左传·昭公十五年》："籍父其无后乎！数典而忘其祖。"

周景王十八年（鲁昭公十五年、晋昭公五年，前527），晋大夫籍谈到周都洛邑（今河南洛阳）参加活动。宴席间，周景王问籍谈，晋为什么没有贡物。籍谈答道，晋从未受过王室的赏赐，怎么会有贡物？周景王就一一列举了王室赐晋器物的旧事。并责问籍谈，身为晋国司典的后代，怎么忘记了这些旧事呢？就是说籍谈列举旧典制而忘了祖先的职掌。

四、前倨后恭

以前傲慢，后来恭敬。形容对人的态度改变。出自西汉司马迁的《史记·苏秦列传》："苏秦笑谓其嫂曰：'何前倨而后恭也？'"

苏秦（前337～前284），字季子，战国时期杰出的政治家、军事家、外交家、纵横家，出生于战国时期洛阳乘轩里（今洛龙区李楼乡太平庄）。苏秦学习阴阳学说，开始周游列国时，先是求见周显王，周显王左右的人都看不起苏秦，没有人相信苏秦。无奈，苏秦西入秦国，秦惠王又不用。结果，不仅没有谋到一官半职，连所带盘缠也告罄，只能卖掉车马、仆从，徒步回到家中。家人见苏秦如此狼狈，兄弟嫂妹妻妾皆讥笑而耻与之语。苏秦非常惭愧，遂闭门不出，发愤读书。"读书欲睡，引锥自刺其股，血流至踵"。

后来，苏秦学问有成了，游说燕国、赵国，使燕、赵、齐、楚、韩、魏等国结成同盟，并任纵约长，统领了诸国的军队。有一次，苏秦路过洛阳老家，苏秦的父母，拄着拐杖，早早在大路口等候。回到家里，妻子不敢正眼看他。苏秦的嫂子对他毕恭毕敬。苏秦笑道："嫂子，你以前瞧不起我，现在为什么却这样谦卑？"嫂子说："如今叔叔做了大官，发了大财，我哪敢像从前一样。"

五、鸡口牛后

宁愿做小而洁的鸡嘴，而不愿做大而臭的牛肛门。比喻宁在局面小的地方自主，不愿在局面大的地方听人支配。出自西汉刘向的《战国策·韩策》："臣闻鄙语曰：'宁为鸡口，无为牛后，今大王西面交臂而臣事秦，何以异于牛后乎？'"

战国时期，洛阳人苏秦连续10次上书秦王，推行自己的政治主张——纵横学，鼓动秦国与其他六国建立友好联盟，然后再各个击破。但是秦惠文王没理他。苏秦垂头丧气地回到洛阳。家里人看见苏秦狼狈的样子，都不愿和苏秦说话。后来苏秦改变了自己的政治主张，决定采用合纵的方法，让六国联合起来对付秦国。

苏秦到了韩国后，对韩王说："韩国领土辽阔，地势险要，为什么要向秦国屈服呢？如果韩国屈服了，秦国一定会今年要一块土地，明年要一块土地，韩国国土毕竟有限，秦国的贪欲却无止境。有人说,宁为鸡口,无为牛后。韩国跟秦国连横,那就做了牛屁股。连我也为会你感到耻辱的。"

韩王听了以后,认为苏秦的话有道理,说:"我死也不会向秦国屈服!"苏秦就这样一个一个说服了六国,六国最终结成了以楚国为首的联盟,秦国也被六国孤立起来。

六、运筹帷幄

指拟定作战策略。引申为筹划、指挥。出自《史记·高祖本纪》:"夫运筹策帷帐中,决胜于千里之外,吾不如子房。"

西汉建立初期,定都洛阳。汉高祖刘邦在洛阳南宫举行盛大的宴会,喝了几轮酒后,他向群臣提出一个问题:"我为什么会取得胜利?而项羽为什么会失败?"高起、王陵认为汉高祖刘邦派有才能的人攻占城池与战略要地,给立大功的人加官奉爵,所以能成大事业。而项羽恰恰相反,立功不授奖,贤人遭疑惑,所以他才失败。汉高祖刘邦听了,认为他们说的有道理,但是最重要的取胜原因是能用人。刘邦称赞张良说:"夫运筹帷幄之中,决胜千里之外,吾不如子房。"意思是说,张良坐在军帐中运用计谋,就能决定千里之外战斗的胜利。

七、多多益善

越多越好的意思。出自西汉司马迁的《史记·淮阴侯列传》:"上问曰:'如我能将几何?'信曰:'陛下不过能将十万。'上曰:'子有何如?'曰:'臣多多而益善耳。'"

刘邦称帝后,韩信被刘邦封为楚王,不久,刘邦接到密告,说韩信接纳了项羽的旧部钟离昧,准备谋反。于是,刘邦采用谋士陈平的计策,假称自己准备巡游云梦泽,要诸侯前往陈地相会。韩信知道后,杀了钟离昧来到陈地见刘邦。刘邦便下令将韩信逮捕,押回洛阳。回到洛阳后,刘邦知道韩信并没谋反的事,又想起韩信过去的战功,便把韩信贬为淮阴侯。韩信心中十分不满,但也无可奈何。有一天，刘邦把韩信召进宫中闲谈，与韩信讨论各位将领才能的大小。刘邦问道："像我自己一样的能统帅多少士兵？"韩信说："陛下你只不过能统帅10万人。"刘邦说："那对你呢？"韩信回答道："我统帅的士兵越多越好。"刘邦笑道："你统帅士兵越多越好，那为什么被我逮住？"韩信说："陛下不能统帅士兵，但善于带领将领，这就是我被陛下逮住的原因。并且陛下的能力是天生的，不是人们努力后所能达到的。"

八、草菅人命

把人命看作野草。比喻指统治者轻视人命，任意残杀生命。出自东汉班固的《汉书·贾谊传》："其视杀人，若艾草菅然。"

贾谊，洛阳人，是汉文帝时的一个著名政治家、大儒。自小聪慧好学，极有才华。被文帝召为博士，后又担任过太中大夫的官职。但因为被人嫉忌，被任为长沙王太傅。政治上的不得志，使贾谊以屈原自喻，写下了著名的《吊屈原赋》等文章。后来，汉文帝把贾谊召回宫中，要贾谊担任梁怀王刘揖的太傅。梁怀王是汉文帝最宠爱的儿子，文帝指望梁怀王将来能继承皇位，希望贾谊好好教导梁怀王。贾谊就此发了议论说："辅导皇子，教他读书固然重要，但更重要的，是教他怎样做一个正直的人。假使像秦朝末年赵高教导秦二世胡亥那样，传授给胡亥的是严刑酷狱，所学的不是杀头割鼻子，就是满门抄斩。所以，胡亥一当上皇帝，就乱杀人，看待杀人，就好像看待割野草一样，不当一回事。这难道只是胡亥的本性生来就坏吗？他所以这样，是教导他的人没有引导他走上正道，这才是根本原因所在。"后来，贾谊到梁国担任太傅，悉心辅导梁怀王。可是梁怀王不慎骑马摔死，贾谊自伤没有尽到太博的责任，因此终日郁郁不乐，常常哭泣，一年多后，就死了，死时才33岁。

九、不拘小节

不为小事所约束。多指不注意生活小事。出自南朝宋范晔的《后汉书·虞延传》："（延）性敦朴，不拘小节，又无乡曲之誉。"

西汉末年，东昏亭长虞延不注重生活小节，但敢于主持公道，将王莽的宠妾魏氏恶霸亲戚送入大牢。东汉时，虞延在陈留太守富宗手下任功曹，因劝谏富宗不要过分奢靡而得到光武帝刘秀的赏识。建武二十四年（48），虞延任洛阳令。这时阴氏家中有个门客叫马成，常为奸盗，虞延将其搜捕拷问。阴氏多次请托人情，虞延则每接一封求情信就加打200鞭。信阳侯阴就便投诉到皇帝那儿，诬告虞延多所冤枉。光武帝便到御道馆录囚亲自查问囚徒情状。虞延便报告让狱状可讨论的到东边站队，无理可诉的到西边站队。马成便回身想站到东边，虞延跨步上前抓着他说："你这东西是人间一条大蛀虫，长久地倚仗势力，不怕国法惩处。现在你罪行还没查完呢，已经够正法了！"马成大呼冤枉，御阶上光武帝贴身的陛戟郎用戟抵着虞延，喝斥要虞延放了马成。光武帝知道虞延不是为私，就对马成说："你触犯王法，是咎由自取啊！"喝斥马成快走开。但过了几天，马成便伏了法。于是皇家贵戚们一个个收了手，不敢再无法无天了。虞延在洛阳令上干了3年，升为南阳太守。汉明帝时，虞延曾任太尉、司徒。及至楚王刘英谋叛败露，汉明帝下诏严厉责问身为司徒的虞延，虞延便自杀了。

十、披荆斩棘

拨开荆，砍掉棘。比喻在前进道路上清除障碍，克服困难。出自南朝宋范晔的《后汉书·冯异传》："帝谓公卿曰：'是我起兵时主簿也，为吾披荆棘，定关中。'"

冯异是东汉初期一位著名的军事将领，是东汉光武帝刘秀手下的一员大将。刘秀在洛阳建立东汉政权后，任命冯异为征西大将军，派冯异前往关中平定赤眉起义军。冯异设计收降了赤眉军的大部后，又用武力扫除了其残部，圆满完成了刘秀交给的使命。建武六年（30），冯异到京城洛阳，朝拜光武帝。光武帝隆重地接待了冯异，并向文武百官介绍说："他是我当年起兵时的主将，为我在创业的道路上劈开了丛生的荆棘，扫除了重重障碍，平定了关中广大地区，是个有功之臣啊！"

十一、妄自尊大

过高地看待自己。形容狂妄自大，不把别人放眼里。出自南朝宋范晔的《后汉书·马援传》："子阳井底蛙耳，而妄自尊大，不如专意东方。"

东汉初年，刘秀做了皇帝，称光武帝。当时，政权虽已建立，但天下尚未统一，各路豪强凭借自己的军队，各霸一方，各自为政。在各路豪强中，公孙述最为强大，在成都称帝。为此，在陇西一带称霸的隗嚣，派了马援去公孙述处探探情况，以商讨如何能长期地割据一方。马援在隗嚣手下，是个很受器重的将才，接受使命后，便信心百倍地踏上征途。因为公孙述是自己的同乡，早年又很熟悉，马援心想一定能受到热情的欢迎和款待，可以好好地叙旧说故。然而事出意外，公孙述听说马援要见他，竟摆出了皇帝的架势，自己高踞殿上，派出许多侍卫站在阶前，要马援以见帝王之礼去见他，并且没说上几句话就退朝回宫，派人把马援送回宾馆去了。接着，公孙述又以皇帝的名义，给马援封官。对此，马援当然很不愉快，他对手下的人说："现在天下还在各豪强手中争夺，还不知道谁胜谁败。公孙述如此大讲排场，自以为强大，有才干的人能留在此与他共同建立功业吗？"马援回到隗嚣处，对隗嚣说："公孙述就好比井底的青蛙，看不到天下的广大，自以为了不起，妄自尊大，我们不如到东方洛阳的光武帝那里去寻找出路。"后来，马援投靠了光武帝刘秀，在光武帝手下当了一位大将，竭尽全力，帮助光武帝统一天下。最后，公孙述也被刘秀打败。

十二、马革裹尸

用马皮把尸体裹起来。指英勇牺牲在战场。出自南朝宋范晔的《后汉书·马援传》："男儿要当死于边野，以马革裹尸还葬耳，何能卧床上在儿女手中邪?"

东汉有一个能征善战的将军叫马援。有一次,马援从南方打了胜仗回来,朋友们纷纷前去迎接、祝贺。以有计谋著称的孟冀也向马援表示祝贺。马援说:"你怎么也同一般人一样呢?现在匈奴、乌桓正在侵扰北边,我正想主动请命前去攻打他们。男子汉大丈夫当然要战死沙场,以马皮裹着尸体回来安葬,怎么能躺床上安然死在妻子儿女的身边呢?"

十三、置之度外

不去考虑。指不把个人的生死利害等放在心上。出自南朝宋范晔的《后汉书·隗嚣传》:"帝积苦兵间,以嚣子内侍,公孙述远据边陲,乃谓诸将曰:'且当置此两子于度外耳。'"

刘秀建立东汉后,定都洛阳。东汉建立之初,国内尚未统一,许多地方势力占据某些州郡和东汉抗争。有的虽然表示臣服东汉,实际上都仍旧保留地盘,并不甘服。而部分比较强大的农民军也相当活跃。刘秀花了5年多时间,才算打下了一个基本统一的局面,只剩甘肃的隗嚣和四川的公孙述还在与刘秀抗衡。刘秀派人去劝降隗嚣。隗嚣惧怕光武帝强大的实力,所以假意臣服,派大儿子跟随前来劝降的人回刘秀宫中作为人质。光武帝刘秀平定中原后,分析天下形势。当时隗嚣的大儿子仍在宫中为人质,所以隗嚣不敢轻举妄动;公孙述在西南边陲,也没有力量杀过来,因此,天下大局已定。刘秀对众将领说:"姑且把这两人丢在一边,暂不考虑吧!"几年后,刘秀消灭了这两个人的势力,统一了全国。

十四、敝帚千金

一把破扫帚,当千金那样贵重。比喻东西虽不好,但自己十分珍惜。出自汉刘珍的《东观汉记·光武帝纪》:"帝闻之,下诏让吴汉副将刘禹曰:'城降,婴儿老母,口以万数,一旦放兵纵火,闻之可谓酸鼻。家有敝帚,享之千金。禹宗室子孙,故尝更职,何忍行此！'"

建武元年（25），刘秀经过多年征战，建立东汉，定都洛阳。在这个时候，各地还有许多豪强割据一方，称王称霸。其中，一个叫公孙述的，就依仗着四川险要地势，在这里自立为帝，国号"成家"。随着全国的逐渐统一，光武帝数次遣使前去劝公孙述归顺东汉，但公孙述怒而不从。建武十一年（35），东汉朝廷派兵征讨，被述所拒。

建武十二年（36），刘秀又命大司马吴汉（字子颜）前去讨伐公孙述，派武威将军刘禹为其副将。面对东汉的强大攻势，公孙述调兵遣将进行抵挡，但节节败退，吴汉连战连胜，逼近成都。此后，双方在广都至成都之间展开殊死搏斗，互有胜负。公孙述更是拿出国库中的全部财货珍奇，招募了5000名敢死之士，鸣鼓挑战，暗地里派遣奇兵，绕到汉军背后进行偷袭。

这年十一月，公孙述亲率数万人，出成都城与吴汉大战。两军连战数日，公孙述兵败逃走，最后被汉军追上，刺穿胸部坠落马下，当夜死去。第二天，公孙述手下见大势已去，弃城投降。汉军副将刘禹率兵浩浩荡荡进入城内，将公孙述的妻子家人全部杀死，并割下公孙述的头颅，派人飞马送往洛阳。与此同时，刘禹还纵兵大掠，四处焚烧。这一消息传至京城洛阳，光武帝刘秀大为震怒，下诏谴责刘禹："这座城池已经投降了，满城老妇、孩子还有数万人，一旦纵兵进行放火乱杀，谁听了都会心酸气愤。通常之人，即使家里有一把破扫帚，也十分珍惜，可你却这样不爱护子民的生命财产！你怎么这样残暴，竟忍心做出如此的行为？"随即，刘秀下诏撤了刘禹的职务，对主将吴汉也给以严厉批评。

十五、枹鼓不鸣

没有人拿槌来击鼓。用以比喻政通人和，社会秩序安定，没有冤假错案。出自南朝宋范晔的《后汉书·酷吏传·董宣》："后特征为洛阳令……由是搏击豪强，莫不震栗，京师号为'卧虎'，歌之曰：'枹鼓不鸣董少平。'"

东汉初年，京都洛阳是全国最难治理的地方，皇亲国戚常纵容自家的子弟和奴仆横行街市。朝廷连换几任洛阳令，局面仍控制不住，汉光武帝刘秀决定任命已69岁的董宣（字少平）为洛阳令。

董宣很快就碰到了一件非常棘手的案子：刘秀的姐姐湖阳公主一家奴杀人之后藏在公主家，逍遥法外。一天，董宣趁湖阳公主带着这个家奴去邙山游玩的机会，将这个凶犯就地正法。湖阳公主恼羞成怒，光武帝初听也十分生气，下令召董宣进宫，欲以乱棍将其打死。董宣据法不屈，用头撞柱，以求自杀。光武帝明白董宣理直，但为照顾姐姐的面子，就叫董宣给湖阳公主叩头谢罪，董宣两手死死撑着地面，始终不肯低头。见董宣如此耿直，光武帝佩服地称其为"强项令"，让人将其带出，并劝姐姐回家，平息了这场纠纷。从此，董宣"强项令"的威名传遍全国，洛阳的社会秩序也得到好转，没有人再击鼓鸣冤了，民谣歌曰"枹鼓不鸣董少平"。

十六、挑肥拣瘦

比喻挑挑拣拣，光要对自己有利的。出自《东观汉记》："甄宇，北海人，建武中，青州从事征拜博士。每腊，诏赐博士羊，人一头，羊有大小肥瘦，时博士祭酒议，欲杀羊，称分其肉，宇曰：不可。又欲投钩，宇复耻之，宇因先自取其最瘦者。"

东汉时期，在京城洛阳太学里，有位教学博士甄宇，很有学问。有一年腊月三十，光武帝刘秀下诏赏赐太学里的教学博士们每人一只羊。当羊被赶到太学大院后，大家发现每只羊大小不等、肥瘦不一。如何分配才合理呢？教学博士们七嘴八舌，吵嚷了半天，也没有商量出一个大家都能接受的好办法。这时，甄宇站起来说道："我们都是教学博士，为人师表，不能斤斤计较，挑肥拣瘦！"说罢，他便从羊群中挑出那只最小最瘦的来，径直牵了去。这下，大家不再争论，你谦我让，很快就分完了这群羊，各自高高兴兴地回家去了。

这段让羊的佳话传了出去，洛阳城里的人无不赞扬甄宇，还给他起了个带有敬意的别号"瘦羊博士"。

十七、车水马龙

车像流水，马像游龙。形容来往车马很多，连续不断的热闹情景。出自南朝宋范晔的《后汉书·皇后纪上·明德马皇后》："前过濯龙门上，见外家问起居者，车如流水，马如游龙。"

刘秀建立的东汉，定都洛阳。伏波将军马援的小女儿马氏，由于父母早亡，年纪很小时就操办家中的事情，并把家务料理得井然有序，亲朋们都称赞她是个能干的人。

13岁那年，马氏被选进宫内。她先是侍候汉光武帝刘秀的皇后，很受宠爱。汉明帝继位后，马氏被封为贵人。由于她一直没有生育，便收养了贾氏的一个儿子，取名为刘炟。汉明帝永平三年（60），马氏被立为明帝的皇后。

马氏当了皇后以后，生活还是非常俭朴，经常穿粗布衣服，裙子也不镶边。一些嫔妃朝见她时，还以为她穿了特别好的料子制成的衣服。走到近前，才知道是极普通的衣料，从此对她更尊敬了。

马皇后知书识理，时常认真地阅读《春秋》楚辞等著作。有一次，汉明帝故意把大臣的奏章给她看，并问她应如何处理。她看后当场提出中肯的意见。但她并不因此而干预朝政，此后再也不主动去谈论朝廷的事。

明帝死后，刘炟继位，这就是汉章帝。马皇后被尊为皇太后。不久，章帝根据一些大臣的建议，打算对皇太后的弟兄封爵。马太后遵照已去世的光武帝有关后妃家族不得封侯的规定，明确地反对这样做，因此这件事没有办。第二年夏天，发生了大旱灾。一些大臣又上奏说，今年所以大旱，是因为去年不封外戚的缘故。他们再次要求分封马氏舅父。马太后还是不同意，并且为此专门发了诏书，诏书上说："凡是提出要对外戚封爵的人，都是想献媚于我，都是要从中取得好处。天大旱跟封爵有什么关系？要记住前朝的教训，宠贵外戚会招来倾覆的大祸。先帝不让外戚担任重要的职务,防备的就是这个。今后,怎能再让马氏走老路呢?"诏书接着说:"马家的舅父,个个都很富贵。我身为太后,还是食不求甘,穿着简朴,左右宫妃也尽量俭朴。我这样做的目的,是为下边做个样子,让外戚见了好反省自己。可是,他们不反躬自责,反而笑话我太俭省。前几天我路过娘家住地濯龙园的门前,见从外面到舅舅家拜侯、请安的,车子像流水那样不停地驶去,马匹往来不绝,好像一条游龙,招摇得很。他们家的佣人,穿得整整齐齐,衣服绿色,领和袖雪白。再看看我们的车上,比他们差远了。我当时竭力控制自己,没有责备他们。他们只知道自己享乐,根本不为国家忧愁,我怎么能同意给他们加官进爵呢?"

十八、投笔从戎

扔掉笔去参军。指文人从军。出自南朝宋范晔的《后汉书·班超传》:"家贫,常为官佣书以供养。久劳苦,尝辍业投笔叹曰:'大丈夫……安能久事笔研间乎?'后立功西域,封定远侯。"

汉明帝永平五年（62）,班固被明帝刘庄召到洛阳,做了一名校书郎。班固的弟弟班超和他的母亲也跟着来到洛阳。当时,因家境并不富裕,班超便找了个替官家抄书的差事挣

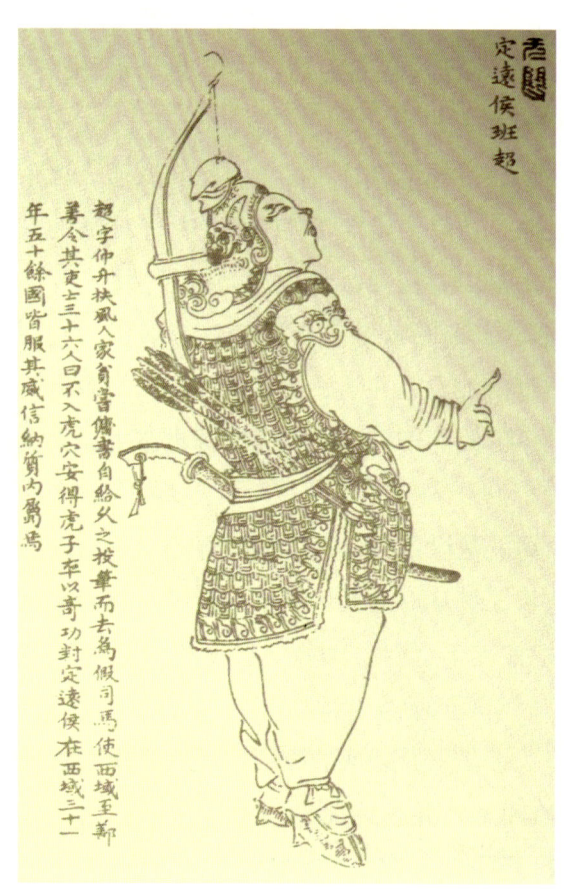

班超

钱养家。日子久了，班超再也不甘心做这种乏味的抄写工作了。有一天，班超正在抄写文件的时候，忍不住站起来，丢下笔说："大丈夫应该像傅介子、张骞那样，在战场上立下功劳，怎么可以在这种抄抄写写的小事中浪费生命呢？"后来，班超从军，出使西域，立了大功，被封为定远侯。

十九、不入虎穴，不得虎子

不进老虎窝，怎能捉到小老虎。比喻不亲历险境就不能获得成功。出自《后汉书·班超传》："超曰：'不入虎穴，不得虎子。当今之计，独有因夜以火攻虏，使彼不知我多少，必大震怖，可殄尽也。'"

东汉时，汉明帝在洛阳召见班超，派他出使西域。班超带着一队人马，千里迢迢，出使西域。鄯善王听说班超出使西域，亲自出城迎候，把班超奉为上宾。班超向主人说明来意，鄯善王很高兴。

过了几天，匈奴也派使者来和鄯善王联络感情。鄯善王热情款待他们。匈奴人在鄯善王面前，说了东汉许多坏话。第二天，鄯善王态度大变，十分冷淡，拒不接见班超，还派兵监视班超。班超立刻召集大家商量对策。班超说："只有除掉匈奴使者才能消除鄯善王的疑虑，两国和好。"可是班超他们人马不多，而匈奴兵强马壮，防守又严密，大家一时都不知道怎么办才好。

班超说："不入虎穴，不得虎子。如今之计，只有趁着夜里使用火攻，虏人才不知道我们的虚实，一定大为恐惧，可乘机完全消灭他们。"这天深夜，他们兵分两路，一路拿着战鼓躲在匈奴人营地后面，一路手执弓箭刀枪埋伏在营地两旁。他们一面放火烧帐篷，一面击鼓呐喊。匈奴人大乱，结果全被大火烧死、乱箭射死。

鄯善王明白真相后，便和班超言归于好。

二十、防微杜渐

当错误的思想和行为刚有苗头或征兆时，就加以预防与制止，坚决不让它继续发展。出自南朝宋范晔的《后汉书·丁鸿传》:"若敕政则躬,杜渐防萌,则凶妖消灭,害除福凑矣。"

东汉和帝继位后,窦太后专权。她的哥哥窦宪官居大将军,掌握着国家的军政大权。许多大臣都为汉室江山担忧。大臣丁鸿就是其中的一个。丁鸿对经书极有研究,对窦太后的专权十分气愤,决心为国除掉这一祸根。几年后,天上发生日食,丁鸿就借这个当时认为不祥的征兆,便上书汉和帝,建议趁窦氏兄弟权势尚不大时,早加制止,以防后患,这样才能使得国家长治久安。汉和帝本来早已有这种打算,于是采纳了丁鸿的意见,并任命丁鸿为太尉兼卫尉,进驻南北二宫,同时罢掉窦宪的官。窦宪兄弟情知罪责难逃,便都自杀了。

二十一、好逸恶劳

喜欢安逸,厌恶劳动。出自南朝宋范晔的《后汉书·郭玉传》:"其为疗也,有四难焉:自用意而不任臣,一难也;将身不谨,二难也;骨节不强,不能使药,三难也;好逸恶劳,四难也。"

郭玉是东汉时期广汉郡雒(今四川广元)人,医术高明。汉和帝时,郭玉来到京城洛阳,出任太医丞,诊治疾病颇多效验。汉和帝对郭玉的医术感到惊异,于是试着让具有白嫩手腕的宠爱近侍,与女人一起混处在帷幕之中,让郭玉诊察各人的一只手,询问所患的疾病。郭玉对答说:"左边的属阳脉,右边的属阴脉,脉象有男女之别,其情状像不同性别的奇异之人,我怀疑其中别有缘故。"汉和帝认为郭玉回答得好。

郭玉为人仁爱不自傲。即使是贫穷低贱的仆役,也必定尽心竭力为他们治病。但是治疗地位高贵之人时,却常有治不好的。汉和帝于是让贵人穿上破旧的服装,改变住处,郭玉一针就使病痊愈了。汉和帝召见郭玉追问其中的原委。郭玉回答说:"所谓医是要尽心尽意思考的。人的身体构造最为微妙,要随着气血运行的规律施用巧妙的针术。用针之时,稍微有点细微的失误就会酿成差错。用针的神妙,全在于医生的心手之间是否能够协调相应。此中道理只可意会而不能言传。贵人身处高位而俯视于我，我怀着惊恐畏惧的心情来面对他。像这样来进行治疗，有四种难处：他们自以为是而不信任我，这是一难；平时保养身体不小心谨慎，这是二难；筋骨不强健，不能根据病情来使用药物，这是三难；贪图享乐，好逸恶劳，这是四难。针刺深浅各有限度，用针之时日有禁忌，再加上我怀着恐惧的心理和谨小审慎的顾虑，我的恐惧审慎之意尚无尽止，哪里还有什么心思用在治病上面呢？这就是贵人的疾病不易治愈的原因。"汉和帝认为郭玉回答得很好。郭玉后来年老死在任上。

二十二、黑白混淆

把黑的说成白的，将白的说成黑的。比喻故意颠倒是非、善恶，制造混乱。出自南朝宋范晔的《后汉书·杨震传》："白黑溷淆，清浊同源。"

汉安帝当政时，昏庸无度，汉安帝的乳母王圣及樊丰、周广等高官，在京都洛阳四处搜刮，圈占地皮，大建豪宅、园林。太尉杨震（字伯起）对此十分痛恨，于延光二年（123）向皇帝上疏，揭露这些人的罪恶，直言："现在，许多无能之辈，甚至是胡作非为的人都能通过行贿而得到高官显位，以致黑白混淆，清浊不分，天下舆论哗然，都说上流地位是用金钱买来的，使朝廷落下无数讥讽谩骂！"然而，汉安帝对此置若罔闻，还罢了杨震的官。延光三年（124），杨震在洛阳城西的几阳亭服毒而死，时年70余岁。

二十三、饮鸩止渴

喝毒酒解渴。比喻用错误的办法来解决眼前的困难而不顾严重后果。出自南朝宋范晔的《后汉书·霍谞传》："譬犹疗饥于附子，止渴于鸩毒，未入肠胃，已绝咽喉。"

东汉时，担任过廷尉的霍谞，从小勤奋好学，少年时代就读了大量儒家经书，在当地出了名。霍谞有个舅舅名叫宋光，在郡里当官。由于宋光秉公执法，得罪了一些权贵，被诬告篡改诏书，被押到京都洛阳，关进监狱。当时霍谞虽然只有15岁，却日思夜想怎样为舅父申冤。最后，霍谞决定给大将军梁商写一封信，为舅舅辩白。信中有这样一段话："宋光作为州郡的长官，一向奉公守法，以便得到朝廷的任用。怎么会冒触犯死罪的危险去篡改诏书呢？这正好比为了充饥而去吃附子，为了解渴而去饮鸩呢？如果这样的话，还没有进入肠胃，到了咽喉处就已经断气了。他怎么可能这样做呢？"梁商读了这封信，觉得很有道理，对霍谞的才学和胆识也很赏识，便请求汉顺帝宽恕宋光。不久，宋光被免罪释放，霍谞的名声也很快传遍了洛阳。

二十四、专横跋扈

专断蛮横，任意妄为，蛮不讲理。出自南朝宋范晔的《后汉书·梁冀传》："帝少而聪慧，知冀骄横，尝朝群臣，目冀曰：'此跋扈将军也。'"

东汉大将军梁商的儿子梁冀，肩膀上耸，眼角倒竖，说起话来口齿不清。梁冀从小放荡不羁，喜好喝酒、打猎、斗鸡，但是靠着父亲和当皇后的妹妹的权势，官越做越大。

梁商死后，汉顺帝任命梁冀为大将军。汉顺帝死后，尚在襁褓之中的儿子刘炳继位，史称汉冲帝。一年后，汉冲帝又死去，许多忠贞的大臣主张立年长有德的清河王刘蒜为皇帝。梁冀为了掌握朝政大权，强行把年仅8岁的刘缵立为皇帝，这就是汉质帝。汉质帝虽然年幼，但很聪明。汉质帝见梁冀非常骄横，有一次召见群臣时，看着梁冀说："这位是跋扈将军！"梁冀听了，怀恨在心。于是命令手下在汉质帝的汤饼里下毒，第二天汉质帝就被毒死了。

二十五、小时了了

人不能因为少年时聪明而断定他日后定有作为。出自南朝宋刘义庆的《世说新语·言语》："小时了了，大未必佳。"

东汉末年，北海地方出了一个很博学的人，名叫孔融（字文举），是孔子的二十世孙。孔融从小就很聪明，尤其长于辞令，小小年纪，已经在社会上享有盛名。他10岁时，跟随父亲到东汉的都城洛阳。当时在洛阳的河南太守，是很负盛名的李膺（字元礼）。由于李氏的才名很重，因此在太守府中往来的人不是他的亲戚，就是当时很有才名的人。如果不是名人去访，守门人照例是不通报的。

年仅10岁的孔融，却大胆地去访问这位太守。孔融到府门前，对守门人说："我是李太守的亲戚，给我通报一下。"

守门人通报后，李太守接见了他。李膺问孔融说："请问你和我有什么亲戚关系呢？"孔融回答道："从前我的祖先仲尼（孔子）和你家的祖先伯阳（老子，老子姓李名耳，字伯阳）有师资之尊（孔子曾向老子请教过关于礼节的问题），因此，我和你也是世交呀！"

当时有很多贺客在座，李氏和他的宾客对孔融的这一番话都很惊奇。其中有一个中大夫陈韪，恰恰后到。在座的宾客将孔融的话告诉他后，他随口说道："小时了了，大未必佳。"聪明的孔融立即反驳道："我想陈大夫小的时候，一定很聪明吧。"陈韪给孔融一句话难住了，半天说不出话来。

后人便引用这段故事中的两句话，将"小时了了"引成成语，来说明小孩子从小便生性聪明，懂得的事情很多。但因为下文有"大未必佳"一语，故这句成语的意思便变成了：小时虽然很聪明，一到长大了却未必能够成才的。

二十六、煮豆燃萁

用豆萁做燃料煮豆子。比喻骨肉相残。出自南朝宋刘义庆的《世说新语·文学》："文帝尝令东阿王七步作诗，不成者行大法。应声便为诗曰：'煮豆持作羹，漉菽以为汁，萁在釜下燃，豆在釜中泣，本自同根生，相煎何太急？'帝深有惭色。"

曹植是曹操的小儿子，从小就才华出众，很受到父亲的疼爱。曹操死后,曹植的哥哥曹丕废除汉献帝,建立魏国,定都洛阳。曹丕是一个妒忌心很重的人,担心弟弟会威胁自己的皇位,就想害死曹植。有一天,曹丕叫曹植到面前来,要曹植在七步之内作出一首诗,以证明曹植写诗的才华。如果曹植写不出,就等于是在欺骗皇上,就要把曹植处死。曹植知道哥哥存心要害死自己,又伤心又愤怒。但才思敏捷的曹植,在七步之内果然作出了一首诗,保住了自己的性命。

二十七、车载斗量

用车载,用斗量。形容数量很多,不足为奇。晋陈寿《三国志·吴志·孙权传》"遣都尉赵咨使魏"。裴松之注引三国吴韦昭的《吴书》:"如臣之比,车载斗量,不可胜数。"

三国时代,有一次西蜀大军攻打东吴,东吴孙权派赵咨到洛阳向魏国求救。然而,曹丕轻视东吴,见到赵咨后,挑衅地问:"我想征伐东吴,可以吗?"赵咨不卑不亢回道:"大国虽然有征伐的雄兵,可小国也自有防御的良策!"曹丕又进一步笑问东吴怕不怕魏国,赵咨慨然反击:"东吴有百万雄兵,又有长江和汉水作为屏障,有什么可怕的?"

曹丕深为赵咨的胆识所震惊,佩服地问:"像大夫你这样的人,东吴有多少?"赵咨答道:"聪明而且才能突出的,有八九十人;像我这样的,那简直是用车装,用斗量,难以数清!"此番出使,赵咨让魏国朝廷上下肃然起敬。曹丕于是下诏,封孙权为吴王,答应协助东吴对付蜀汉。

二十八、画饼充饥

画个饼来解除饥饿。比喻用空想来安慰自己。出自晋陈寿的《三国志·魏志·卢毓传》:"选举莫取有名,名如画地作饼,不可啖也。"

三国时期,卢毓10岁就成了孤儿,两个哥哥又先后去世。在兵荒马乱中，他辛勤努力养活寡嫂和侄儿，日子过得很艰难。后来，卢毓被召入京都洛阳担任要职。卢毓学识渊博，清正廉洁，深得魏帝信任和百姓敬重。有一年选拔中书郎时，魏明帝就下令说："这次选拔，要由卢毓来推荐。选拔的人不要只看名声。名声就像在地上画个饼一样，其实是不能吃的啊！"

卢毓说："靠名声无法选拔出才干卓异的人，但可以发现一般的人才。一个人有无名气，往往也能反映出他在修养、德行方面的情况，因此对有名气的人也不要嫌弃他们。要选拔具有真才实学、品行良好的人，必须进行考核，以辨真伪虚实。"魏明帝采纳了卢毓的这一意见，下令推行考课法。随后，卢毓制定考核办法，先看一个人的性行，而后再考查他的才学，为朝廷选拔出了众多人才。

二十九、乐不思蜀

在新环境中得到乐趣，不再想回到原来环境中去。出自晋习凿齿的《汉晋春秋》："王问禅曰：'颇思蜀否？'禅曰：'此间乐，不思蜀。'"

三国时期，刘备占据蜀地，建立蜀国。刘备死后，儿子刘禅继位，又称刘阿斗。刘禅昏庸无能，在那些有才能的大臣死后，于炎兴元年（魏元帝景元四年，263）投降魏国。刘禅投降后，魏元帝曹奂封刘禅为安乐公，赐住宅，月给用度，僮婢百人。

魏元帝曹奂无实权，掌大权的是晋王司马昭。在一次宴会上，司马昭当着刘禅的面故意安排表演蜀地的歌舞。刘禅的随从人员想到灭亡的故国，都非常难过。而刘禅却麻木不仁，嬉笑自若。司马昭见状，便问刘禅："你思念蜀吗？"刘禅答道："这个地方很快乐，我不思念蜀。"刘禅的旧臣郤正闻听此言，连忙找个机会悄悄对刘禅说："等会儿若司马昭再问您，您就哭着回答'先人坟墓，远在蜀地，我没有一天不想念啊！'这样，司马昭就能让陛下回蜀了。"刘禅听后，牢记在心。酒至半酣，司马昭果然又发问，刘禅赶忙把学到的话学了一遍，只是欲哭无泪。司马昭听了，说道：咦，这话怎么像是郤正说的？"刘禅惊奇道："您说的一点不错呀！"司马昭及左右大臣全笑开了。司马昭见刘禅如此老实，从此就再也不怀疑他。刘禅就这样在洛阳安乐地度过了余生。

三十、司马昭之心，路人皆知

野心非常明显，已为人所共知。出自《三国志·魏书·高贵乡公传》裴松之注引《汉晋春秋》："司马昭之心，路人皆知。"

司马昭是三国时魏国人，他的父亲司马懿是魏国的大将。魏明帝曹叡死时，托付曹爽与司马懿辅佐齐王曹芳治理天下。曹爽与司马懿互相排挤，经过激烈的权力争斗，司马懿尽诛曹爽一党，魏国军政大权自此落入司马氏手中。司马懿死后，大儿子司马师不久废除了已经成年但迟迟未能亲政的曹芳，另立13岁的曹髦为帝，权势比司马懿更大。但没有多久，司马师就病死了。司马师在病重的时候，便把一切权力交给了弟弟司马昭。

司马昭总揽大权后，野心更大，总想取代曹髦。年轻的曹髦知道自己即便做傀儡皇帝也休想当长，迟早会被司马昭除掉，就打算铤而走险，用突然袭击的办法，干掉司马昭。

一天，曹髦把跟随自己的心腹大臣找来，对他们说："司马昭之心，路人皆知也。我不能白白忍受被推翻的耻辱，我要你们同我一道去讨伐他。"几位大臣知道这样做等于是飞蛾投火，都劝曹髦暂时忍耐。在场的一个叫王经的对曹髦说："当今大权落在司马昭手里，满朝文武都是他的人；您力量薄弱，莽撞行动，后果不堪设想，应该慎重考虑。"曹髦不听劝告，亲自率领左右仆从、侍卫数百人去袭击司马昭。谁知大臣中早有人把这消息报告了司马昭。司马昭立即派兵阻截，把曹髦杀掉了。

三十一、鹤立鸡群

像鹤站在鸡群中一样。比喻一个人的仪表或才能在周围一群人里显得很突出。出自南朝宋刘义庆的《世说新语·容止》:"有人语王戎曰:'嵇延祖卓卓如野鹤之在鸡群。'"

三国时代,魏国有位著名的文学家和音乐家名叫嵇康。嵇康身材高大,仪态俊逸,是"竹林七贤"之一。嵇康有个儿子叫嵇绍(字延祖),长大后,与父亲嵇康一样,才华出众,身材魁梧,仪表堂堂。因此不论走到哪里,都非常引人注目。

西晋建立后,嵇绍被朝廷征召到京都洛阳做官。有人见了嵇绍后,对"竹林七贤"之一的王戎说:"昨天我第一次见到嵇绍。嵇绍长得高大雄伟,在人群之中,就像一只仙鹤站立在鸡群里一样引人注目。"王戎听了说:"你还没有见过他父亲嵇康的风度呢,更胜过他哩!"

三十二、造门题凤

指人的平庸。出自南朝宋刘义庆的《世说新语·简傲》记载:"嵇康与吕安善,每一相思,千里命驾。安后来,直康不在,喜出户延之,不入,题门上作凤字而去;喜不觉,犹以为欣。"

魏晋时期,嵇康和吕安都是京都洛阳的清流名士。嵇康的哥哥嵇喜虽有才华,但是过于注重官场,不为清流所重。有一次,吕安前往嵇康家拜访,正值嵇康外出,嵇喜便出门迎客。吕安看不起嵇喜的为人,就站在门口题了一个"凤"字便走了。嵇喜不明用意,以为这是吕安一时高兴所写。嵇喜不知道,这是吕安对他的嘲弄——吕安用分拆繁体"凤"(繁体字作"鳳",拆开为"凡鸟")的方法,暗喻嵇喜平庸。

三十三、洛阳纸贵

原指西晋都城洛阳之纸,因大家争相传抄左思的作品,以至于一时供不应求,货缺而贵。后喻作品为世所重,风行一时,流传甚广。出自《晋书·左思传》:"于是豪贵之家竞相传写,洛阳为之纸贵。"

晋代文学家左思，小时候是个非常顽皮、不爱读书的孩子。父亲经常为这事发脾气，可是小左思仍然淘气得很，不肯好好学习。有一天，左思的父亲与朋友们聊天，朋友们羡慕他有个聪明可爱的儿子。左思的父亲叹口气说："快别提他了，小儿左思的学习，还不如我小时候，看来没有多大的出息了。"说着，脸上流露出失望的神色。这一切都被小左思看到听到了，他非常难过，觉得自己不好好念书确实很没出息。于是，暗暗下定决心，一定要刻苦学习。由于左思坚持不懈地发奋读书，终于成为一位学识渊博的人，文章也写得非常好。左思用一年的时间写成了《齐都赋》，显示出他在文学方面的才华，为他成为杰出的文学家奠定了基础。这以后他又计划以三国时魏、蜀、吴首都的风土、人情、物产为内容，撰写《三都赋》。为了在内容、结构、语言诸方面都达到一定水平，左思潜心研究，精心撰写，废寝忘食，用了整整10年，终于写成了文学巨著《三都赋》。

可是，当左思把自己的文章交给别人看时，却受到了讥讽。当时一位著名文学家陆机也曾起过写《三都赋》的念头。陆机听说名不见经传的左思写《三都赋》，就挖苦道："不知天高地厚的小子，竟想超过班固、张衡，太自不量力了！"陆机还给弟弟陆云写信说："京城里有位狂妄的家伙写《三都赋》，我看他写成的东西只配给我用来盖酒坛子！"

左思不甘心自己的心血遭到埋没，找到了著名文学家张华。张华先是逐句阅读了《三都赋》，然后细问了左思的创作动机和经过，当张华再回头来体察句子中的含义和韵味时，不由得为文中的句子深深感动了。张华越读越爱，到后来竟不忍释手了。张华称赞道："文章非常好！那些世俗文人只重名气不重文章，他们的话是不值一提的。皇甫谧先生很有名气，而且为人正直，让我和他一起把你的文章推荐给世人！"

皇甫谧看过《三都赋》以后也是感慨万千，对文章予以高度评价，并且欣然提笔为这篇文章写了序言。皇甫谧还请来著作郎张载为《三都赋》中的《魏都赋》作注，请中书郎刘逵为《蜀都赋》和《吴都赋》作注。刘逵在说明中说道:"世人常常重视古代的东西,而轻视新事物、新成就,这就是《三都赋》开始不传于世人原因啊!"

在名人作序推荐下,《三都赋》很快风靡了京都,懂得文学之人无一不对它称赞不已。甚至以前讥笑左思之人——陆机听说后,也细细阅读一番,点头称是,连声说:"写得太好了,真想不到。"陆机断定若自己再写《三都赋》决不会超过左思,便停笔不写了。

《三都赋》广受好评,人们把它和汉代文学杰作《两都赋》相比。由于当时还没有发明印刷术,喜爱《三都赋》的人只能争相抄阅,因为抄写的人太多,京城洛阳的纸张供不应求,一时间全城纸价大幅度上升。

三十四、拨云见日

拨开乌云见到太阳。比喻冲破黑暗见到光明,也比喻疑团消除,心里顿时明白。出自《晋书·乐广传》:"此人之水镜,见之莹然,若披云雾而睹青天也。"

在西晋时期的都城洛阳,乐广可是一个响当当的人物。乐广学识过人,尤擅谈论,分析一件事物,总能寥寥数语就切中要害,条理清晰。王衍是当时的名士,自视甚高,但与乐广结识交谈后,佩服地说:"我跟别人交谈,总是言简意赅,可最近一接触乐广,便立刻感觉到自己的话很烦琐。"

太子洗马卫玠做了一个怪梦,日思夜想,得了心疾,茶饭无心,形憔神悴。乐广去探病,问清底细,告诉卫玠说:"眼未见怪,怪从心生,心中无怪,病由何生?"卫玠顿时醒悟,病就好了。卫玠说:"乐广胸中澄澈如水,疾病是上不了他的身的。"

卫玠的父亲、尚书令卫瓘见到乐广后,也大为惊奇:"以前的那些贤才都去世了,我常常担心他们的高论宏言也要绝世了,没想到,现在又在乐广这里听到了。"他还命令自己的儿子们要经常造访乐广,向其学习。卫瓘对诸子说:"乐广是人中的水镜,见到他,感到一片清明光洁,如同拨云见天。"

三十五、冰清玉润

像冰一样晶莹,如玉一般润泽。原指晋乐广卫玠翁婿俩操行洁白。后常比喻人的品格高洁。出自南朝梁刘孝标注引的《卫玠别传》:"裴叔道曰:'妻父有冰清之姿,婿有璧润之望,所谓秦晋之匹也。'"

西晋的时候,有一个人叫卫玠,是玄理学家。卫玠出身名门,5岁的时候,因为长得风神秀异,被人视为神童。到了10岁左右,家人将其放在由白色的山羊拉的车上,穿过洛阳的街道去集市上转,见到的人都惊呼这个皮肤洁白、相貌出众的孩子为玉人,一传十,十传百,观者倾堵。乐广是当时洛阳的名士,温和敦良,才学卓异,精于清谈,常与卫玠展开一些玄学思想辩论。由于非常喜欢和看重卫玠,乐广还把自己的女儿嫁给了卫玠。两家联姻,轰动一时,裴遐(字叔道)叹服说:"妻父有冰清之姿,婿有璧润之望,所谓秦晋之匹也。"

三十六、铜驼荆棘

指山河残破、世族败落或人事衰颓。出自《晋书·索靖传》:"靖有先识远量,知天下将乱,指洛阳宫门铜驼,叹曰:'会见汝在荆棘中耳?'"

晋武帝司马炎取代曹魏建立西晋后,仍然定都洛阳。当时的西晋统治集团,既腐朽不堪,又激烈地争权夺利,社会很不安定。当时有一个名叫索靖的人,早早就看出了西晋存在的严重问题,对它的灭亡作出了精准的预言。索靖出生在一个官宦之家,是东汉著名书法家张芝的姐姐的孙子,父亲索湛担任过北地太守。索靖年少时就有"逸群之量",与同乡氾衷、张彪、索纟介、索永在洛阳太学读书,因为才艺过人,驰名海内,时人称"敦煌五龙"。因为"博经史,兼通内纬",索靖年纪轻轻就被举荐为官,拜驸马都尉,随后历任尚书郎、酒泉太守、大将军、荡寇将军、散骑常侍等官职,封安乐亭侯。

索靖看问题细致入微,目光长远。西晋建立不久,就出现了官僚争相夸富、政治腐败等种种社会现象。索靖认真分析这些现象,预见到天下行将大乱，晋朝将走向衰亡，但自己又无力改变这一局面，于是郁闷不已。一天，索靖指着洛阳宫门外设置的铜驼（铜制的骆驼），叹息道："我会看到你们卧伏在荆棘中？"

后来，索靖的预言果然应验。晋武帝死后，就在晋惠帝元康元年（291），西晋就爆发了八王之乱。各方争战不休，持续时间长达16年，都城洛阳遭到严重破坏。

晋惠帝太安二年（303），河间王司马颙等举兵进犯洛阳时，索靖被任要职，率关陇义兵参加保卫洛阳之战，不幸在战斗中受伤而死，卒年65岁。

三十七、狗尾续貂

貂尾巴不够用了，就拿狗尾巴来顶替。指封官太滥，也比喻拿不好的东西补接在好的东西后面，前后两部分非常不相称（多指文学作品）。出自《晋书·赵王伦传》："奴卒厮役亦加以爵位。每朝会，貂蝉盈坐，时人为之谚曰：'貂不足，狗尾续。'"

泰始元年（265），魏国大臣司马懿之孙司马炎废魏元帝曹奂为陈留王，建立西晋，仍然定都洛阳。晋武帝司马炎死后，晋惠帝司马衷继位。晋惠帝对朝政一窍不通，大权落到贾后手里。贾后生性凶狠狡诈，赵王司马伦（司马懿的儿子）以此为借口带兵冲入宫廷，杀死了贾后，自封为相国。

司马伦为了笼络朝臣，扩大自己的势力范围，于是大封文武百官。等到一切就绪后，又废掉晋惠帝司马衷，自称皇帝。当时规定，王侯大臣都戴用貂尾装饰的帽子。但由于司马伦大肆封官晋爵，连奴卒厮役也大加封赏，貂尾不够用，所以只好用狗尾来代替。百姓就据此编了两句民谣："貂不足，狗尾续。"用来讽刺朝廷。

三十八、沧海横流

海水四处奔流。比喻政治混乱，社会动荡。出自《晋书·王尼传》："沧海横流，处处不安也。"

司马炎建立的西晋，定都洛阳。西晋末年，匈奴等少数民族起兵反晋，天下战乱纷纷，洛阳失陷，寓居洛阳的王尼，带上儿子背井离乡，到江南躲避祸乱。一路颠沛流离，他喟然长叹："沧海横流，处处不安也。"到江南投奔荆州刺史王澄。王澄不久死去，他们也活活饿死。

三十九、分道扬镳

分路而行。比喻目标不同，各走各的路或各干各的事。出自《魏书·河间公齐传》："洛阳我之丰沛，自应分路扬镳。自今以后，可分路而行。"

北魏有一个名叫元齐的人，很有才能，屡建功勋。皇帝非常敬重他，封他为河间公。元齐的儿子元志，也很有才华，但很骄傲。元志觉得自己的才华很高，很是看不起那些没有学问的人。尽管如此，孝文帝还是很赏识元志，经常与元志一起谈论诗书，商谈一些国家大事。不久以后，孝文帝采取了御史中尉李彪的建议，从平城（今山西大同）迁都洛阳，并任命元志为洛阳令。当了洛阳令后，元志更觉得自己了不起，更看不起那些朝廷中某些学问不高的达官贵族。

有一天，元志乘车上街，百姓见这前呼后拥的威势，都纷纷回避。正巧，前面又声势浩大地走来一队人马。原来，为首的正是李彪。论官职，元志比李彪低。按当时的规矩，元志应当首先回避，让李彪的车子先过去。但是元志拒绝让路。李彪见元志这样目中无人，当众责问元志："我是御史中尉，官职比你大多了，你为什么不给我让路？"元志哼哼一笑说："我是洛阳的地方官，你在我眼中，不过是洛阳的一个住户，哪里有地方官给住户让路的道理呢？"就这样，两个人争论了起来，相互堵着路，谁也过不去。最后，两个人只得到孝文帝那里评理。李彪说自己是皇帝许可乘坐华丽的车子的，一个洛阳令怎么能同御史中尉对抗，不让路。元志说，自己是国都所在地的长官，住在洛阳的人都编在自己主管的户籍里，怎么同普通的地方官一样向一个御史中尉让道？

孝文帝也说不出谁是谁非，就说："洛阳是我的首都。我认为你们可以分开走。以后各走各的,不就行吗?"

四十、罄竹难书

形容罪行多得写不完。出自《旧唐书·李密传》:"罄南山之竹,书罪未穷;决东海之波,流恶难尽。"

洛阳是隋朝的京都。李密本是隋炀帝杨广的侍卫,生性聪明灵活。在一次值班的时候,因左顾右盼,被隋炀帝发现而免职。李密并不懊丧,立志要做一番大事业,从此发奋读书。一次,李密在洛阳的大街上骑着牛,把《项羽传》挂在牛角上,抓紧时间读书,恰巧被宰相杨素看见。杨素跟李密亲切地交谈了一阵,觉得李密是个很有抱负的人。杨素回到家,对儿子杨玄感说:"李密的学识渊博,才能也很强,将来有什么重要事情你可以跟他商量。"从此杨玄感和李密成为好朋友。后来,杨玄感起兵要推翻隋炀帝的统治,就把李密请去当谋士。可是杨玄感因被别人迷惑,几次关键时刻不用李密的计谋,最终导致兵败被杀。李密脱离危险后,继续反抗隋朝,投奔了翟让领导的瓦岗农民起义军。在李密的帮助下,这支起义军在很短的时间内就取得了很大胜利。翟让主动把首领的位置让给了李密。李密建立政权后,在进攻洛阳时,发出了讨伐隋炀帝的檄文,宣布隋炀帝有十大罪状,号召百姓起来推翻隋炀帝的统治,其中有"罄南山之竹,书罪未穷;决东海之波,流恶难尽"。意思是把南山的竹子都制成竹简,也写不完隋炀帝的罪状;决开东海的堤坝,滔滔海水也洗刷不了隋炀帝。

四十一、桃李满天下

桃李:指培养的后辈或所教的学生。比喻学生很多,各地都有。出自《资治通鉴·唐纪·武后久视元年》:"天下桃李,悉在公门矣。"

武周时期,定都洛阳。狄仁杰门生众多,累向女皇武则天推荐将相多人。张柬之、姚崇等数十人,后来多成了名臣。武周久视元年(700),有人对狄仁杰说:"你真是位了不起的人物,朝廷里有才能的大臣都是你推荐的，真是桃李满天下啊。"狄仁杰说："推荐有才能的人为国家效力，不是为私，是我应该做的。"

四十二、一片冰心

形容性情淡泊，不求名利。出自唐王昌龄的《芙蓉楼送辛渐》诗："洛阳亲友如相问，一片冰心在玉壶。"

王昌龄(698～756)，字少伯，唐代长安（今陕西西安）人，著名诗人。王昌龄官场屡屡失意，触犯了权贵豪门，一再被贬，但仍以心地透明纯洁而自慰，决心不与那些人同流合污。王昌龄在《芙蓉楼送辛渐》诗中流露出这样的情感："寒雨连江夜入吴，平明送客楚山孤。洛阳亲友如相问，一片冰心在玉壶。"

四十三、司空见惯

指某事常见，不足为奇。出自唐孟棨的《本事诗·情感》载刘禹锡诗："司空见惯浑闲事，断尽苏州刺史肠。"

唐朝诗人刘禹锡，洛阳人，在京中受人排挤，被贬为苏州刺史。就在苏州刺史的任内，当地有一个曾任过司空官职的人名叫李绅，因仰慕刘禹锡的名声，就邀请刘禹锡饮酒，并请了几个歌妓在席上作陪。酣畅淋漓之时，刘禹锡诗兴大发，便做了这样的一首诗："高髻云鬟新样妆，春风一曲杜韦娘。司空见惯浑闲事，断尽苏州刺史肠。"从刘禹锡的诗来看，整句成语是指李司空对这样的事情，已经见惯，不觉得奇怪了。

四十四、程门立雪

旧指学生恭敬受教。比喻尊师。出自《宋史·道学传二·杨时》："一日见颐，颐偶瞑坐，时与游酢侍立不去。颐既觉，则门外雪深一尺矣。"

北宋时期，福建将东县有个叫杨时的进士，特别喜好钻研学问，到处寻师访友，曾来洛阳，就学于洛阳著名学者程颢、程颐门下。有一天，杨时和游酢向程颐请求学问，却不巧赶上老师正在屋中打盹儿。杨时便劝告游酢不要惊醒老师，于是两人静立门口，等老师醒来。一会儿，空中飘起鹅毛大雪，越下越急，杨时和游酢却还立在雪中，游酢实在冻的受不了，几次想叫醒程颐，都被杨时阻拦住了。直到程颐醒来，才赫然发现门外的两个雪人，而大雪已经一尺深了。从此，程颐深受感动，更加尽心尽力教杨时。杨时后来回到南方传播程氏理学，且形成独家学派，世称龟山先生。

四十五、脚踏实地

比喻做事踏实、认真，不虚浮。出自北宋邵伯温（字子文，邵雍子，洛阳人）《闻见前录》第十八卷："公尝问康节曰：'某何如人？'曰：'君实脚踏实地人也。'"

北宋王安石变法时，司马光（字君实）反对变法，退居洛阳，编纂《资治通鉴》。司马光学风严谨，对自己要求很严格。司马光为自己规定，每三天修改一卷。一卷史稿四丈长，平均一天修改一丈多，若遇事耽误了，事后必须补上。每天晚上，司马光总是让老仆人先睡，自己点上蜡烛工作到深夜，第二天凌晨又起身继续工作。天天如此，十几年如一日。夜里，司马光怕因困乏睡过了头，便让人用圆木做了个枕头，木枕光滑，稍稍一动，头即落枕，人便惊醒。后人称此枕为"警枕"。司马光的住处，夏天闷热，无法工作，司马光便让人在屋子里挖一个大坑，砌成一间地下室。地下室冬暖夏凉，成了他编书的好地方。而当时的大官僚王宣徽每到夏天便到他名园的高楼上避暑享受，人们笑说："王家钻天、司马入地。"司马光修改过的书稿堆满了整整两间屋子。书法家黄庭坚曾看过其中的几百卷，发现这些书稿全部是用工笔楷书写成的，没有一个草字。

司马光曾问他的好友邵雍（字尧夫）："你看我是怎样一个人？"

邵雍回答说:"你是一个脚踏实地的人。"意思是说司马光研究学问,勤奋刻苦,踏实认真。

第八章 千古名人 群星闪烁

第八章
千古名人　群星闪烁

洛龙区作为千年帝都洛阳的核心地域,作为华夏历史文明的重要发祥地,长期是中国的政治、经济、文化中心。在洛龙区地盘上,曾经有无数的帝王将相、文史名家、科技巨人等各界精英,挥洒万丈豪情,书写壮丽画卷,追逐自己的梦想、国家的梦想和民族的梦想,成为千古不朽的名人大家。

一、周公

周公姓姬名旦,也称叔旦,周文王姬昌第四子。因封地在周,故称周公或周公旦,西周初期杰出的政治家、军事家和思想家,被尊为儒学奠基人。曾经在洛阳筹划东征,营建洛阳,在洛阳制礼作乐。

在商周之际,周公曾辅助周武王伐灭商,建立周王朝。不久,周武王病死,其子周成王姬诵继位。因成王年幼,天下初定,周公遂当仁不让,果断地决定"践阼代成王摄行政当国",担当起代

周公

替周成王执掌政权的重任,成为周朝实际上的最高统治者。受封于东方、负责监视纣王之子武庚的管叔和蔡叔对周公的行为十分不满,认为周公没有这个资格,不论是继位为王还是摄政,自己才更合适。于是,管叔和蔡叔制造谣言,说周公当政将不利于成王,而且将谋害周成王,篡夺王位。广泛流传的谣言,使周成王和召公奭也对周公产生了猜忌。周公反复耐心地向太公望和召公奭解释自己摄政的目的是要安定局面,成就周朝大业,并在周成王长大后,自己必会归政于成王。周公终于取得了朝中重臣的理解和信任,稳定了最高统治层。管叔、蔡叔等人不顾国家大局、不顾自己的职责,竟然与武庚等人勾结,并联合原来商朝的属国奄(今山东曲阜)、蒲姑(今山东博兴)及淮水下游的淮夷,发动了叛乱。面对东方发生的叛乱,周公在洛阳筹划东征。《史记·卫康叔世家·索隐》曰:"管、蔡构难,先攻成周……周公东居洛邑,伐管、蔡。"也就是说,周公是在洛阳调兵遣将、发号施令、出发东征的。经过三年的艰苦战斗,武庚和管叔被杀,蔡叔被流放,叛乱被平息下来。

通过这次叛乱与平叛,周公深深感到统治全国广大地区的难度,特别是国都宗周偏居西北,更是不利统治。于是,周公决心大规模营建东都洛邑(洛阳)。其实,这也是周武王的遗志。周武王伐纣胜利后返回成周时,就谆谆告诫周公要在伊洛二水之阳营建新都,"毋远天室",以"定我西土"。于是,周公以周成王的名义"使召公复营洛邑,如武王之意"。实际是让召公先到洛阳做实际勘察和规划。接着,周公又亲到洛邑考察。《尚书·召诰·洛诰》曾载:周公"我乃卜涧水东、瀍水西,惟洛食。我又卜瀍水东,亦惟洛食"。之后,即开始了大规模的营建洛邑活动,当年十二月新都落成,接着就迁都于此。1963年宝鸡市出土的"何尊"铭文明确记载"唯王初迁宅于成周",就是周成王初年迁都洛邑的明证。周公所营洛邑,由王城和成周城组成。王城是周王居住及处理政务之城,被称作"王城";成周城是殷商奴隶主贵族居住的地方,被称作"下都"。洛邑的营建和周朝迁都于此,更有利于对全国的统治,同时，由于是"天下之中，四方入贡道里均"，这里就成为全国经济中心、文化中心。周公营建洛邑，开创中国一国二都制的先河。

周公对中国思想文化作出的最大贡献就是在洛阳制礼作乐，其主要目的是为了更好地维护周王朝的统治。为此，周公吸取了夏商的礼乐制度，并结合周族原有的制度，重新制定了一套区别君臣、父子、上下、贵贱、亲疏的礼制及其他典章制度。礼强调的是别，即所谓"尊尊"；乐的作用是"和"，即所谓"亲亲"。有别有和，是巩固周人内部团结的两个方面。后来，孔子又对周公的礼乐制度加以总结、发展，从而形成儒学经典，并统治中国几千年。可见，周公思想的影响之大。人们常将周孔并称，形成了"周孔之教"的传统观念。周公被后世儒家尊崇为"儒宗"，拜为"元圣"。儒家思想影响中国数千年，周公则是开先河者。

周公摄政7年后，周成王逐渐长大，周公遂还政于成王。由于周公很好地践行了诺言，故成为后世摄政者的楷模，为历代所颂扬。

二、老子

老子，又称老聃、李耳，字伯阳，是我国古代伟大的哲学家、思想家、道家学派创始人。在道教中老子被尊为道祖，被道教徒奉为太上老君。老子是周朝管理藏书的官员，也叫守藏官，长期居住洛阳。

周敬王二年（鲁昭公二十四年，前518），老子和孔子两位文化巨人曾在洛阳相会，留下诸多文化遗迹和传说。孔子（前551～前479），姓孔，名丘，字仲尼，鲁国人，祖上为宋国（今河南商丘）贵族。春秋末期的思想家和教育家，儒家思想的创始人。孔子很早就想到周都洛阳"观先王之制"，考察"礼乐之源"和"道德之归"。周敬王二年（鲁昭公二十四年，前518），孔子千里迢迢到了洛阳，向当时的大学问家老子请教历代礼乐制度方面的问题。老子对孔子说："君子逢到好的时代就出来干番事业，遇到不好的时代就像蓬草一样，随风飘转。我听说，好的商人深藏钱财，好像一无所有；很有德行的人，外表看起来却像似愚笨。去掉你的骄气和想入非非、装模作样和不切实际的奢望吧,这对你都没有什么好处。我要对你说的就是这些。"临别时,老子还赠言孔子道:"我听说富贵的人送人钱财,仁义的人送人良言,我不富贵,也不能窃仁者的名声,但还是要告诉您:聪明敏感的人,常常要受到死的威胁,因为他好议论别人。博学善变、见多识广的人,常常会陷入困境,因为他好揭发别人的罪恶。做子女的要忘掉自己,做臣子的,也要忘掉自己,而要一心想着君王。"

在洛阳东关大街文庙前,至今留有一通清朝雍正五年(1727)所立的石碑,刻有

老子

"孔子入周问礼乐至此"9个大字。相传此处为老子会见孔子之处。

周敬王四年(前516),老子看到周王朝内忧外患,国势越来越衰弱,民不聊生,就决定隐居。在经过函谷关时,被守关关令尹喜所留,写下五千言传世名言《道德经》。《道德经》又称《老子》《老子五千文》,被奉为道教最高经典。该经典还是中国古代重要的哲学著作之一,文约义丰,涵盖哲学、伦理学、政治学、军事学等诸多学科,内容博大精深、玄奥无极、涵盖百家、包容万象,被后人尊奉为治国、齐家、修身、为学的宝典。这部被誉为"万经之王"的神奇宝典,对中国古老的哲学、科学、政治、宗教等产生了深远的影响,全面地体现了古代中国人的一种世界观和人生观,无论对中华民族性格的铸成,还是对政治的统一与稳定,都起了不可估量的作用。

《道德经》原文分上下两篇，上篇《道经》从第1章到第37章，下篇《德经》从第38章至第81章。《道德经》的全部内容，主要是阐述"道"和"德"的深刻含义，它代表了老子的哲学思想。老子所描述的"道"，是从本体论的角度出发，阐明他的宇宙观，也包括人生哲学和修养方法的原理。老子认为"道"是无形无象的，但却是宇宙的本源，万物化生都是出于它的运动和变化。"德"的基本内涵，是本体的"道"具体到天地万物所表现出来的一种特性，即具体体现。老子对"道"与"德"的描述，是从立体面的多层次剖析了宇宙、万物、人类以及人本身的种种内涵。

《道德经》像一个包罗万象永不枯竭的奇妙宝藏，不同的人读《道德经》理解的道理都是不同的。不仅对不同的人，同样的人随着时间的推移，都有不同的收获。唐末杜光庭《道德真经广圣义·释疏题明道德义》云："《道德真经》，包含众义，指归意趣，随有君宗。"也就是说，《老子》一书，思想内容极其广博玄奥，不同历史时期的人们可以根据相应的时代条件和时代需要，对它作出各种主旨不同的解释。在《老子》注释史上，不同时代有不同时代的"老子"，每一个注解者和研究者也有他们各自所理解的"老子"，这是老学发展的一个显著特点。这一特点启发我们，研究历史上不同时期的《老子》注，不仅可能发现作注者对《老子》原意的领会与掌握情况，还可能看出作注者本人的思想，进而考察一定历史时期某些思想流派的内涵及其衍变规律。

三、苏秦

苏秦（前337～前284），字季子，战国时期杰出的政治家、军事家、外交家、纵横家。他出身农家，素有大志，创造了"锥刺股"和身披六国相印的旷世佳话。苏秦出生于战国时期洛阳乘轩里（今洛龙区李楼乡太平庄）。

在战国后期七雄争霸之际，曾出现过连横与合纵两种大的战略思想。其间，苏秦曾以其成功的游说，合纵六国，联合抗击强秦，苏秦自佩六国相印。

年轻时，苏秦曾与孙膑、庞涓、张仪等人师事于鬼谷子，学习阴阳学说。他苦学3年后，回到洛阳家中。之后，苏秦开始周游列国，希望有识之人能任用自己。苏秦先是求见周显王，周显王左右的人都看不起苏秦，没有人相信苏秦。无奈，苏秦西入秦国，秦惠王又不用。结果，不仅没有谋到一官半职，连所带盘缠也告罄，只能卖掉车马、仆从，徒步回到家中。家人见苏秦如此狼狈，兄弟嫂妹妻妾皆讥笑而耻与之语。苏秦非常惭愧，遂闭门不出，发愤读书。"读书欲睡，引锥自刺其股，血流至踵。""头悬梁，锥刺股"中的锥刺股就是讲述苏秦苦学的故事。经过一年发愤，苏秦学识大进，遂决定再次游说。不过，这一次苏秦决心要合纵六国，联合抗秦，让秦王知道自己绝非等闲之人，使之为不用自己付出代价。

苏秦不仅能言善辩，而且博闻强记。苏秦对各国的地理形胜、人口、赋税、强弱情况了如指掌，在游说六国国君时，就能把各国的优劣、在诸侯中的地位等条分缕析，使诸位国君口服心服。《战国纵横家书》前14篇，是苏秦书信和谈话记录，里面所记充分证明苏秦对当时形势的把握是站在一个高层面上的，其分析过程和所得出的结果，不能不令听者信服。

苏秦在其游说活动中，除了肯定信、仁、义等儒家思想外，还明确表示"臣进取之臣也，不事无为之主"，令

唐代宰相萧瑀所立苏秦墓碑

诸国国君心潮澎湃，皆有一统天下之信心。因此，通过一系列游说活动，齐、楚、燕、韩、赵、魏六国皆信服苏秦合纵方针，苏秦遂佩六国相印，率诸国之兵伐秦。从此，合纵局面形成。《战国策·秦策》记载："（苏秦）见说赵王于华屋之下，抵掌而谈。赵王大悦，封为'武安君'，受相印，革车百乘，绵（锦）绣千纯，白璧百双，黄金万镒，以随其后；约从散横，以抑强秦。故苏秦相于赵而关不通。当此之时，天下之大，万民之众，王侯之威，谋臣之权，皆欲决苏秦之策。不费斗粮，未烦一兵，未战一士，未绝一弦，未折一矢，诸侯相亲，贤于兄弟。夫贤人在而天下服，一人用而天下从。"

虽然由于齐国想借出兵伐秦之机灭宋，故齐、赵、魏、韩、燕五国联军驻在荥阳、成皋间，不思进取，造成"五国伐秦，无功而返"，但是，苏秦努力促成的合纵抗秦，还是起到了相当的作用。《史记·苏秦列传》云："苏秦为纵约长，并相六国……秦兵不敢窥函谷关十五年。"后来，由于秦国畏惧合纵，多次采用反间计，再加上六国之间相互矛盾，各怀鬼胎，因此，他们之间遂相互攻伐，纵约联盟仅3年时间便告瓦解。即便如此，合纵的成功，也充分显示了苏秦的个人才能。《战国策》称其为"贤人"，"天下莫之能抗"。《史记·苏秦列传》称"其能有过人处"。

后来，苏秦又到了燕国。当时，燕国新败于齐国，燕国欲自强又怕齐国干预。苏秦在这种情况下被燕王派往齐国，暗中从事反间活动。苏秦凭着他的智慧，花言巧语骗取了齐宣王、齐湣王的信任和重用，使耗费齐国人力、物力、财力的计划得到顺利实施。由此，齐国的国力大大削弱。后来，这一计划被齐王识破，苏秦被车裂而死，后归葬于故里洛阳。2000年9月，在太平庄发现一通唐武德八年（625）萧瑀所立《武安君六国丞相苏公墓碑》。

四、白圭

白圭（前370~前300），名丹，战国时期洛阳人。先秦时商业经营思想家，同时也是一位著名的经济谋略家和理财家。

梁（魏）惠王时，白圭在魏国做官，后来到齐国、秦国。东汉人班固在《汉书》中称赞白圭是经营贸易发展生产的理论鼻祖，即"天下言治生者祖"。白圭有个商业哲理，叫"人弃我取，人取我与"。白圭是这种理念的提出者也是大力实践者。白圭从事粮食与蚕丝的买卖，当时富商都不屑于做这个，他们做的是奢侈品与资源类产品的买卖，对象当然是有钱人，非常赚钱，利润高。相比之下，粮食与蚕丝就不一样，对象是没多少钱的人，资本少的人也可以做，钱赚得不多，也赚得辛苦。白圭从事的正是这个。"岁熟取谷，与之丝漆，茧出取帛絮，与之食"。粮食丰收了，就大量买进库存，这时，把蚕丝全卖出去，春天大量买进蚕丝，把粮食卖出去，每个季节都有买有卖。借此，白圭成为大商人，被尊为商祖。

白圭把儒道法思想融为一体，并开办商业教育，开办了最早的商学院，成为商业理论的集大成者，大家都学习他的商业理念。白圭的商业理念主要是12个字："人弃我取，人取我

《史记》载白圭传记

与""智、勇、仁、强"。这12个字就是白圭开办的商学院的主要教学内容。白圭自己就讲,如果一个人"智不足与权变,勇不足以决断,仁不能以取予,强不能有所守,虽欲学吾术,终不告之矣"。什么意思呢?就是说如果一个人做不到智勇仁强,即使跟着白圭学习,当学生、当徒弟,那么也不可能真正领悟到商业经营最根本的哲理。

五、贾谊

贾谊(前200～前168),洛阳人,西汉著名的政治家、大儒,人称贾生、贾子、贾长沙。

汉高帝七年(前200),贾谊出生,这个时代正是西汉政权刚刚建立的年代,它既给贾谊带来了施展才华的机遇,也给他的人生带来了坎坷和痛苦。贾谊的童年和少年时期,基本上生活在一个和平稳定的环境之中,他的生活也基本上是以读书习文为主。18岁时,贾谊便以能诵诗书擅写文章而闻名于郡中。当时的名士、河南守吴公欣赏贾谊才学俱优,将其招致门下。公元前180年,汉文帝刘恒继位。听闻河南守吴公颇有学识,且政绩卓著,便征召吴公为廷尉。汉文帝元年(前179),贾谊在吴公的推荐下,被征召入朝,任为博士。一年之中,又被破格晋升为太中大夫。从此,22岁的贾谊便踏上了仕途,成为西汉政治集团中的一员。汉文帝对贾谊很器重,在把他破格提升为太中大夫后,又想把贾谊升擢为公卿,但遭到群臣的反对。此后,汉文帝开始有意疏远贾谊,并将贾谊派去当长沙王的太傅。在政治上受挫的贾谊辞别了京城,来到了地处偏远的长沙。贾谊听说长沙地势低,湿度大,自认为此去长沙将享寿不长,而且又因为是被

贾谊

贬谪，心情非常不好，常常拿自己与屈原作比。在这种情况下，贾谊写下了千古流传的《吊屈原赋》。汉文帝七年(前173)，汉文帝思念远在长沙的贾谊，于是将贾谊召进皇宫。当汉文帝听完贾谊的一番宏论后，十分感慨地说："吾久不见贾生，自以为过之，今不及也。"过了没有多久，汉文帝拜贾谊为梁怀王的太傅。

在任梁怀王太傅期间，贾谊仍对政事十分关注，而且敢于发表自己的见解，写下了如《治安策》《论积贮疏》等名篇。汉文帝十一年(前169)，梁怀王刘揖入朝，不幸坠马而死。贾谊认为自己作为梁怀王的太傅而没有尽到自己的责任，因此非常伤心。一年以后，由于伤感过度，贾谊也于汉文帝十二年(前168)病逝，年仅33岁。

贾谊的一生虽然短暂，但是也为中华文化宝库留下了一份珍贵的文化遗产。贾谊是骚体赋的代表作家，代表作有《吊屈原赋》《鵩鸟赋》。在西汉政论散文的园地中，贾谊的散文也堪称文采斐然。刘勰在《文心雕龙·奏启》中称其奏疏是"理既切至，辞亦通畅，可谓识大体矣"。其最为人称道的政论作品是《过秦论》《治安策》和《论积贮疏》。

毛泽东对贾谊的《治安策》有很高的评价，他说："《治安策》一文是西汉一代最好的政论，贾谊于南放归来著此，除论太子一节近于迂腐以外，全文切中当时事理，有一种颇好的气氛，值得一看。"毛泽东在《七律·咏贾谊》中，充分肯定了贾谊的才华，惋惜贾谊英年早逝：

> 少年倜傥廊庙才，壮志未酬事堪哀。
> 胸罗文章兵百万，胆照华国树千台。
> 雄英无计倾圣主，高节终竟受疑猜。
> 千古同惜长沙傅，空白汨罗步尘埃。

六、摄摩腾、竺法兰

摄摩腾（？～73）、竺法兰（生卒年不详），皆为中天竺（古印度）人，东汉明帝时受邀来到中国，在首都洛阳长期居住，翻译佛经，同被尊为中国佛教鼻祖，死后皆葬于洛阳。

摄摩腾，也称迦叶摩腾，能解大小乘经，以宣扬佛理为己任，经常四处游化。一次，摄摩腾到天竺国的附庸小国讲《金光明经》，正遇敌国入侵。摄摩腾舍生忘死，亲自出面调解，终使双方和好。摄摩腾因此显名。

东汉永平初的一天，汉明帝夜梦金人飞空而至，次日召集群臣询问，知为西方之佛。于是，明帝派郎中蔡愔、博士秦景等12人出使天竺国，去寻访佛法。蔡愔等人在大月氏国（今阿富汗至中亚一带）巧遇摄摩腾，就邀请摄摩腾到中国传播佛法。永平十年（67），他们一行以白马驮经，回到洛阳。明帝隆重接待摄摩腾，先将其安置于鸿胪寺，后又专门在洛阳城西雍门外建白马寺。此为中国国家设立僧寺之始。摄摩腾遂成为中国第一位沙门，白马寺也成为中国佛教的释源和祖庭。摄摩腾为了弘扬佛法，首先开始翻译佛经。他翻译的《四十二章经》，成为中国第一部汉译佛法。《高僧传》将他排列

竺法兰

首位。永平十六年（73），摄摩腾圆寂于白马寺，葬在寺内。今白马寺门内东侧圆形坟丘，即为其墓，现高3.2米，直径8.7米。墓前拱形券顶的石碑上刻"圣旨""敕赐""汉启道圆寂通摩腾大师墓"。

竺法兰本为天竺国学者之师，自言能诵经论数万章。竺法兰也是被蔡愔一行在西域遇到的，受邀请后，却被佛徒挽留。竺法兰后来也辗转来到洛阳，与摄摩腾同住白马寺。

竺法兰博闻强记,在洛不久即学会说汉语,很快就投入译经工作之中。先后翻译出《十地段结经》《佛本生经》《法海藏经》《佛本行经》等。竺法兰卒后,葬于白马寺西院,与摄摩腾墓东西相对,形制完全相同。其碑文为"汉开教总持竺法大师墓"。

七、董宣

董宣,生卒年不详,字少平,陈留圉(今河南杞县)人。在洛阳令任内,不畏强暴,严格执法,被誉为"强项令"。

董宣在任北海相时,就以办案硬朗著称。当时有豪门大姓公孙丹新造宅第,占卦说新宅不祥,唯有将活人杀死,把尸体埋在屋内地下,方可破难消灾。公孙丹信以为真,竟真的让其儿子依计而行。董宣听说后,大为震惊,立即派人将公孙丹父子缉拿归案,依律处决。公孙宗族亲党30余人手操兵器,到董宣官府聚众闹事。董宣下令将其全部逮捕下狱,并让部下立即尽杀之。青州太守认为杀人太多,向皇帝控告董宣。董宣被捕入狱,并被判斩。就在行刑之际,光武帝特命使者到刑场免其死罪。在了解了案情之后,又宣诏让董宣到怀州任县令。后又到江夏任太守。

当时,京城洛阳豪强势力日益膨胀,他们横行乡里,兼并土地,聚族而居,欺压百姓,为害地方,甚至利用私人武装与官府相抗。因此,洛阳成

强项令董宣(出自明张居正《帝鉴图说》)

为难治之地，多任官员都无可奈何。这时，光武帝刘秀想到了手段强硬的董宣，遂特征他为洛阳令。董宣到任后，首先是了解情况，然后即制定了行事方针。董宣认为制乱必须用强法，便依律行事，凡触犯律令，不论王公或平民，一律严厉处置。

就在董宣任洛阳令不久，京师即发生了湖阳公主苍头白日杀人案。湖阳公主是光武帝的姐姐，她的家奴仗势欺人，以为小小的洛阳令奈何不了他。董宣接案后非常气愤，认为正好可以借此杀一儆百，遂下令立即抓捕。然而凶手却躲在公主府第，企图逍遥法外，因为洛阳县公差是无权进入公主府抓人的。

董宣并不气馁，一直派人暗中监视公主府。一天，董宣得知湖阳公主带着那个家奴外出办事。于是，立即带人在洛阳城北的夏门亭等候，并巧妙地逮捕了凶手，立即就地正法。公主诉于刘秀，刘秀令其向公主叩头谢罪，董宣拒不低头。刘秀令人强按之，也不能使其俯首。董宣因此被刘秀誉为"强项令"。京师之人也称之为"卧虎"。从此，洛阳社会安定。

董宣在洛阳任职5年，74岁时终于任上。光武帝派使者吊丧，见其家徒四壁，唯有布被覆尸，此外仅余大麦数斛，破车一辆。光武帝伤感地说："董宣廉洁，死乃知之。"光武帝以大夫之礼安葬董宣，并任命他的儿子董并为郎中。

"强项令"董宣一直为洛阳人民所敬仰。百姓为他建祠，四时祭祀。今洛阳老城还有董公祠遗址。

八、班固

班固（32~92），字孟坚，扶风安陵（今陕西咸阳）人，东汉著名的史学家、文学家，其一生最大的成就是在洛阳写作了历史巨著《汉书》。

班固出身于世代官宦之家，且有家学渊源。其父班彪为著名学者。班固自幼随侍父亲，9岁能文、诵诗赋，16岁入洛阳太学。班固喜欢读书，"性宽和容众，不以才能高人"，深得当时儒家学者的称赞。班固的《汉书》是继司马迁的《史记》之后又一部伟大的历史著作。《史记》是我国第一部纪传体通史，而《汉书》则是我国第一部记传体断代史。这是班固对司马迁记传体史学的创造性发展，也是对我国历史学的重大贡献。

班固的父亲班彪是东汉时期著名史学家，在洛阳任职期间，补写司马迁《史记》，作《后传》68篇。班

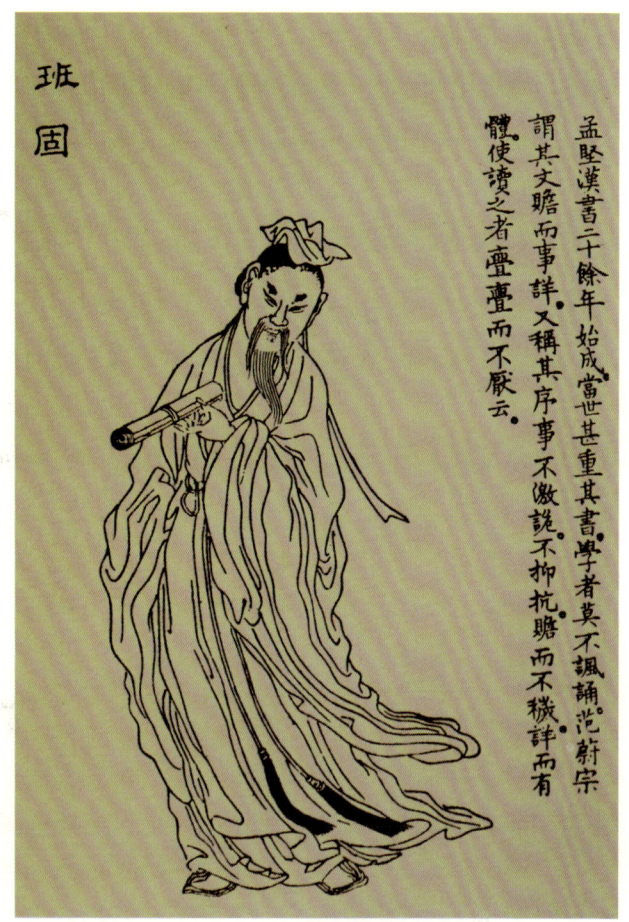

班固

孟坚汉书二十余年始成当世甚重其书学者莫不讽诵焉称宗谓其文赡而事详又称其序事不激诡不抑抗赡而有体使读之者亹亹而不厌云。

彪死后，年仅22岁的班固，决心继承父业，完成这部接续巨作。班固在父亲已成《史记后传》的基础上，利用家藏的丰富图书，正式开始了撰写《汉书》的生涯。汉明帝永平五年（62），班固被人告发"私修国史"，于是，班固被捕关进了京兆监狱，书稿也被官府查抄。班固的弟弟班超为了营救哥哥，立即骑马从扶风安陵老家急驰京城洛阳为班固申冤，将父兄两代人几十年修史的辛劳以及宣扬"汉德"的意向告诉了汉明帝。汉明帝读了书稿，对班固的才华感到惊异，称赞班固所写的书稿确是一部奇作，下令立即释放，并召班固留京都洛阳皇家校书部供职，拜为兰台令史。班固被任命为郎官之后，官阶虽低，但有条件接触并利用皇家丰富的藏书，这就为他日后完成

《汉书》提供了重要条件。班固死前，基本完成了《汉书》。班固死后，其妹班昭将《汉书》全部补写完成。

《汉书》是继《史记》之后我国古代又一部重要史书，与《史记》《后汉书》《三国志》并称为"前四史"。《汉书》全书主要记述了上起西汉的汉高祖元年（前206年）、下至新朝的王莽地皇四年（23）共230年的史事。《汉书》包括纪80篇、表8篇、志10篇、传70篇，共100篇，后人划分为120卷，共80万字。

除了《汉书》以外，班固的辞赋作品亦很有名，如《两都赋》中的《西都赋》和《东都赋》均系宏篇巨制。《西都赋》假设西都宾客向东都主人夸耀长安（今陕西西安）形势险要，物产富庶，宫廷华丽；《东都赋》则借东都主人之口称颂洛阳盛况，说明了东汉定都洛阳的重要性。

九、班超

班超（32～102），扶风安陵（今陕西咸阳）人，东汉杰出的外交家、军事家、探险家，长期在洛阳生活，死后也葬于洛阳。

汉明帝永平五年（62），班超的哥哥班固受朝廷征召前往洛阳担任校书郎，班超便和母亲一起随从哥哥来到洛阳。因为家中贫寒，班超要靠给官府抄书来谋生，非常辛苦。后来班超投笔从戎，当上一名军官。在汉朝对匈奴的战争取得暂时、局部胜利后，班超建议和西域各国来往，以便共同对付匈奴。朝廷采取班超的建议，就派班超带着数十人出使西域。

班超墓

在西域30年中，班超以其大智大勇，孤军奋战，斗匈奴，退大月氏，安定西域，探求欧亚交通，重开丝绸之路，立下了盖世奇功。

十、王涣

王涣（？~105），字稚子，东汉广汉郡郪县（今四川三台）人，曾任洛阳令，被百姓誉为"神算"。

王涣的父亲王顺曾任安定郡太守。青年时期的王涣，是个纨袴子弟，性情乖张，不受约束，常打架斗殴，甚至与一些不良子弟拦路抢劫。后来，王涣浪子回头，改恶从善，专心研究历代律令。

后来，王涣于广汉太守陈宠属下任功曹。王涣忠于职守，办事雷厉风行，对违法的土豪劣绅，敢于依法惩治。在王涣的协助下，陈宠将广汉郡治理得井然有序，社会安定。后陈宠被汉和帝提拔到京城任大司农。当和帝问陈宠治理广汉之方时，陈宠说是王涣之功。从此，王涣声名大震。随后，王涣出任河内郡温县令。在温县，王涣严厉镇压奸猾豪强，使动乱不宁的温县变得"境内清夷"，路不拾遗。3年后，王涣被提升为兖州刺史，依然严格执法。

永元十五年（103），王涣以侍御史的身份，陪同汉和帝到南方巡视。回到京城洛阳，王涣便被任命为洛阳县令。

王涣一上任，就碰上前任县令遗留下来的一大堆诉讼案子。王涣知难而上，秉公执法，宽严有度，且大胆细心。很快，历年积案一一得到处理。不法之人为之震惊，不敢轻易触犯法律。对一些疑难案情，王涣日思夜虑，想了许多巧妙办法，使一个个案件水落石出。因此，王涣被人们称为"神算"。

汉和帝元兴元年（105），仅仅任洛阳县令3年的王涣不幸去世。噩耗传出，京都百姓无不痛哭。百姓自发凑钱，设了数十张祭桌，祭奠这位好县令，并在洛阳安阳亭西边为王涣修建祠堂，以慰藉他的在天之灵。

王涣的优秀政绩，也得到朝廷的盛赞。一直到汉安帝永初二年（108），邓太后执政，她还曾下诏称赞王涣："尽心奉公，务在惠民;功业未遂,不幸早逝,百姓追思,为之立祠,自非忠爱之至,孰能若是者乎?"东汉延熹八年(165)四月,崇尚黄老无为思想的汉桓帝,下诏要拆毁全国所有名人祠堂。但同时下诏,两处祠堂要保留:一个是汉武帝时的太傅卓茂的密县祠堂,另一个就是王涣在洛阳的祠堂。由此也可见王涣的影响。

十一、蔡伦

蔡伦(?～121),字敬仲,东汉桂阳(今湖南耒阳)人。其一生最伟大的功绩是在洛阳改进了造纸术,制造了"蔡侯纸"。

蔡伦

汉明帝永平末年(75),蔡伦入宫为宦官,来到洛阳,历任小黄门、中常侍兼尚方令、长乐太仆等职。元初元年(114),汉安帝封其为龙亭侯,食邑三百户。

汉和帝永元四年(92),蔡伦任尚方令后,利用供职之便,常到乡间作坊察看,见蚕妇缫丝漂絮后,竹簟上尚留下一层短毛丝絮,揭下似缣帛,可以用来书写,从而得到启发,便收集树皮、废麻、破布、旧鱼网等原料,在宫廷作坊施以锉、煮、浸、捣、抄等法,终于造出植物纤维纸。元兴元年(105),蔡伦将造纸过程、方法写成奏章,连同造出来的植物纤维纸,呈报汉和帝,汉和帝大加赞赏,造纸术很快传开。自此以后,世间莫不用之,时称"蔡侯纸"。

蔡伦的这一改进,使造纸术成为中国古代四大发明之一,对人类文明作出了巨大的贡献。美国人麦克·哈特在《影响人类历史进程的

100名人排行榜》中,将蔡伦排在第七位,远远排在人们所熟知的哥伦布、爱因斯坦、达尔文之前。2007年,美国《时代》周刊评选和公布人类"有史以来最佳发明家",蔡伦也榜上有名。

十二、张衡

张衡(78~139),字平子,东汉杰出的科学家,一生最伟大的发明浑天仪、地动仪等,都是在洛阳完成的。

张衡曾在洛阳太学读书。在这里,张衡博览群书,从四书五经到文学、天文、地理、气象、历算、绘画,兼收并蓄,并着重研究文学和自然科学,同时也结识了不少有学问的朋友。京城6年的求学生涯,为张衡以后事业上的巨大成就奠定了基础。

汉安帝元初四年(117),张衡根据他提出的"浑天说",画出了我国第一张完备的星象图,标出的恒星数目同近代天文学家观测的结果相近。然后张衡又根据这一理论,创造出了世界上第一架能够较为准确观测天象的仪器——浑天仪。汉顺帝阳嘉元年(132),张衡经过长期的观测研究,又发明了一种测量地震方位的仪器——地动仪,置于京都洛阳的灵台之上。

地动仪是用青铜制造的,四围刻铸着八条龙,龙头向八个方向伸着。每条龙的嘴里含了一颗小铜球。龙头下面,蹲了一个铜制的蛤蟆,对准龙嘴张着嘴。哪个方向发生了地震,朝着那个方向的龙嘴就会自动张开来,把铜球吐出。铜球掉在蛤蟆的嘴里,发出响亮

张衡墓

的声音，就给人发出地震的警报。汉顺帝永和三年（138）十二月的一天，地动仪正对西方的龙嘴突然张开来，吐出了铜球。按照张衡的设计，这就是西部地区发生了地震。可是，那一天洛阳一点也没有地震的迹象，也没有听说附近有哪儿发生了地震。因此，大伙儿议论纷纷，都说张衡的地动仪是骗人的玩意儿，甚至有人说张衡有意造谣生事。过了几天，有人骑着快马来向朝廷报告，离洛阳1000多里的金城、陇西一带发生了大地震，连山都崩塌下来了。大家这才信服。

地动仪是世界上第一台测量地震方位的仪器，比欧洲出现的地动仪要早1700多年。因此，张衡被英国东方科技史专家李约瑟博士誉为"地震仪的鼻祖"。张衡在创制浑天仪、地动仪的同时，还根据自己的研究体会，撰写了《浑天仪图注》《灵宪》等天文著作。

十三、许慎

许慎（约58～约147），字叔重，召陵（今河南郾城）人，东汉时期的经学家、文字学家、语言学家，中国文字学的开拓者，其一生最伟大的功绩是在洛阳著成了《说文解字》。

许慎初举孝廉，后到洛阳，官至太尉南阁祭酒。曾从贾逵受古文经学，博通经籍，被当时洛阳儒生称为"五经无双许叔重"。

《说文解字》收字9353个，重文1163个，均按540个部首排列，540部又据形系联归并为14大类。字典正文就按这14大类分为14篇，卷末叙目别为一篇，全书共有15篇。《说文解字》是我国第一部说解文字原始形体结构及考究字源的文字学专著，是我国第一部按部首编排的字典，是中国文字学史上第一部系统之作。许慎在《说文解字》中系统地阐述了汉字的造字规律——六书。《说文解字》开创了部首检字的先河，后世的字典大多采用这个方式。

许慎对我国文字学作出了不朽的贡献。为了纪念许慎，1985年，中国语法学会在河南省政府及洛阳市政府的支持下，在洛阳市图书馆前塑造了许慎的雕像。

十四、曹植

曹植(192~232),字子建,曹操之子,被封陈王,谥曰思,世称陈思王,是三国时期著名的才子、文学家。

曹植少富才学,特受曹操宠爱,曾准备立其为太子,终因任性而行,饮酒不节,加之曹丕御以术略,植宠日衰。曹丕、曹叡相继为帝,曹植常受猜忌,郁郁而死。曹植善辞赋和诗歌,诗赋情感细腻,语言练达,对五言诗的发展影响较大。

曹植虽然在政治上郁郁不得志,却在文学上占有重要地位。曹植文才富艳,自少至终,篇籍不离于手,前后所著赋、颂、诗、铭、杂论凡百余篇,特别是诗赋,颇有华采。以曹植为代表的魏晋五言诗与汉魏古诗有明显的分界线,曹植以词采华茂而成为典范,被钟嵘比之为"譬人伦之有周孔"。

《洛神赋》是曹植写的浪漫主义名篇。《洛神赋》想象丰富,辞藻华丽而不浮躁,传神的描写刻画,兼之与比喻、烘托共用,给人一种浩而不烦、美而不惊之感。《洛神赋》不仅成功地塑造了一个"翩若惊鸿、婉若游龙"的女神形象,而且更从思想上给人以一种追

《洛神赋》图

求理想、执着如一的宝贵启示。《洛神赋》中"翩若惊鸿、婉若游龙""凌波微步、罗袜生尘"成为至今广为流传的千古名句。

十五、左思

左思(约250~305),字太冲,西晋著名文学家,其最有名的文学作品《三都赋》写作于洛阳,并使得一时洛阳纸贵。

晋武帝时,左思因妹左棻被选入宫,举家迁居洛阳,任秘书郎。为写《三都赋》,左思收集大量的历史、地理、物产、风俗人情的资料。收集好后,左思闭门谢客,开始苦写。左思在一个书纸铺天盖地的屋子里昼夜冥思苦想,常常是好久才推敲出一个满意的句子。经过10年奋斗,这篇凝结着左思甘苦心血的《三都赋》终于写成了。《三都赋》由《魏都赋》《蜀都赋》《吴都赋》组成,是魏晋赋中独有的长篇。这些赋实际上不只是写三个都城,而是写魏、蜀、吴三个国家的概况。《三都赋》文采富丽,内容丰富,详尽细致描写了

左思传记书影

魏蜀吴三国的山川城邑、鸟兽草木、风谣歌舞、重要人物。语言精心锤炼，辞藻繁缛华丽，以求实的精神去创作。左思在处理文学创作与现实生活时，基本按照"其山川城邑，则稽之地图；其鸟兽草木，则验之方志；风谣歌舞，各附其俗；魁梧长者，莫非其旧"的原则来描绘魏、蜀、吴三都。东汉时期在文学、史学、医学诸方面都很有建树的著名学者皇甫谧亲自为《三都赋》作序。

《三都赋》面世后，在京城洛阳广为流传，人们啧啧称赞，竞相传抄，一下子使纸昂贵了几倍。原来每刀千文的纸一下子涨到两千文、三千文，后来竟倾销一空；不少人只好到外地买纸，抄写这篇千古名赋。《三都赋》创造了洛阳纸贵的千古佳话。

十六、杨机

杨机（474～533），北魏时期洛阳人，为官30多年，清正廉洁，很有声望，死后也葬于洛阳。

孝文帝太和二十二年（498），年轻的杨机受到河南（今河南洛

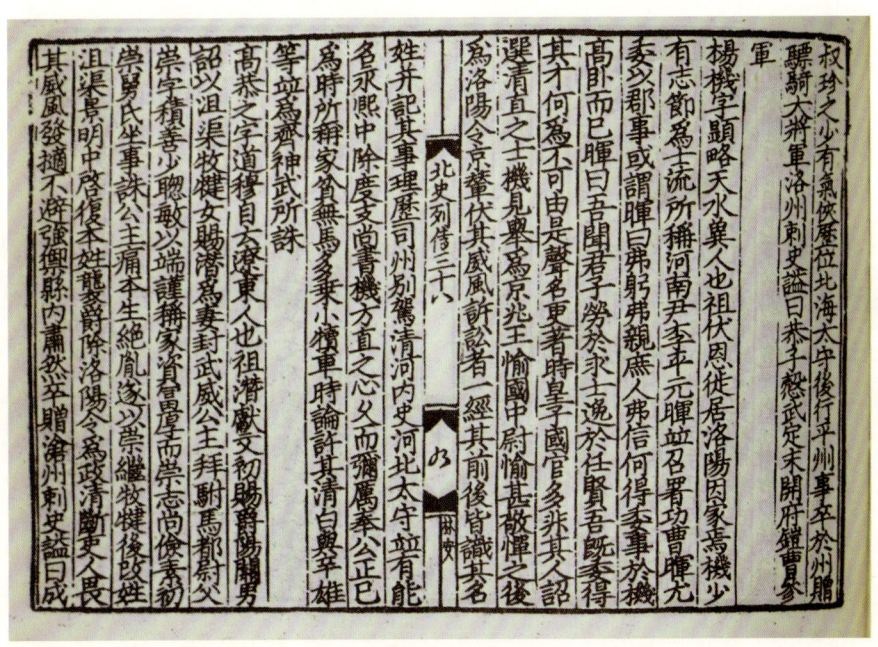

杨机传记书影

阳）尹李平及权贵元晖的赏识，开始担任河南尹功曹等职。元晖对杨机十分信任，大小事情都放心地交给杨机处理。

有人觉得元晖这样做不妥，说："弗躬弗亲，庶人弗信。何得委事于机，高卧而已？"这些人想让元晖把杨机手中的权力收回来。元晖立即驳斥道："吾闻君子劳于求士，逸于任贤。故前代有坐啸之人，主诺之守。吾既委得其才，何为不可？"元晖认为杨机是难得的贤能之才，完全可以重用，杨机也由此更加声名远扬。

当时，诸皇子都被封王，需要大量人才充实班底。朝廷令各地推荐"清直之士"，元晖便将杨机举荐给京兆王元愉任国中尉。杨机为人正直，敢于直言进谏，元愉对他既敬重又害怕。

后来，人们评价杨机，说他"当官正色，不避权势，明达政事，断狱以情，甚有声誉"。不过，杨机的仕途并非一帆风顺，直到40岁左右，才被荆州刺史杨大眼征为府长史，才开始步入上升通道，不久便被任命为河阴令，后为洛阳令，成为北魏都城洛阳的最高行政长官。

一般来说，国都是不太好管理的，达官贵人都想搞特权，根本不把地方官放在眼里。杨机到任后，严格执法，不分贵贱，一时间，洛阳秩序井然，治安稳定，社会风气大为改观。凡杨机审理过的案子，不管是当事人的姓名还是事由，他都长久不忘，这也使那些犯过罪的人心生畏惧，不敢铤而走险。

自孝明帝时期开始，才干出众、清正廉洁的杨机就仕途畅通，最终官拜度支尚书。他"方直之心久尔弥厉，奉公正己"，一直两袖清风，家贫如洗，深受时人称赞。

孝武帝永熙二年（533），杨机在洛阳被权臣高欢杀害。杨机墓在洛龙区丰李镇马窑村。

十七、宇文恺

宇文恺（554~612），字安乐，隋代东都洛阳城的设计者。

宇文恺出身于贵族世家。祖父莫豆于，北周时为安平公；父亲宇文贵，北周时为大司马，封许国公。其兄宇文忻为杞国公。宇文恺因是功臣子弟，3岁即被赐爵双泉伯，7岁封为安平郡公，食邑两千户。他自幼聪明好学，与几个哥哥不同，他不喜武而好文，读了许多书，特别对有关建筑方面的书更感兴趣。所以，到青年时期，宇文恺就具有渊博的建筑知识。宇文恺一生主持了许多大型建筑的设计建设，而长安（今陕西西安）新城大兴城、东都洛阳城则是其代表作。

宇文恺先后任御正中大夫、仪同三司、开府中大夫。因其长于技艺，隋文帝、隋炀帝多次派他监造大型土木工程。宇文恺历任营建宗庙副监、营建新都副监、检校将作大匠、仁寿宫监、将作少监、营造东都副监、将作大匠以及工部尚书等职。

由于大兴城设计规整、规模宏大气派，因此，宇文恺在当时赢得了"能名"的赞誉。正因为如此，虽然后来由于其兄宇文忻谋反伏诛，宇文恺受牵连久废于家，但遇到大型工程，还是不得不重新起用他。随后，由宇文恺负责营建独孤皇后寝陵，再次赢得隋文帝的称赞。

仁寿四年（604），隋文帝去世，隋炀帝杨广继位。杨广认为大兴城地处偏远的西北地区，物资转运非常不便，难以满足京城对物资的庞大需求，而且也不利于对全国的控制。于是，大业元年（605）三月，隋炀帝下诏在洛阳营建新都，仍由宇文恺主持规划设计和建设。

宇文恺设计的东都洛阳城，原则上和长安大兴城是一致的，只是在形式上不完全对称。有的学者认为隋东都洛阳城之所以不对称，其原因是洛阳城是个未完工程。但大部分学者则认为这正是宇文恺设计时的初衷，不存在半截工程之说。

洛阳城分宫城、皇城和外郭城（也叫大城或罗城）三部分。外郭城南北长7300米，东西最宽处7200米，规模比大兴城略小。洛阳城共有10个城门，东、南各3个门，西、北各2个门。城内有103坊，分布于皇城的东、南两面。洛水贯穿全城，把城区分成南北两部分：宫城、皇城居北，是行政区；南部是官民居住区。城中街道非常整齐，里坊呈正方形。城里有3个规模很大的国际性市场，分别设在外城的东、南、北三面。北市（又名通远市）南靠洛河，是船舶商业集中的地方。整个城市气势宏伟，宫殿比大兴城更加富丽堂皇。

东都城于大业二年（606）正月完工。接着，隋炀帝率百官从龙门口直入洛阳城。自此，东都城成了隋朝政治、经济、文化的中心，也成为当时世界上的大城市，东西方文化交流在此活跃起来。

宇文恺不仅擅长城市规划设计建设，而且对大型宫殿建筑技术也颇有建树。大业三年（607）炀帝北巡，想向突厥夸耀大隋实力，遂令宇文恺营造"大帐"，其下可坐9000人，可想其规模是何等之大。另外，宇文恺还为炀帝建造了"观风行殿"，此大型宫殿可随意拆装组合，上面可容侍卫数百人，殿下边装有轮轴，使大殿能随意移动。

宇文恺还准备重建"明堂"，他曾设计绘制了明堂图纸。由于连续近200年的战乱分裂，明堂已经久废，无人知道明堂究竟是什么样子了。宇文恺博览群书，考定明堂制度，详细绘制了工程设计图样。这个图样有一个突出特点，就是明确使用了比例尺，并且根据图样用木头做成模型。可惜这样一座设计精巧、规模宏大的"明堂"还没来得及付诸实施，宇文恺就病逝了。

宇文恺无论在城市规划建设方面，还是在宫殿建筑技术方面，都有相当高的造诣，堪称一代建筑大师，对中国古代建筑技术的发展作出了巨大的贡献。他曾著有《东都图记》20卷、《释疑》1卷、《明堂图议》2卷，流行于当时。但是除《明堂图议》的部分内容保存在《隋书》中而得以流传到现在外，其余的都失传了。

十八、武则天

武则天（624~705），并州文水（今山西文水）人（一说洛阳人）。唐高宗皇后，武周皇帝（690~705在位）。武则天主政及做皇帝近半个世纪，基本上是在洛阳度过的。

武则天的父亲原是木材商人，隋末随李渊起兵太原，官至工部尚书，封应国公。贞观十一年（637），14岁的武则天因长相美丽，被唐太宗召入宫中，立为才人。太宗死时，26岁的武则天被削发为尼，送进感业寺。高宗李治为太子时，与武则天关系暧昧。李治做皇帝后，武则天被纳入宫中。武则天通过种种手段，使高宗废王皇后，而自己则由昭仪变成皇后。

从显庆五年（660）始，高宗头痛病不断发作，导致双目模糊，难以主持日常政务，政事常委托武后处理。武则天逐渐熟悉了处理政事，权力也越来越大，她自己也非常热衷于此，朝野内外恭称皇帝、皇后为"二圣"，实权已基本掌控在武则天手中。

弘道元年（683），唐高宗病死，李显继位，是为唐中宗。很快，武则天把唐中宗废为庐陵王，另立四子李旦为皇帝，是为唐睿宗，当年即又废之。从此年到天授元年（690），武则天以皇太后身份临朝。天授元年（690），武则天宣布改唐为周，建立了武周政权，定都神都（今河南洛阳）。武则天早在当皇后不久，即和唐高宗一起到了东都洛阳，直至神龙元年（705）病死于上阳宫。在近半个世纪的时间里，武则天一直住在洛阳。

武则天是中国历史上唯一的女皇帝。武则天在位期间，广选人才，并开创了殿试制度。朝廷上下，人才济济。武则天重视生产，大力发展农桑，出现了国富民殷的太平景象，全国人口逐年增加。武周时期，对神都洛阳进行了大规模的修建，洛阳人口超百万，成为国际性的商业大都会。

神龙元年（705）正月，宰相张柬之等人发动政变，率禁军进入宫中，杀张易之、张昌宗等人，逼武则天退位，由太子李显继帝位，复国号唐。武则天迁居上阳宫。十一月，武则天病逝于洛阳，终年82岁。次年安葬于乾陵，与唐高宗合葬。

十九、吴道子

吴道子（约680~约759），又名道玄，唐代著名画家，被后世尊为"画圣"，洛阳人（一说阳翟人，即今河南禹州人）。

吴道子原为民间画工，年轻时即有画名。曾任兖州瑕丘（今山东滋阳）县尉，不久辞职，从事壁画创作。开元年间以善画被召入宫廷，历任供奉、内教博士、宁王府友。曾随张旭、贺知章学习书法，通过观赏公孙大娘舞剑，体会用笔之道。擅佛道、神鬼、人物、山水、鸟兽、草木、楼阁等，尤精于佛道、人物，长于壁画创作。

开元年间，将军裴旻在家守母丧，请吴道子为他在东都洛阳的天宫寺（位于唐东都南廓城尚善坊北、天津桥侧，在今洛龙区安乐镇安乐窝村北洛河岸边）绘制几幅状写神鬼的壁画，用此来给在阴间的母亲求得神佛的保佑。吴道子回答说："我已经很久不作画了。如果将军真的有意请我作画，请舞一曲剑。或许因为你剑舞的勇猛凌厉，能让我的画重新跟阴界相通。"裴旻听了后立即脱去丧服，换上平常穿的衣裳，骑在马上奔跑如飞，左右舞剑，将剑一下掷入空中，高几十丈，然后像电光一样射下来，裴旻伸手拿着剑鞘接着。从高空中坠落下来的宝剑，穿透了剑鞘。几千人围观，没有一个人不被这种惊险的场面所惊惧。吴道子心潮澎湃，挥毫泼墨，在墙壁上作画。吴道子一生中画了许多画，他自认为得意的作品没有超过这幅的。在场的张旭也大受感染，情不自禁地在另一面寺墙上，笔走龙蛇，酣畅淋漓留下"天下第一狂草"的墨宝。围观群众大饱眼福，一叹二叹连三叹，皆云："一日之中，获睹三绝。"这就是所谓的"一日获睹三绝"。

吴道子在用笔技法上，创造了一种波折起伏、错落有致的"莼菜条"式的描法，加强了描摹对象的分量感和立体感，突出了人体曲线和自然的结合，所画人物、衣袖、飘带，具有迎风起舞的动势，故有"吴带当风"之称。

二十、李隆基

李隆基（685~762），唐朝第七位皇帝，也称唐明皇，唐中宗侄，唐睿宗李旦子，出生在东都洛阳，712~756年在位。

李隆基先被封为楚王，后改封为临淄王。唐中宗景龙二年（708），兼任潞州（今山西长治）别驾。

唐隆元年（710）七月，李隆基与姑姑太平公主联手发动"唐隆政变",诛杀了谋杀唐中宗的韦皇后,拥立自己的父亲李旦即帝位。唐睿宗立李隆基为太子。

景云二年(711)二月,唐睿宗命太子李隆基监国,六品以下除官及徒罪以下,由太子处分。先天元年(712)七月,唐睿宗禅让于李隆基。先天二年(713),唐玄宗李隆基先发制人,发动"先天政变",彻底消灭了觊觎帝位的太平公主,全面掌握了国家的最高统治权。

唐玄宗李隆基在位的前期,注意拨乱反正,励精图治,任用姚崇、宋璟、张说、张九龄等贤相,开创了"开元盛世",使唐朝的国力达到了极盛之世,也使中国的封建社会达到了极盛时期。

唐玄宗李隆基在位的后期,宠爱杨贵妃,怠慢朝政,宠信奸臣李林甫、杨国忠等,加上政策失误和重用安禄山等佞臣,导致了后来长达八年的安史之乱,为唐朝中衰埋下伏笔。

唐肃宗李亨在至德元年(756)即位后,尊其为太上皇。

二十一、李白

李白(701~762),字太白,号青莲居士,洛阳人(旧说为中亚碎叶人),唐代伟大的浪漫主义诗人,被誉为"诗仙"。

李白自幼聪慧好学,"五岁诵六甲,十岁观百家","十五观奇书"。李白知识广博,琴棋书画无所不能。游历名山大川,成就了李白狂傲豪放的文人性格。李白的诗豪迈瑰丽,诗里有突破现实的幻想,也有对当时国家忧虑和

李白

民生疾苦的反映以及对政治黑暗的抨击。李白诗歌的题材是多种多样的，绘景写情，诗中有画，画中有诗，气势磅礴，联想奇妙。他的七言古诗《蜀道难》《梦游天姥吟留别》《将进酒》《梁甫吟》等、七言绝句《望庐山瀑布》《望天门山》《早发白帝城》等，都成为不朽的篇章。李白在唐代已经享有盛名，诗作"集无定卷，家家有之"。

二十二、杜甫

杜甫（712～770），字子美，自号称少陵野老，世称杜工部，生于洛阳，盛唐时期伟大的现实主义诗人，被誉为"诗圣"。

杜甫的诗歌真实反映了唐王朝由盛转衰的历史，被誉为诗史，代表作有"三吏"（《新安吏》《石壕吏》《潼关吏》）、"三别"（《新婚别》《垂老别》《无家别》）等。杜甫一生忧国忧民，人格高尚，约1500首诗被保留了下来。

杜甫

杜甫20岁以前是在洛阳度过的。洛阳的山水赋予他灵性秀气，河洛文化陶冶了他的性格品质。杜甫20岁时，开始漫游吴越。24岁回洛阳参加乡贡进士考试，不中第。第二年他游伊阙龙门，有《游龙门奉先寺》一诗，夜里留宿，写下"阴壑生虚籁，月林散清影。天阙象纬逼，云卧衣裳冷"的名句。天宝三载（744），李白被唐明皇赐金放还，由长安（今陕西西安）来到了东都洛阳，时年44岁。而33岁的杜甫自从10年前考试不第后，就一直在外游历，恰好也在这时回到了洛阳。这两位大诗人在洛阳相遇，成为中国文学史上的传奇。

二十三、白居易

白居易（772~846），字乐天，号香山居士，洛阳人，唐代伟大的现实主义诗人，有"诗魔"和"诗王"之称。

白居易长期在洛阳居住、生活，写出了许多不朽名篇。在白居易为后代留下的3000多首诗中，讴歌洛阳的就有800多首。白居易的主要作品有：《长恨歌》《琵琶行》《卖炭翁》《赋得古原草送别》《钱塘湖春行》《暮江吟》《忆江南》《大林寺桃花》《同李十一醉忆元九》《直中书省》《长相思》《题岳阳楼》《观刈麦》《宫词》《问刘十九》《买花》《自河南经乱关内阻饥兄弟离散各在一处因望》《放言》等。

白居易对洛阳情有独钟。53岁时，白居易就在洛南履道里（今洛龙区赵村狮子桥）购买宅院，为晚年定居洛阳做了准备。58岁时，白居易以太子宾客的身份致仕，定居东都洛阳。

白居易晚年厌恶官场生活，追求清净自然，与香山寺僧人如满等结成"香山九老会"，畅游于洛阳的山水之中。

白居易虽然醉心于山水之胜，对百姓疾苦却良心不泯。73岁时，目睹伊水中流，行船触礁事故屡屡发生，遂与香山寺众僧呼吁，"贫者出力，仁者施财"，筹资疏通了号称"鬼门关"的八节滩。看到治理后的伊水航道，舟楫如飞鱼贯，蒿筏似飞箭，白居易喜笑颜开："心中别有欢喜事，开得龙门八节滩。"

白居易

白居易死后，葬在龙门香山。

二十四、何泽

何泽，生卒年不详，字居润，后唐重臣，曾任洛阳令。

静海、清海节度使刘隐在岭南割据后，多次邀请何泽出任丞相，均被何泽婉言谢绝。何泽对他的兄弟说：刘隐割据岭南，是沾染了过去蛮族的习气，是国家的蟊贼。而河东的后唐李存勖是唐室正统，父亲曾要求我们"善事之"以匡扶唐室，怎么可以忘记呢。何泽遂去河东应试，为后唐同光年（924）进士，授洛阳令。

何泽到洛阳上任后，以安抚民众、稳定一方为重。当时后唐庄宗好打猎，好几次纵马将农民的庄稼踏坏。何泽当面向庄宗进谏说："陛下还没有统一天下，军队粮食全靠历经动乱的农民来供给。现在稻谷还未成熟，陛下怎么能够恣意在田亩中践踏呢？这样，老百姓何以交租赋，地方官员何以督促百姓来耕田呢？"唐庄宗欣然听从了何泽的谏言，停止游猎，并任命何泽为仓郎中，掌管朝廷粮仓。

到了后唐明宗朝，何泽以"太子未立，因请置太子侍读"。皇帝心中不悦，用一番假惺惺的话来敷衍他。后来皇帝又屡次到汴州（今河南开封）等地巡幸扰民，大臣们屡谏不纳，于是何泽长跪在城门口进谏。唐明宗声嘉之，任命为吏部郎中兼史馆修撰。何泽在吏部时正直清廉，尤其对官员发放的奉禄加以限制，并严令地方官员不得搜刮民众，"民皆称快"。在史馆时，"所言皆国家大计，惜时不能用"。后来又晋升为太常寺卿。

二十五、邵雍

邵雍（1011~1077），字尧夫，号安乐居士，是北宋著名理学奠基人、诗人、哲学家。

邵雍生于范阳（今河北涿州），30岁时游历洛阳，被洛阳的秀美风光所吸引，始有定居之意。宋仁宗皇祐元年（1049），邵雍定居洛阳，以教授生徒为生。邵雍初迁洛阳时，在洛河南岸搭了一个草棚，做为栖身之所，并取诗"安莫安于王道平，乐莫乐于年谷登，王政不平年不登，窝中岂能得安宁"之中一、二、四句首字，自称其住所为"安乐窝"，且亲自在大门上题"安乐窝"三个大字。邵雍还在园中挖洞一个，名曰"长生洞"。邵雍在《尧夫何所有》诗中写道："夏住

邵雍

长生洞，冬居安乐窝。莺花供放适，风月助吟哦。窃料人间乐，无如我最多。"表现了他对清静悠闲、乐天知命的隐士生活的满足感。今洛龙区安乐镇安乐窝村因此而得名。

邵雍后来与寓居洛阳的司马光、富弼、吕公著等交往甚密，在司马光等人的资助下，购买了原五代节度使安审琦的故宅30余间（在今安乐镇安乐村）。邵雍的住宅在北宋末年遗弃民间，金代改为"九真观"。明景泰年间，河南知府虞廷玺访得其故址，在原址上圈建围墙，修建房屋，并塑邵雍塑像以示纪念。后来又经扩建修复，保存至今。现在的邵雍祠堂，就位于安乐镇安乐村。

邵雍在洛阳期间，潜心治学，著述甚丰，主要著作有《观物篇》《先天图》《皇极经世》《渔樵问对》《伊川击壤集》等。

邵雍抱负远大，学识渊博，交际广泛，屡经举荐，但终生不仕，唯潜心于学术研究，传播知识。由于邵雍知识渊博，四方学者"慕其风而造其庐"。邵雍对前来求学者，"必随其才分之高下"而教之，以致"一时洛中人才特盛"。黄宗羲、全祖望著《宋元学

案》，专述《百源学案》两卷，所列邵雍弟子著称于世者19人。

邵雍与人相处，不论对方身份贵贱少长，均以诚相待；与人共事总是随和平易；与人言谈，乐道其善而隐其恶；有求学者，有问必答，从不把自己的意见强加于人。所以贤者服其德，一般之人受其教化也心悦诚服。

邵雍的名声很大。入洛士人一般不是先到官府，而是先到安乐窝拜访邵雍。邵雍爱野游，出行常乘推车，士大夫之家能辨其车音，并争相迎候。寻常百姓为能请邵雍到家中就餐而感荣耀，并高兴地称他为"我家先生"。乡里之间发生争执，皆愿听其调解，无不服者。当时洛阳人才荟萃，忠厚之风天下闻名，多与邵雍高尚的道德行为的影响有关。

邵雍于熙宁十年（1077）病逝于洛阳，终年67岁，葬于今伊川县平等乡荆山下。由于其在理学和教育上的影响，宋仁宗曾多次诏请他做官，他皆称疾推辞。邵雍死后，被追赠为秘书省著作郎，谥曰"康节"。绍兴八年（1138），诏称其"道德学术为万世师"。咸淳初，从祀孔子庙庭，追封新安伯。明嘉靖中，祀称先儒邵子。

二十六、司马光

司马光（1019~1086），字君实，号迂叟，北宋政治家、文学家、史学家，一生最伟大的成就是在洛阳编纂了《资治通鉴》。

司马光出身于官僚地主家庭，自幼受到了严格的教育，6岁时便在父亲的指导下开始熟读经史。司马光先后做过天章阁待制、龙图阁直学士、翰林学士、御史中丞、尚书左仆射兼门下侍郎。司马光历任四朝，为官正直，屡进忠言，甚至犯颜直谏，曾提出了一系列政治主张和治国方略。任宰相后，更是"躬亲庶务，不舍昼夜，欲以身殉天下"。

司马光一生最伟大的贡献，是用毕生精力在洛阳完成了一部不朽名著《资治通鉴》。中国古史，如浩渺烟海，通读下来，耗时耗精力。为了让人们阅读方便，更为了"叙国家之盛衰，著生民之休戚",也为了让帝王观古知今,以史为鉴,吸取历史经验教训,更好地统治国家,司马光立志写一部系统而简明的通史。宋神宗元丰七年(1084),司马光在洛阳主编修成《资治通鉴》。《资治通鉴》上起周威烈王二十三年(前403),下迄五代后周显德六年(959),记述了16朝代、共1362年的历史,计294卷、300多万字,是中国历史上第一部编年体通史。

宋元之际史学家胡三省说:"为人君而不知《通鉴》,则欲治而不知自治之源,恶乱而不知防乱之术。为人臣而不知《通鉴》,则上无以事君,下无以治民……乃如用兵行师,创法立制,而不知迹古人之所以得,鉴古人之所以失,则求胜而败,图利而害,此必然者也。"王应麟说:"自有书契以来,未有如《通鉴》者。"清代大史学家王鸣盛说:"此天地间必不可无之书,亦学者不可不读之书。"近代著名学者梁启超评价《通鉴》时说:"司马温公《通鉴》,亦天地一大文也。其结构之宏伟,其取材之丰赡,使后世有欲著通史者,势不能不据以为蓝本,而至今卒未有能愈之者焉。温公亦伟人哉!"

纪念司马光的洪恩寺

二十七、刘健

刘健（1433～1526），字希贤，号晦庵，洛阳人，明朝任礼部尚书兼文渊阁大学士，后加少师兼太子太师，任吏部尚书兼华盖殿大学士，死后也葬于洛阳。

刘健为官期间，尽职尽责，呕心沥血，学深虑远，品正行端，辅弼参谋，恪尽职守，持正敢言，不惧凶奸。先后辅佐了英宗、宪宗、孝宗、武宗四帝，乃四朝元老，深受君臣信赖和百姓拥戴。

刘健主持编纂《孝宗实录》和极有名的《大明会典》，《明史》赞其"事业光明俊伟，明世辅臣鲜有比者"。明世宗嘉靖五年（1526），刘健逝于洛阳，享年94岁。刘健死后留下了数千言的奏章，奉劝皇帝正身勤学，亲近贤臣，远离奸佞。嘉靖皇帝看了非常感动，追封其上三辈为阁老，并赠封刘健为太师，谥号文靖。

刘健墓位于洛龙区洛宜路与学子街交叉口西南。

二十八、朱常洵

朱常洵（1586～1641），也称福忠王，俗称老福王，明神宗第三子，母亲郑贵妃，南明弘光帝朱由崧之父，开府洛阳。

朱常洵

朱常洵生于明神宗万历十四年（1586）正月。明神宗宠爱郑贵妃，想废长立幼，被众大臣、孝定李太后极力反对，史称"国本之争"。

万历二十九（1601）十月，朱常洵受封福王。万历四十二年（1614）三月，就藩洛阳，得庄田2万顷，盐引千计。福王朱常洵开府洛阳后，还将开府洛阳的伊王排挤到永宁（今洛宁）。崇祯间，益沉湎酒色。从移居洛阳到被杀，福王朱常洵在洛阳生活了28年。

崇祯十四年（1641）正月二十一日李自成攻克洛阳后，朱常洵被杀。崇祯皇帝赐谥曰"忠"。崇祯十六年（1643）正月，葬于邙山之原。

二十九、吕维祺

吕维祺（1587~1641），字介孺，河南府（今河南洛阳）新安人，明代著名理学家。长期在洛阳活动，卒于洛阳。

吕维祺自幼习理学，万历四十一年（1613）中进士，授兖州推官，擢升吏部主事。因得罪魏忠贤，辞官还乡，设芝泉讲会，传播理学。

崇祯时期，曾任尚宝卿、太常少卿、南京户部右侍郎等职。崇祯六年（1633），任南京兵部尚书。崇祯八年（1635），又因"剿寇"不力被免职。吕维祺归居洛阳，设立"伊洛会"，广招门徒，著书立说。

崇祯十四年（1641）正月，李自成进攻洛阳，吕维祺劝福王朱常洵散财饷士，以济时荒，福王不听。吕维祺乃尽出家私，设局赈济。城陷，吕维祺被起义军俘获。起义军中有认识吕维祺者，欲释放之，吕维祺"不辱大节"，于洛阳周公庙"引颈受死"。

吕维祺著述丰厚，有《明德堂文集》《孝经本义》《孝经翼》《节孝义忠集》等传世。

三十、武攀龙

武攀龙（1612~？），曾任洛阳知县，编修了清代第一部《洛阳县志》。

武攀龙是山西交城县人，顺治三年（1646），考中进士，次年授洛阳县知县。后来曾任刑科给事中、湖广布政使司参议、河南管粮道、河南布政使司参议、按察使司副使、河南布政使司参政。

武攀龙就任洛阳令后，立即寻购明代洛阳县志，仅得残篇，未及编辑，升任刑科给事中，修志之事遂停。10年后，武攀龙于顺治十四年（1657）任河南管粮道，乘机将残篇考逸失，订讹谬，删杂集正，联缀成书，并于顺治十五年（1658）刊印。吴源起任洛阳令后，增入后10余年间事，再加辑补校正，又刻样。30年后，洛阳令钱肇修准备新编一部洛阳县志，但迟迟未果，只好在武攀龙、吴源起洛阳县志的基础上续修。清代以来，吴、钱知县分修县志，均有刊本，但是实际上皆与武攀龙所修《洛阳县志》一脉相连，实为一书。

武攀龙所修《洛阳县志》，卷一天文志，卷二地理志，卷三人物志，卷四日赋志，卷五官师志，卷六选举志，卷七秩祀志，卷八祥异志，卷九古迹志，卷十陵墓志，卷十一杂纪志，卷十二艺文志。全书各志内容专一，层次清楚，唯地理志包容过繁，除建置、封建、沿革、疆域、山川、形胜、八景、关津外，尚有水利、城池、公署、铺舍、学校、武备、储蓄、坊表、保里、恤政等目，实甚繁芜。

三十一、龚松林

龚松林，清朝江苏省武进县人。雍正时期，曾任广东省三水县知县。乾隆七年（1742），龚松林调任洛阳知县。

任洛阳知县期间，龚松林搞了一次"立碑运动"，在不少陵墓前都树起了石碑，刻上墓主人姓名。龚松林任洛阳知县期间，主持编写了《洛阳县志》。龚松林主编的《洛阳县志》和以前的《洛阳县志》相比，体例更加完备，内容更加翔实、丰富。龚松林主编的《洛阳县志》，在保存、传播洛阳文化方面具有重要作用。

第九章 建设新区 再造辉煌

第九章
建设新区　再造辉煌

洛阳新区或称洛南新区，位于洛河以南的洛龙区境内，和洛阳建成区隔洛河相望。洛阳新区北至洛河南岸，南至规划中的快速客运专线，东起焦枝铁路线，西至规划中的西南环高速路，总面积约71.3平方公里。作为洛阳新区建设主战场，洛龙区付出了艰苦的努力。经过10多年的建设，洛阳新区各项建设都取得了辉煌成就，洛龙区也逐步成为洛阳市的行政、商业、文化中心，成为洛阳市高等学府和体育基地。

一、洛阳新区规划

1995年，洛阳市第三期总体规划确定了"以洛河为轴线、南北对应发展"的战略思想，经省人大通过后上报国务院。洛阳市委、市政府为了贯彻省委、省政府"拉大城市框架，加快城市化进程，带动地区经济发展"的指示精神，作出了进行洛阳新区开发建设的战略部署。依据国务院批准的《洛阳市城市总体规划》（1997～2010），先期开发建设总面积约33.6平方公里，规划总人口约50万人，新区征地、基础设施、重点工程项目建设总投资158亿元，规划各类城市主、次干道52条，总长180公里；园林绿化规划、公共绿地总面积855公顷，绿化覆盖率达40%；水系规划，共需修建主干渠、支渠和排水明渠共63公里，开挖人工湖9处，占地约1600亩；公共设施规划，将建3座公交停车场、8座变电站、1座自来水加压站、2座煤气储备站、3个集中供热中心、8所中小学校和3所中心医院。

洛阳新区开发建设本着"贯彻总体规划构思，落实总体规划要求；完善城市功能，合理配置城市基础设施，充分发挥土地效用"的原则，高起点、高标准规划、建设洛阳新区。概括起来主要为1个总体规划、6个功能分区规划、5个专业规划和若干个专项规划。1个总体规划就是洛阳新区71.39平方公里的总体规划；6个功能分区规划就是中心区11.19平方公里、大学城及体育中心8.5平方公里、洛龙科技园13.9平方公里、滨河公园4.9平方公里、隋唐城遗址22.1平方公里和关林分区10.8平方公里；5个专业规划主要指水系、道路、管网、绿化、交通管制等基础设施规划。

洛阳新区开发建设的主要任务：一是把新区中心区建设成为洛阳市未来的行政、商业、文化、娱乐中心；二是把大学城、体育中心建设成为洛阳市高等学府和体育基地；三是把洛龙科技园区建设成为与洛河以北市高新技术开发区为一体的现代化工业园区；四是把关林分区建设成为功能齐全、市场繁荣的大型商贸区；五是把滨河公园建设成为与洛河以北洛浦公园相对应的休闲娱乐生态公园；六是把隋唐城遗址建设成为以绿色园林为主体的文物保护基地。

整个洛阳新区土地征用以中心区、大学城及体育中心和洛龙科技园区为重点，共需征用集体土地5.04万亩。涉及需要搬迁村庄20多个，安置群众3万多人。其中大学城和洛龙科技园区征地总面积为2.66万亩，将分别由各相关高校和洛龙区政府自行出资。城市中心区和体育中心征地由市财政投资，总面积2.13万亩，拆迁居民5659户，需要进行安置的住户约7000户，农民安置将采取集中分片、多层建筑、社区化管理，使农民逐步转变为市民的原则进行实施。农民安置总建房面积80余万平方米，分若干期进行，第一期拟按2~3个地块约30万平方米进行建设。

洛阳新区的建设使洛阳的城市建设进入"以洛河为轴线、南北对应发展"的实施阶段。洛阳新区建设总投资需1700亿元，其中基础设施需194亿元。

洛阳新区开发建设的总体目标，是通过多方协作，通力配合，经过3～5年的努力，把洛阳新区建设成为集办公、文化、商业、金融、体育、休闲娱乐和居住为主要功能的山水园林相间、生态环境优美、功能设施齐全、现代气息浓郁、古今文化辉映、中西部地区最适宜人们居住的新城区，初步形成现代化城区。

2009年4月，中共河南省委书记徐光春主持召开省委常委会议，原则通过了省委、省政府关于建设洛阳新区的总体方案。会上，省委、省政府正式决定扩大洛阳新区规划和建设范围。方案确定，洛阳新区空间范围扩大为：东起偃师市高龙镇西边界，西至洛阳西南绕城高速公路，南起偃师市、伊川县边界，北至洛河南岸，包括洛龙区大部分、龙门文化旅游园区和偃师市西南部（含李村、诸葛、佃庄、庞村、寇店等5个乡镇），规划面积达438.7平方公里；与郑汴新区一起纳入省级发展新区；具体定位是：着眼于到2020年，围绕全省基本实现工业化，把洛阳新区建设成为现代产业发展示范区、河洛文化旅游精品区、城乡统筹改革发展试验区、现代复合型新区和对外开放示范区；目标是：建成全省经济社会发展的重要增长极。

按照洛阳新区建设总体方案，洛龙区所有的乡镇均在其内，并且承西启东，处在开发的第一线。

洛阳新区建成后，洛河从市中心穿过，沿河南北两岸绿地环绕，高层建筑鳞次栉比，山水园林相间。洛阳这座历史名城将得以复兴，再现王城风采。

二、基层建置调整

洛南新区一期、二期开发的范围包括洛龙区的古城乡、龙门镇、关林镇各一部分。2006～2014年，在大规模开发洛南的过程中，洛阳市人民政府根据形势发展的要求，对开发中的洛龙区乡村建置作了8次调整。

第一次在2006年2月28日，洛阳市人民政府下发洛政文〔2006〕14号，将宜阳县丰李镇的西霍屯、邢屯、梁屯、小营、侯城、油坊头、王屯、小李屯、溢坡、毕沟共10个行政村划归洛龙区古城乡管辖，将洛龙区辛店镇划给洛阳高新技术开发区托管。

第二次在2007年6月27日，洛阳市人民政府下发洛政文〔2007〕119号，将洛龙区古城乡的夜叉磨、古城、杨庄、孙庄和关林镇的曹屯、王圪垱，从所在乡镇划出，组建开元街道，成立定鼎门、龙泰、龙瑞、天元等4个社区，实行城市管理体制。

第三次在2008年5月10日，洛阳市人民政府下发洛政文〔2008〕5号，将伊川县城关镇郭寨村，彭婆镇东草店村、西草店村划归洛龙区龙门镇管辖。

第四次在2008年6月3日，洛阳市人民政府下发洛政文〔2008〕89号，成立龙门石窟街道办事处，管辖8个行政村和2个社区。8个行政村是龙门、郜庄、魏湾、寺沟、张沟、郭寨、东草店、西草店，2个社区是镇南、河东。将龙门石窟街道办事处划归龙门风景区管委会管辖。

第五次在2010年7月，宜阳县丰李镇的16个行政村及镇直机关划归洛龙区管辖；白马寺镇的马沟、拦沟、吕庙、十里铺等4个行政村委托瀍河回族自治区杨文街道办事处管理。

第六次在2011年5月9日，河南省民政厅关于偃师市庞村镇整建制划归洛阳市洛龙区管辖的批复(豫民行批〔2011〕35号)，经省人民政府批准，同意将偃师市庞村镇整建制划归洛阳市洛龙区管辖。洛阳市人民政府决定将洛龙区庞村镇整建制委托伊滨区管理。

第七次在2012年10月19日，洛阳市人民政府《关于撤销部分乡镇设立街道办事处的通知》（洛政〔2012〕117号），经省人民政府批准，撤销洛龙区关林镇，分设关林、太康东路等2个街道办事处，实行城市管理体制。

关林街道办事处辖镇北路、洛钢路、红旗、险峰、石油、明花、龙康等7个社区和刘富、车圪垱、八里堂、槐树湾、皂角树等5个村。太康东路街道办事处辖通达、顺安等2个社区和二郎庙、豆腐店、潘村、铁匠、大西、大东、南王等7个村。

撤销洛龙区古城乡，分设古城、科技园等2个街道办事处，实行城市管理体制。古城街道办事处辖英才、龙兴、龙富、大学城、龙和、龙祥、龙祥东等7个社区。科技园街道办事处辖龙腾、龙丰等2个社区和东霍屯、西霍屯、梁屯、王屯、毕沟、小李屯、溢坡、小营等8个村。

撤销洛龙区龙门镇，分设龙门石窟、龙门等2个街道办事处，实行城市管理体制。龙门石窟街道办事处辖镇南、河东、龙门、郜庄、张沟、寺沟、魏湾、郭寨、西草店东草店等10个社区。龙门街道办事处辖石化、煤田二队、龙安、龙盛4个社区和裴村、花园、杜村、商屯、田山、王山等6个村。2013年2月6日，洛龙科技园街道办事处、古城街道办事处、关林街道办事处和太康东路街道办事处举行挂牌仪式。

第八次在2014年1月，洛阳市人民政府《关于成立洛龙区翠云路街道办事处的批复》（洛政文〔2014〕2号），经市政府第157次常务会议研究，同意洛龙区成立翠云路街道办事处。

2014年底，洛龙区下辖龙门、安乐、李楼、白马寺、丰李等5个镇和安乐、开元路、关林、太康东路、古城、科技园、翠云路等7个街道办事处。其中，龙门镇辖6个社区、6个行政村，安乐镇辖16个行政村，李楼镇辖26个行政村，白马寺镇辖2个社区、14个行政村，丰李镇辖16个行政村，安乐街道辖2个社区，开元路街道辖10个社区，关林街道辖9个社区、6个行政村，太康东路街道辖3个社区、6个行政村，古城街道辖15个社区，科技园街道辖4个社区、12个行政村，翠云路街道辖3个社区。

2014年洛龙区各镇（街道）所辖行政村（社区）一览表

名称	社区、居委会（个）	村委会（个）	行政村、社区居委会
龙门镇	6	6	裴村、花园村、杜村、商屯村、田山村、王山村、南刘居委会、徐屯居委会、李屯居委会、地质煤田二队社区、石化社区、龙城社区
安乐镇		16	新村、聂湾村、董庄村、水磨村、王庄村、安乐村、西岗村、东岗村、中岗村、茹凹村、栖霞宫村、赵村、郑村、狮子桥村、军屯村、曙光村

续表

李楼镇		26	下庄村、焦寨村、五郎庙村、齐村、石人村、二北村、二南村、太辉庙村、城角村、东高村、西高村、董村、杨村、楼村、北王村、白碛村、万年青村、李楼村、桃园村、向阳村、三官庙村、太平村、潘寨村、石坝村、火龙庙村、穆庄村
白马寺镇	2	14	白马寺村、白王村、黑王村、枣园村、分金沟村、周村、下黄村、大里王村、孔寨村、董村、帽郭村、杨湾村、孙村、半个店村、白马寺社区、东明社区
丰李镇		16	丰李村、东坡村、东军屯村、负庄村、疙瘩村、西军屯村、牛屯村、尹屯村、河口村、东鸣鹤村、西鸣鹤村、李王屯村、小作村、牛庄村、前窑村、薛营村
关林街道	9	6	皂角树村、槐树湾村、八里堂村、刘富村、车圪瘩村、南王村、关林居委会、练庄居委会、辛庄居委会、红旗社区、险峰社区、镇北路社区、洛钢路社区、石油社区、明花社区
太康东路街道	3	6	二郎庙村、豆腐店村、潘村、铁匠村、大东村、大西村、鸿儒社区、通达社区、顺安社区
古城街道	15		小寨居委会、八里居委会、老贯庄居委会、魏东居委会、魏西居委会、东杨屯居委会、西杨屯居委会、马圪垱居委会、挫李居委会、陈李寨居委会、范滩居委会、焦屯居委会、龙祥社区、英才社区、大学城社区
科技园街道	4	12	东霍屯村、西霍屯村、王屯村、梁屯村、毕沟村、小李屯村、小营村、溢坡村、白村、后河村、侯城村、油坊头村、庞屯社区、青阳屯社区、黄屯社区、邢屯社区
开元路街道	10		定鼎门社区、龙泰社区、龙瑞社区、天元社区、夜叉磨居委会、古城居委会、杨庄居委会、孙庄居委会、曹屯居委会、王圪垱居委会
安东街道	2		安南社区、安东社区
翠云路街道	3		中原康城社区、泉舜社区、宝龙社区

三、村庄城市化

2001~2014年,在洛南开发过程中,洛龙区有30个古老的村庄消失，演变为10多个城市化社区，实现了村庄城市化。

2001～2014年洛龙区社区化村庄一览表

乡镇	村庄	社区
古城乡	陈李寨、小寨	龙祥小区A
	西杨屯	龙祥小区C
	白村、黄庄、庞庄	龙丰小区
	孙庄	龙瑞小区C
	夜叉磨	龙瑞小区A
	范滩	龙祥小区B
	东杨屯、八里凹	龙祥东区
	焦屯	龙兴小区
	夜叉磨	龙瑞小区A
	古城村	龙瑞小区B
	杨庄	龙瑞小区c
	矬李	龙和小区B
	魏西	龙富小区B
	焦屯	龙兴小区
	马圪垱	龙和小区A
	魏屯东	龙富小区A
	老贯庄	龙富小区C
关林镇	练庄、皂角树	龙康小区
	王圪垱	龙泰小区C
	八里堂	八里堂小区
	曹屯	龙泰小区A
	辛庄	龙泰小区B
龙门镇	李屯、南刘	龙盛小区
	徐屯	龙安小区

四、新区开发

经过2001~2002年的准备阶段，从2003年开始，洛龙区委、区政府动员洛南开发涉及的古城乡、龙门镇、关林镇、安乐镇数万群众，为重点工程建设开路，腾出征用土地5.07万亩；拆迁村庄20多个，拆迁建筑面积596万平方米；同时，为保障民生，妥善安置动迁群众的生活、居住和生产。在洛龙区干群的全力配合下，新区建设昼夜兼程。2008年，建成了水系、道路、管网、绿化、交通管制等基础设施及中心区、大学城、体育中心、洛龙科技园、滨河公园、隋唐城遗址公园等6大功能区并安全运行，建成了洛阳市公务员小区、洛龙区公务员小区、拆迁群众安置小区并实施了物业管理，一个面积71.3平方公里、入居人口20万的洛南新区基本成型。2009年，一方面在洛龙大道以西继续完善洛南新区交通、文化、卫生设施，建成高速铁路客运南站、新区博物馆、定鼎门遗址公园，开建河科大附属医院、新区图书馆、洛阳一高；另一方面实施洛阳新区规划，动员洛龙大道以东安乐、关林、龙门、李楼等4个乡镇的干部群众，为洛阳新区开发重点向龙门大道以东的转移铺设道路。

五、失地农民安置

依据洛南新区规划，洛龙区委、区政府按照新型城市社区的模式，集中统一建设以多层建筑为主的社区，对被征地农民予以妥善安置。建设安置住宅小区时考虑被拆迁农民的生产、生活特点及逐步向市民过渡的情况，设立社区服务中心、地下室、仓库等，用于存放生产工具和生活用品，以保障农民向市民过渡。按照先建后迁、迁建同步、尽量缩短村民安置过渡期的原则，先后建成了龙祥、龙瑞、龙泰、龙和、龙富、龙兴、龙安、龙康、龙丰、龙盛等安置小区；尊重动迁群众意愿，每个小区商业、医疗、学校、托幼等配套设施全部到位，道路、路灯、电力、通信、有线电视、煤气、公共绿地、停车场等基础设施一应俱全；按照人均40平方米的标准安排建筑面积，每人可按安置价购买30平方米，还可按优惠价再购10平方米。为保证小区

龙腾小区

龙和小区

建设质量,坚持"三大主材"统一供应,市、区、乡、村成立了各级代表共同参与的四级质量监管体系。

　　洛龙区委、区政府以就业为民生之本,成立了办公室,健全了区、乡、村三级安置网络,对每位村民都建立了安置就业档案;每年拿出100万元对失地农民进行针对性的就业培训，到2008年底，已经培训8700多人；以工业安置作为主方向，以三产安置作为主渠道，依托洛龙科技园区的大批工业项目、大学城后勤社会保障项目、社区化服务项目、关林大型商贸区商服经营等项目，有计划地安排村民参加新区第二、三产业；帮助1.3万名群众就业上岗，帮助近万名群众自主择业，保证新区就业人数占被征地劳动力总数的70%。

六、新区交通设施建设

按照洛南新区交通规划，2001～2009年，建成各类城市主次干道52条，修筑各类桥涵153座，道路总长152公里，总面积约610万平方米；同步建成污水、雨水、给水、供电、通信、热力、煤气、路灯、绿化和交通信号等配套设施，以及若干个与城市建设相配套的环卫设施。在纵横交错的路网中，南北向的龙门大道、王城大道与东西向的开元大道、牡丹大道、关林大道、宜人大道相交叉，构成了洛南新区棋盘式的网络骨架。同时，为沟通洛南新区与洛北各城区，在牡丹桥上游增建了王城大桥、西苑桥、瀛洲桥、凌波桥，在洛阳桥下游增建了瀍河大桥。7座大桥将南北连为一体，并成为洛河水面上的亮丽景观。

（一）龙门大道

该道南起龙门风景名胜区，北抵洛阳桥南，全长10.63公里，路基宽60～80米，其中机动车道18米，另设慢车道、人行道、绿化带。2000年初开工建设，2001年3月竣工通车。改道建成后，北接定鼎路和规划中的洛阳—吉利快速通道，纵贯洛龙区、西工区、老城区、孟津县、吉利区，跨越龙门山、伊河、洛河、邙山、黄河，将50公里间四区一县和二山三水连为一体，不仅是新区的南北骨干，而且是贯通洛阳城市南北的中心大动脉。

新扩建龙门大道，北起洛阳桥，南至龙门石窟景区口，道路全长11.2公里，规划红线宽度90米。标准横断面布置为2×4米（人行道）+2×6米（非机动车道）+2×2.5米（机非隔离带）+2×9米（辅

龙门大道

道）+2×12米（主辅隔离带）+2×11.5米（机动车道）。新建地下通道3个，实施大青渠等渠涵改造，雨污排水、供电、路灯、绿化提升改造工程，完善道路交通工程设施。配套实施供水、通信、燃气等城市基础管线设施，将所有地面架空线入地。计划投资63000万元，累计完成投资63290万元，改造工程于2011年6月开工建设，2012年4月完工。

（二）王城大道

该道是与龙门大道并行的城市南北交通大动脉，全长15.6公里，南起伊川县郭寨村，北越龙门西山，跨高速铁路、洛河，与改造的王城大道相接，穿西工区、跨陇海铁路、邙山310国道，直抵连霍高速公路，连接飞机场路和黄河小浪底水利枢纽专线。该道中的洛南新区段长10.6公里，红线宽60米，2003年10月开工，2005年6月19日通车。该道是洛阳市有史以来单体工程投资最大、道路里程最长、桥梁修建最多、拆迁任务最重、建设标准最高、施工难度最大的城市道路建设工程，其运行对洛阳市建设和新区发展发挥着重大作用。

（三）关林大道

该道位于牡丹大道之南，是与开元大道并行的又一主干道。东隔龙门大道与关林庙山门相对，西接古城路与凌波大桥相对，全长7.6公里。红线宽80米，断面形式：2×7.5米（绿化带）+2×4.5米（人行

王城大道

开元大道

道)+2×5米(慢车道)+2×4.5米(分离带)+2×11米(机动车道)+15米(中央绿化带)。2005年5月开工建设,2006年10月竣工通车。

(四)开元大道

该道是洛南新区横穿东西的城市交通大动脉、中央主干道。东起二广高速公路出口,西穿龙门大道、王城大道,向西南延伸到洛河,全长14.65公里,红线宽95米。断面形式:24米宽机动车道+2×6米宽非隔离带+2×6.5米宽非机动车道+2×6米(人行道宽)+2×17米宽(基础绿化带)。2002年1月开工,2007年5月28日全线竣工通车。

(五)牡丹大道

位于开元大道之南,是与开元大道并行的东西向主干道。该道东接定鼎门街与关林西市场相对,西抵学府街与河南科技大学相望,全长3.68公里。红线宽130米,断面形式:50米(景观排水渠及绿化带)+2×12.5米(机动车道)+9.2×2米(绿化隔离带)+2×5.5米(非机动车道)+2×5米(人行道)+2×1.5米(绿化带)。2005年6月开工建设,2006年4月竣工通车。

(六)宜人路

该道是横穿新区的东西向主干道,是洛南新区的北环路。东接龙门大道关林收费站,北沿定鼎门公园、隋唐遗址植物园过王城大道向西南抵达洛河与龙门西山连接处,全长16.04公里。红线宽42米,断面形式:2×4.5米(人行道)+2×6米(非机动车道)+2×3(绿化带)+15米(机动车道)。2005年5月开工建设,2006年7月竣工通车。

(七)高铁龙门站

洛阳高速铁路火车站位于龙门石窟保护区以北,东距龙门大道1.2公里,西距王城大道1.25公里,北距市政府2.5公里。站房建设面积31870平方米,总投资5.1亿元。其中,铁道部投资3.85亿元,洛阳市投资1.25亿元。站房主体3层,局部4层,高28米,采用钢筋混凝土框架配合钢网架结构;站台雨棚5万平方米,为钢结构无柱雨棚;站内设正线2条、到发线6条,站台3座并预留1座;设人行天桥1处、地下通道3处;预留1.2万平方米南站房和南广场。该站采用空港式上进下出的交通组织方式，按最高聚集人数不少于5000人/小时设计，基本体现了"全互通、零换乘、不对流、无障碍"的现代综合交通枢纽的设计观念。

作为郑州至西安高速铁路客运专线上最大的中间站，该站承担办理所有郑西铁路客运专线及跨线高速列车的客运业务。2008年12月9日开工建设。2009年9月30日竣工试通车；12月15日该站定名洛阳龙门站。2010年2月6日正式营运。该站通车后，每日来往高速列车14趟，以时速350公里的运行速度，穿梭在郑州、西安之间。高铁龙门站作为一道现代城市风景线，为古都交通增添了一道光彩。

七、新区景观水系建设

洛南水系概括为"三干九支三湖四排"，工程概算投资2亿元。"三干"是指3条输水干渠，全长27.93公里，水面77.89万平方米；"九支"是指9条景观支渠，全长118.99公里，水面85.35万平方米；"三湖"即洛南新区面积最大的3个人工湖，水面46.39万平方米；"四排"是4条排水干渠，全长18.05公里，水面17.16万平方米。

"三干九支三湖四排"，总长164.88公里，形成水面421.09万平方米，构成了洛南新区"水在城中流，城在水边建"的山水园林格局。

八、新区园林建设

根据洛南新区绿色生态规划，在洛河南岸建成了东西2400米长的中国国花园，展示洛阳牡丹的国色天香；在中国国花园南侧的隋唐东都城遗址，建成了面积5平方公里的隋唐遗址植物园，作为城市之肺；在洛南火车站南依的龙门西山，建成西山森林公园，内造银杏山庄、凤翔山庄、梦桃源温泉山庄，与龙门石窟相映成趣。

九、文化体育设施建设

在洛南新区基础设施建设中，现代化的文化设施建设令人瞩

目，如洛阳歌剧院、洛阳博物馆、洛阳体育公园、洛阳图书馆等，这些文化设施扩大了洛阳市民的生活空间，丰富了精神文化生活的内容。

十、新区教育设施建设

新区大学城占地总面积超过5000亩，共有河南科技大学、洛阳理工学院、河南针灸推拿按摩学院等3所高校组成。

与高等教育相配套，洛阳第一高级中学、第二外语高级中学分校，第二实验初级中学、龙康初级中学、滨河初级中学，洛阳市实验小学、洛龙区实验小学、各社区小学以及第一国际幼教中心、中国空空导弹航星双语幼儿园，在洛南新区纷纷建设。第二实验初级中学、龙康初级中学、滨河初级中学，洛阳市实验小学、洛龙区实验

开阳湖音乐喷泉

洛一高新校区图书馆

第九章 建设新区 再造辉煌

小学以及各社区小学先后建成开学。洛龙区已形成从幼儿教育、小学、中学、职业教育到大专院校的优质教育资源带。

十一、新区医疗设施建设

为保障新区人民身体健康，洛阳市一批著名的医院在新区征地迁建，这批医院包括河南科技大学第一附属医院、洛阳市第五人民医院、洛阳市妇女儿童医疗保健中心。洛龙区先后建成6个社区卫生服务中心，34个社区卫生服务站，129个村集体卫生院。

十二、商贸产业集群建设

洛龙区委、区政府利用开元大道中段黄金地段努力打造商贸集群产业带，丹尼斯、大张盛德美商圈、建业左岸风情街、龙祥商业街等基本形成；加大百货、宴天下大酒店、容威电器等一批项目进驻；全市首家中小企业产权交易公司、五洲大厦、世贸大厦、洛阳信息产业

河南省妇幼保健医师培训基地揭牌仪式暨河科大新区医院开业一周年庆典

园等相继建成使用；西起王城大道，东至龙门大道，中原康城、泉舜财富中心、宝龙城市广场、正大城市广场、关林商贸城首尾相连，在大道南侧形成了一个绵延数公里的商贸带；中国移动2万座席全国客服中心、恒生科技园、华人集团炎黄科技园、国家863软件孵化器、中京商品交易市场等一批重大现代服务业项目入驻。

十三、饮食服务业开发

在洛南新区开发过程中，龙门东山宾馆、雅香金陵大饭店、钼都利豪大酒店、金凯悦大酒店、真不同新区店、宴天下大酒店、凯德华洗浴中心、勤政苑宾馆等一批饮食服务企业相继开门迎宾，扩展了饮食服务业发展空间，提升了饮食服务业发展的档次和服务质量水平。

十四、新区最佳人居环境建设

从2005年开始，洛阳新区楼市快速崛起，顺驰、建业、康都、元华、新龙安、巨新、中泰、凯瑞、信安、天元等10多家房地产开发商入驻新区，大规模开发新区楼市，总投资额超过300亿元，住宅楼近200栋。新区楼市开发不仅规模超前，而且设计先进，如新加坡、香港、北京、上海、杭州、深圳等国内外建筑设计公司设计的楼盘，注重人性化设计，多为园林景观，如阳光维也纳的电梯入户豪宅，建业·森林半岛、元华国际的无框玻璃阳台，中泰华庭的公共观河景阳台，顺驰·第一大街的层层退台等，展示出新区楼盘多姿多彩的个性化特征。

十五、新区行政中心建设

从2005年5月开始，市委、市人大、市政府、市政协迁入新区办公，洛阳新区已成为全市行政管理和服务的中心城区。加上洛龙区行政服务中心的启用以及在新区单独盖楼的市民政局、市邮政局、市地税局、市人防办、市农业局、市疾病控制中心、市卫生监督中心、市

信访局、市烟草专卖局、市食品药品监督中心、市财政局、市高速公路管理局、市公安交警支队等数十个市直部门陆续迁入，数千名公务员在洛阳新区办公。在这些行政办公单位的周边，入住的市公务员小区（勤政苑）和洛龙区公务员小区形成了3000户、愈万人的居住规模。

洛龙区行政中心入驻仪式

体育中心

至2014年，市商业银行、交通银行洛阳分行、洛阳移动公司、洛阳网通公司、洛阳电信公司、伊川电力公司、龙羽宜电公司、栾川钼业公司、义煤集团公司等行业或企业总部也在洛阳新区"安家"，成百上千的企业"白领"聚集新区办公。

十六、洛阳经济技术开发区

洛阳经济技术开发区成立于1992年，1994年3月河南省人民政府批准为省级开发区。开发区位于"千年帝都、牡丹花城"洛阳市南部，地处洛阳"十一五"城市总体规划的中心地带，毗邻世界文化遗产龙门石窟，南依伊河，北眺潋滟洛水，紧邻隋唐故城遗址，东至二广高速，是洛阳新区的核心区域。境内郑西高速铁路、焦枝铁路、二广高速、龙门大道、开元大道纵横其间，与陇海铁路、郑少高速、连霍高速、环城高速立体交叉成网。距洛阳飞机场只有15公里，洛阳海关也仅有8公里路程，交通十分便利。

开发区历史文化资源丰富，商贸优势独特，区内伊河蜿蜒而过，武圣陵寝关林庙屹立数百年，每年关林国际朝圣大典时海内外信徒云集，午桥碧草、关林翠柏、伊沼荷香——驰名中原的洛阳八小景开发区就拥有三处。

开发区不断优化硬件环境、政策环境和法制环境，以优良的环境吸引外地客商来区投资创业。先后完成了区内三横七纵十条路网和管网的规划建设，建成绿地30万平方米。境内开元大道直接连接二广高速，成为洛阳市新的第一出入口。区内火车站、客运站、长途汽车站、货运服务中心等配套设施完善，学校、医院、大型购物超市等生活设施完备。

2014年，洛阳经济技术开发区实现地区生产总值9.32亿元，全社会固定资产投资15.5亿元，第三产业增加值7.45亿元，地方公共财政预算收入1.5亿元，引进市外境内资金15.9亿元，合同利用外资6060万美元，实际利用外资1965万美元。新签约落地亿元以上项目11个，总投资53亿元。截至2014年底累计入驻企业200多家。

十七、洛龙高新产业集聚区

洛龙高新产业集聚区（原名洛龙科技园）位于洛阳市城区西南部、洛阳新区核心区的最西端，于2002年11月经洛阳市人民政府批准

洛龙高新产业集聚区

设立，2008年12月被确定为河南省首批产业集聚区，2009年6月被省商务厅确定为河南省首批对外开放重点产业集聚区，2010年7月被省知识产权局确定为知识产权发展示范区，2010年11月被省工信厅确定为河南省新型工业化产业示范基地，2010年，园区被省政府评为先进产业集聚区、被市政府评为科技创新型产业集聚区。

园区2010年入驻企业243家，其中，通过招商引资引进企业47家（85个项目），已投产企业35家，在建企业12家。累计完成固定资产投资160亿元，投资强度246万元/亩，全部达产后可形成产值400亿元。

2014年，洛龙高新产业集聚区实现总产值176亿元，实现地区生产总值46亿元，规模以上增加值完成45亿元，全社会固定资产投资累计94亿元，出口创汇3.6亿美元，规模以上的工业主营业务收入160亿元，规模以上工业利润5亿元。全年签约项目6个，总投资79.9亿元。其中，10亿元项目3个。涉及信息产业、现代服务业、生物医保产业、装备制造等领域。

十八、辉煌成就

从2003年开始，洛龙区委、区政府动员洛南开发涉及的古城乡、龙门镇、关林镇、安乐镇数万群众，为重点工程建设开路，同时保障民生，妥善安置动迁群众的生活、居住和生产。在洛龙区干群的全力配合下，新区建设昼夜兼程。截至2014年，建成了水系、道路、管网、绿化、交通管制等基础设施及中心区、大学城、体育中心、洛龙科技园、滨河公园、隋唐城遗址公园六大功能区并安全运行，建成了洛阳市公务员小区、洛龙区公务员小区、拆迁群众安置小区并实施了物业管理。一个面积71.3平方公里、入居人口20万洛南新区基本成型。

2010年，全区生产总值83.3亿元，是2001年的6倍，年均增长14.8%；财政一般预算收入完成6.01亿元，是2001年的8.4倍，年均增长36.8%；全社会固定资产投资完成102亿元，是2001年的29.4倍，年均增长48.7%；规模以上工业增加值完成29亿元，是2001年的46.6倍，年均增长28.9%；社会消费品零售总额完成64亿元，是2001年的3.8倍，年均增长16.1%。国民经济连续10年实现快速增长，各项主要经济指标均提前翻番，综合经济实力位居全省城市区前20位。经济开发区2010年生产总值完成6亿元，财政一般预算收入完成4945万元，全社会固定资产投资完成4.58亿元，较2005年均实现大幅增长。镇域经济实力明显增强，2010年生产总值占全区比重达到75.9%，关林镇位居全省百强乡镇第五位，古城乡财政收入突破亿元，其他乡镇综合经济实力在全市排名均位次前移。

2006年以来，随着改革开放不断深入。对外开放取得重大成就，共引进千万元以上项目185个，总投资380亿元；实际利用外资1.9亿美元，市外境内资金到位75亿元。到2010年，进出口总额4.7亿美元，位居全市前列，被评为省对外开放先进区。改革取得新进展，区、乡机构改革全面完成，积极稳妥推进行政管理体制和事业单位改革，财政、社会保障、卫生、教育、文化等重点领域改革不断深入。

2006年以来，区级财政用于民生领域的支出达10.5亿元，占财政一般预算收入的48%。2010年，城镇居民人均可支配收入17850元，是2002年的2.7倍，年均增长13.1%；农村居民人均纯收入6232元，是2001年的2.6倍，年均增长11.0%。社会保障体系日益完善，企业退休职工养老金、最低工资标准、城乡低保和五保户供养标准不断提高，城镇职工和城镇居民基本医疗保险、新型农村合作医疗、城乡困难群众医疗救助等医疗保障制度互为补充，覆盖城乡居民的医疗保障体系初步建立。

2014年，洛龙区围绕建设洛阳"首善之区"总目标，按照"13233"区域发展空间布局，攻坚克难，强力推进产业发展"581"工程。全年实现地区生产总值123亿元，高于全市2个百分点，增速排名全市第二；全口径财政收入30.8亿元，其中地方财政收入15.3亿元，高于全市8.4个百分点，税收总量全市第一；固定资产投资199.5

亿元；社会消费品零售总额115亿元，同比增长15%，增速全市第一；城镇居民人均可支配收入27560元，同比增长8.1%；农村居民人均纯收入10954元，同比增长11.9%。全年用于民生和社会事业等方面的公共预算支出超过10亿元。科技、民政、人口和计划生育、残疾人事业、阳光体育运动等工作继续保持全国先进荣誉，新荣获河南省义务教育均衡发展先进区、河南省民办教育服务与发展先进区、河南省慢性病综合防控示范区、河南省军转安置工作先进区等荣誉。